애프터 라이프

아내의 영혼을 만나다

애프터 라이프

아내의 영혼을 만나다

정형기 지음

혼히 사람들 사이에서 가장 가까운 사이로 부부를 일컬으며, 이 부부 사이를 나타내는 말로 '영혼의 짝(soul mate)'이라는 말을 특히, 서양 사람들이 잘 쓰는 것 같다.

그런데 내가 나의 아내를 저세상으로 보낸 뒤에 아내의 영혼과 교감하면서 비로소 영혼의 짝이라는 말을 실감하게 되었으며, 게다가 '영혼의 짝'이라는 말은 단순히 가장 가까운 부부 사이를 나타내기 위해 쓰일뿐 아니라, 실제로 부부는 생사를 달리하더라도 영혼을 매개로 하여 계속 관계를 이어가는 사이를 뜻한다는 것을 알 수 있었다.

그래서 나는 이제부터 내가 겪었던 이 경험을 말하고자 한다.

나의 아내 이순화는 40대 후반에 병을 얻어 시름시름 앓다가 우리 나이 60살 되던 해에 저세상으로 갔다. 나보다 나이가 10살이나 더 어려서, 적어도 10년은 나보다 더 오래 살아야 하는데, 이렇게 어이없이 나보다도 한참이나 이르게 가버리다니! 하지만 당하고 보니 사람의 죽고 사는 것은 하느님의 섭리에 따르는 것이어서 사람으로서는 어찌할 수 없다는 사실을 받아들여야만 했다.

나는 우리 가족이 살고 있는 고양시에서 가까운 벽제승화원(화장장을 요새는 이런 고상한 이름으로 바꿔 부르고 있다)에서 아내를 화장한 뒤, 승화원 바로 아래에 있는 '예원추모관'이라는 납골당에 유골을 안치하고, 매주 한 번씩 찾아보는 것을 낙으로 삼고 살아가기 시작했다.

이 책은 나의 사랑했던 아내 이순화가 저세상으로 간 뒤로부터 그녀의 영혼이 사후세계로 들어갈 때까지의 10여 년 동안 나와 주고받은 이야기와, 만나서 함께한 몇 가지 사건들에 관한 기록이다. 이런 경험을 하기 전까지 나는 지상에 살고 있는 사람이 사후세계의 영혼과 이야기를 나눌 수 있다는 사실은 꿈에도 몰랐으며, 더구나 사후세계로 가서 그곳의 영혼들과 만나볼 수 있다는 사실에 대해서는 더더욱 몰랐다. 그런데 아내가 저세상으로 가면서 이런 일들이 나에게 실제로 일어났으며, 이때까지 나도 모르고 있었지만, 내 몸 안에 그런 능력이 숨어 있다는 사실도 처음으로 알게 되었다.

그래서 나는 내가 경험한 이런 일들을 나와 함께 지상에서 살고 있는 사람들에게 알려서 그들도 나와 마찬가지로 영혼에 관해 공부하고, 그들 몸 안에 숨겨져 있는 영적 능력을 개발해서 부부가 사후세계로 갈 때를 대비해 사후세계에 제대로 적응할 수 있도록 하고, 또 막상 죽음으로 헤어졌을 때는 서로 소통할 수 있도록 준비하게끔 도와주기 위해서 이 글을 쓰게 되었다.

오늘날 사람의 수명이 100살까지로 늘어남에 따라, 직장을 은퇴한 많은 사람들이 골프, 컴퓨터, 여행, 독서, 맛집 탐방 등 여러 가지 여가활동에 시간을 보내고 있으나, 정작 사후세계를 대비하는 일에는 소홀한 것 같다. 그래서 사후세계에도 관심을 갖고, 또한 죽음으로 갈라진 부부가 헤어진 채로 남아 슬픔에만 잠겨 있을 게 아니라, 서로 소통케 함으로써 사후세계에서 서로 미아가 되지 않게 해주고 싶다.

또 한편으로는 젊은 사람들에게도 사람의 삶이 지상에서 끝나지 않고 사후 세계에서도 이어진다는 사실을 알게 함으로써, 지상에서의 삶을 보다 충실하게 살면 사후세계의 삶이 더욱 평안하고 행복한 삶이 된다는 사실을 일깨워 주고 싶다.

이 책의 출간을 허락해주신 이숲 출판사의 김문영 대표께 감사드린다.

편집, 디자인, 인쇄와 제본 등 이 책의 출간을 위해 애써주신 모든 분들께 감사드린다.

사랑했던 나의 아내 (고) 이순화의 영혼 앞에 삼가 이 책을 바친다.

2026년 또 살아갈 한 해를 시작하며
정형기

1. 하늘나라 아내의 집

아내가 저세상으로 가고 나서 두어 달 지난 어느 날 밤에, 나는 아내 꿈을 꾸었다.

꿈에서 나는 아침에 평소대로 거실 소파에 앉아 신문을 읽고 있는데, 아내가 방에서 화장대를 밀고 나오고 있었다. 평소 같으면 엄두도 내지 못할 것인데, 꿈이라서 그런지 그 덩치가 크고 무거운 화장대를 그대로 밀고 나와서 밖으로 밀어내는 것이었다.

나는 깜짝 놀라서 외쳤다.

"아니 여보! 화장대를 왜 밖으로 가지고 나가노?" 하고 물었으나, 아내는 들은 척도 하지 않고 그대로 밀고 나가버렸다. 그러고서 한참 뒤에 들어와서는 이번에는 옷장을 밀고 나가기에, 다시 물었다.

"여보! 왜 방에 있는 가구들을 밖으로 가지고 나가노?" 하고 다시 물으니, 그제야 "여보, 나 지금 신장개업하는 거야. 바빠!" 하고는 그대로 옷장을 밖으로 밀고 나갔다.

"아니 저 사람이 언제부터 사업했다고 신장개업이라니 도무지 알다가도 모를 일이야!" 하고는 혼자서 투덜대다가 꿈이 끝나고 말았다.

그러고서 한 3년이 지난 뒤 어느 날, 나는 자전거를 타고 내가 살고 있는 일산 시내의 어느 큰 네거리 차도를 건너다가 신호가 끝날 무렵에 급히 길을 건너려던 어느 초보 주부가 운전하는 차에 받혀서 사고를 당했다. 자전거를 타고 인도를 건너고 있던 내 자전거의 뒤쪽을 차가 받아서 나는 그 충격에 공중으로 붕하고 떴다가 거꾸로 떨어지면서 아스팔트에 머리를 처박았다. 머리가 아스팔트에 처박히는 순간까지는 의식이 있었으나, 그 뒤로 의식을 잃고 말았다.

나는 어느 아파트 방문 앞에 서 있었다. 평소 같으면 방문의 손잡이를 돌려서 문을 열고 들어가야 하는데, 내 몸은 어떻게 된 셈인지 방문을 그대로 뚫고 지나가는 것이었다!

방문을 뚫고 지나가서 그 방 안에 들어서니 방바닥에는 이부자리가 깔려 있고(우리가 결혼하던 때만 하더라도 침대를 쓰지 않았으며, 대신 방바닥에 두꺼운 요를 깔고 그 위에 이불을 덮고 잤다), 아내가 이부자리에 누워 있다가 내가 들어가니, 자기 오른쪽의 이불자락을 한쪽으로 젖히고는 나를 향해 "여보, 여기 와서 누워요." 하며 마치 내가 오기를 기다리고 있었던 듯 나를 불러서 자기 오른쪽 옆자리에 누우라고 했다(평소에 우리의 잠자리 배열이 이랬다). 그곳에는 베개도 미리 놓여 있었다.

미리 내가 올 줄 알고 준비한 듯싶었다. 나는 자리에 눕기에 앞서 그 방에 처음 들어와 본 참이라 호기심에 방을 한 바퀴 빙 둘러보니, 놀랍게도 그 전에 우리 집 안방에서 아내가 밀고 나갔던 그 가구들이 우리 집 안방 모습 그대로 배치되어 있었다. 그러니 여기가 어딘지는 모르지만, 아내가 신장개업한다고 말했던 그곳임에 틀림없었다!

그런데 아내가 신장개업한다는 곳이 장사하는 가게가 아니라 일반 가정집이라는 것을 알고는 이상한 생각이 들었다. 꿈이어서 말이 좀 어폐가 있을지라도, 신장개업한다는 것이 우리가 이승에서 말하는 그 뜻이 아니라, 아마도 아내가 저세상에서 새로운 삶을 시작한다는 뜻으로 알아들어야 할 것 같았다.

그러므로 이제부터 나도 이곳에서 살아야 할 것이라는 생각이 들어서, 당연한 듯이 아내가 이불자락을 걷어낸 그 자리에 들어가서 누우니, 아내가 젖혔던 이불자락을 그대로 다시 덮어 주었다.

'이제 잠을 좀 자야겠다'라고 생각하고 눈을 감은 순간, 갑자기 누가 내 몸을 흔들어 깨우기에 눈을 떠보니 놀랍게도 교통순경이 나를 내려다보고 있다가 "아, 깨어났군요." 하고 기쁜 듯이 소리치고는 "앰뷸런스!"라고 외치며 옆에 대기하고 있던 구급차 대원을 불러서 나를 싣고 근처의 병원으로 데리고 가서 입원시켜 주었다.

이 사고로 나는 뇌수술을 받아야 했다. 이때가 아마도 그해 11월쯤 되었을 것이다.

교통사고로 죽은 나를 아내의 영혼이 살려냈다?

해가 바뀌어서 다음 해 설 즈음이었다. 나의 큰딸 시댁은 사업을 하고 있어서 해마다 설이 며칠 지난 어느 날쯤, 늘 다니는 단골 점집으로 가서 그해의 사업 운과 가족들의 한해 운세를 보는 것을 관습으로 행하고 있었다.

그래서 그해 설을 지낸 어느 날, 온 가족이 함께 점집에 가서 점을 보았는데, 큰딸은 시집 식구들의 사주보는 일이 모두 끝난 뒤에 미리 종이쪽지에 적어온 자기 애비, 곧 나의 사주를 슬며시 점술인에게 내밀었다. 그 점술인은 받은 종이쪽지를 한참 들여다보더니 "아니, 죽은 사람 사주를 주면 어떡해요? 이 사람은 죽어서 점괘가 나오지 않아요." 하면서 도로 내미는 것을 보고(참고로, 죽은 사람의 사주에는 점괘가 나오지 않는다고 한다), 나의 큰딸이 깜짝 놀라서 말했다.

"무슨 소리 하시는 거예요? 우리 아버지 눈이 시퍼렇게 살아 계시는데…"

그 점술인은 놀라면서 "그래요? 그런데 왜 점괘가 나오지 않지?" 하면서 이번에는 다시 한참 뜸을 들이면서 이것저것 적어서 따져보고 하더니, 마침내 이렇게 말했다.

"아니에요, 이 사람은 지금 살아 있다고 해도, 자기 목숨은 끝났어요. 아마도 저승길에서 비명에 간 누군가를 만나서 그 사람의 남은 목숨을 받아가지고 와서 살고 있어요. 그러나 누구로부터 삶을 얼마나 더 받았는지는 모르겠어요." 하고 말을 끝냈다는 것이다.

나의 큰딸을 비롯해서 그 자리에 있던 그 가족들은 모두 놀랐지만, 무어라고 할 말을 찾지 못했다.

다음 날 나의 큰딸은 부리나케 내게로 와서 그 사실을 전하기에 나도 깜짝 놀랐다. 그 점술인의 말대로라면 나는 사고를 당했을 때 죽어서 하늘나라로 갔으며, 그곳에서 나의 아내를 만나서 아내에게 남아 있던 목숨을 받아가지고 돌아왔다는 뜻이 된다.

그러니 아내는 내가 죽어서 저승으로 오는 것을 기다리고 있다가 나에게 자신의 남은 생명을 주어서 살려 보냈다는 말이 아닌가!

"아니 이럴 수가 있나?"

나는 어안이 벙벙해서 무어라 할 말을 찾지 못했다.

큰딸도 내 이야기를 듣고는 "아빠, 그럴 수도 있겠네요. 엄마는 아빠가 사고를 당해서 목숨을 잃었다는 사실을 알면 무슨 수를 써서라도 아빠를 구하려고 하지 않겠어요? 그리고 자신에게 남은 생명이 있다는 것을 안다면 당연히 아빠에게 드리려고 하겠지요. 그래서 엄마는 자기가 저승에서 살고 있는 집으로 아빠를 불러서 자신의 남은 생명을 주셨을 거예요." 하는 것이었다.

나도 이렇게밖에 달리 풀이할 방법이 없었다. 물론 과학적 근거는 전혀 없는 점술인의 말을 근거로 해본 짐작이었을 뿐이지만.

그런데 여기서 한 가지 분명한 사실은 내가 사고를 당했을 때 그 자리에서 바로 죽었다는 것인데, 아마도 내 머리가 땅에 부딪힐 때 그 충격으로 뇌진탕을 일으켜 뇌사상태가 되었는지 모른다. 물론 병원에서 치료를 받지 않았기 때문에 정확한 상황은 알 수 없지만, 내 영혼이 사후세계로 가서 아내의 영혼과 만났기 때문에 죽었을 가능성이 높다. 그런데 교통순경이 나를 흔들어 깨웠을 때 그 충격으로 나의 영혼이 도로 내 몸 안으로 돌아와서 내가 살아날 수 있었는지 모르겠다.

그리고 적어도 그 점술인도 비록 점괘를 통해서이긴 하지만 내가 죽었다고 확인했다. 만약 이때 내가 죽지 않고 잠시 기절했다면, 아내의 영혼은 내 영혼을 자기가 있는 곳으로 불러와서 자기에게 남아 있는 생명을 내게 줄 이유가 없을 것이기 때문이다.

그러므로 이때 내가 죽었다는 사실은 확실한 것 같다.

죽었다가 다시 살아난 사람이 말하는 죽었을 때의 경험을 임사체험이라고 한다. 그러므로 나의 이 이야기는 임사체험인 셈이다. 나의 이 임사체험에서 특이한 것은 내가 죽어서 하늘나라에 갔다가 아내의 영혼을 만나서 아내에게 남아 있던 목숨을 받아서 되살아났다는 너무나 놀라운 사건이라는 점이다!

그 점술인이 어떤 근거로 그런 말을 했는지 모르겠으나, 아마도 이런 일은 나의 경우에 앞서 많이 있었기 때문에 이런 이론이 생겨났을 것으로 보이지만, 내가 알아본 바로는 내가 읽은 여러 권의 영혼에 관한 책들에서는 우리나라에서도, 다른 나라에서도, 이런 예를 찾아볼 수는 없었다.

그러나 그 점술인은 우리나라의 점술업계에서 꽤 이름이 난 사람이고, 또한 점술업이 역사적으로 꽤 오래된 직업으로서, 경험을 통해 확립된 어떤 이론을 바탕으로 그 점술인이 그런 결론을 내릴 수 있다고 생각되므로, 함부로 부인할 수도 없다.

그래서 이 사건은 내가 앞으로 시간을 두고 조사하고 연구해 봐야 할 과제라고 생각된다.

2. 아내와의 만남

내가 아내 될 사람을 처음으로 만난 것은 지금은 없어진 TBC-TV 부산국에서 프로듀서로 일하고 있을 때였다. 나는 1966년 9월, TBC 서울 본사의 제3기 신입사원 공개채용 시험에 합격해서 라디오 편성과의 프로듀서로 일하고 있다가, 다음 해에 피치 못할 집안사정으로 부산국으로 자원해서 전출 온 상태였다.

그날 오후에도 나는 사무실에서, 내가 그때 맡아서 제작하고 있던 「여성백과」 프로그램의 다음 날 오전에 있을 녹화를 준비하고 있었다. 옆자리의 동료들은 마침 점심 식사를 마치고 돌아와서 오후의 일을 시작하기에 앞서 한가롭게 잡담들을 나누고 있었는데, 어느 순간 이들의 잡담이 '뚝' 하고 끊어지기에, 나는 무심코 고개를 들어보니, 우리 사무실 문 앞에는 이제껏 본 적이 없는 눈부시게 아름다운 젊은 여인이 서 있는 것이었다. 동료 피디들도 갑작스러운 이 미녀의 출현에 놀라 멍하니 그녀를 바라보고 있었다.

나는 마음속으로 "저 아름다운 여인이 찾아온 행운의 사나이는 누구인가?" 하며 부러운 마음으로 그 여인을 바라보고 있으려니, 이 여인은 문 가까이에 앉아 있는 직원에게 잠시 뭔가를 묻는 것 같더니, 똑바로 사무실로 걸어 들어와서는 내 앞에 멈추어서는 것이 아닌가!

순간 '탁' 하고 나의 숨이 멎었다.

"저어, 정형기 피디님이시죠?"

"예, 그런데요?"

"내일 방송에 출연하기로 했던 우리 부서의 선배님이 어제 사고를 당해서

"

병원에 입원했어요. 그래서 제가 대신 오게 되었어요." 하는 것이었다.

그제야 나는 비로소 정신을 차리고 "그러면 귀양의 명함부터 주실까요?" 하니, 들고 있던 핸드백에서 지갑을 꺼내서는 명함을 한 장 빼내어 건네주기에 들여다보니, '○○○화학 부산지점 홍보사원 이○○'이라고 적혀 있었다.

"아, 이 양이시군요. 그러면 내가 지 양에게 부탁한 방송자료를 가지고 오셨나요?" 하고 물으니, 그녀는 따로 들고 온 큰 봉투를 내밀었다.

그래서 내가 "자료를 살펴보는 동안, 잠시 그 소파에 앉아서 기다려주세요." 하고는 가져온 자료를 하나하나 살펴나갔다. 내가 부탁한 자료들이 빠짐없이 준비되었는지, 그리고 내용이 충실한지도 살펴봐야 했다.

그때 처음으로 그 여인은 나를 찬찬히 살펴볼 기회가 있었는데, 나를 만나러 오기에 앞서, 같은 사무실의 동료들로부터 "그 피디는 TBC에서 제일 고참이고, 서른 살이 넘은 노총각이야."라는 말을 이미 듣고 왔기에, 동료 피디들 가운데 제일 늙수그레해 보이는 데다, 그의 숙인 머리에는 흰 비듬이 듬성듬성 보이고, 자료철을 넘기는 검지손가락에는 검은 손톱 때가 낀 것이 보여서 그녀는 순간적으로 몸을 움츠렸다.

그때 이 여인에게는 남자의 인상을 판단하는 두 가지 기준이 있었다고 한다. 첫째, 자기보다 키 작은 남자는 남자가 아니다. 둘째, 차림새가 단정치 못한 남자에게는 가까이 가지 않는다. 그런데 이 남자는 자신의 두 번째 기준에 바로 걸렸다. 자료를 다 살펴본 다음, 나는 그녀에게 말했다.

"이 자료 가운데 그림 설명은 그려서 슬라이드로 만들어야 하는데, 내가 그림의 자세한 내용은 잘 모르니 이 양이 나와 함께 미술실로 가서 미술실 직원에게 설명해 줘야겠어요." 나는 자리에서 일어나 그녀를 데리고 미술실로 갔다.

그때 그녀는 나를 따라오면서 내 키가 자기보다도 작다는 것을 알았다. 그러면 이 남자는 자기의 기준으로는 실격이었다. 그러자 '피식' 하고 그녀의 입에서 웃음이 나왔다. 물론 내 귀에는 들리지 않았지만 말이다.

그래서 그 여자는 생각했다.

"그러고 보니 잘됐네. 더 이상 이 남자에게는 신경 쓸 일이 없을 테니까."

미술실에서의 일을 마치고, 다시 내가 그녀를 데리고 스튜디오에 가니, 그곳에는 곧이어서 그날 녹화할 프로그램의 무대가 설치되고, 카메라와 다른 방송장비들이 정렬되어 있었다.

나는 이 여인에게 스튜디오의 구조, 시설과 장비들을 대충 설명해 주고, "내일 녹화도 이 프로그램과 비슷하게 준비되는데, 물론 진행방식은 다르지만 내일 녹화할 때 자세히 설명해 줄 테니 오늘은 스튜디오의 분위기를 느끼기만 하면 된다."라고 설명해 준 다음, 그녀를 돌려보냈다.

다음 날 오전, 예정대로 녹화를 마쳤다. 그녀의 얼굴을 카메라로 잡아보니, 이때까지의 그 어느 여성 출연자의 얼굴보다 잘 균형 잡히고, 차분한 분위기를 지니고 있었으며, 처음 나온 연사치고는 말을 잘해서 매우 만족스러웠다.

다음 날 저녁에 그 프로그램이 방송된 다음, 일주일쯤 지나서 그 여인에게서 전화가 걸려 왔는데, 내용인즉, 그 프로그램이 방송되고 난 다음 날, 자기 부서의 과장을 비롯한 모든 직원이 지사장님을 모시고 프로그램을 모니터했는데, 지사장님이 그 프로그램을 보시고는 이렇게 말했다는 것이다.

"프로그램 내용이 좋아서 매우 만족스럽소. 그리고 이 양은 첫 출연인데도 마치 베테랑처럼 능숙하게 방송을 잘했어요. 그리고 내 이 프로그램을 만든 피디를 전부터 잘 아는데, 그는 우리 회사가 TBC 부산국 개국 때부터 광고주를 하고 있는 프로그램을 조연출을 거쳐 직접 제작한 지 5년 가까이 되었는데, 전임 피디로부터 물려받은 프로그램을 180°로 바꾸어 완전히 새 프로그램으로 만들어서 TBC 부산국의 대표 프로그램으로 자리매김했어요. 그리고 이 프로그램도 경쟁 방송사 프로그램들이 흉내낼 수 없는 기획과 연출로 우리가 바라는 홍보효과를 잘 표현해냈고요."

그는 이런 칭찬 후에 주머니에서 지갑을 꺼내어 봉투 두 장을 가져오게 해서는, 봉투에 약간의 지폐를 각각 넣어서 하나는 과장에게 주시며 "이거 직원들하고 회식하게나." 하고, 또 하나의 봉투는 이 양에게 주시며 "이거 가지고 가서 정 피디에게 프로그램 잘 만들어줘서 고맙다고 나 대신 인사하고, 식사 대접하라."고 했다는 것이다.

이 양은 자기 회사 지사장의 이 말을 듣고서야 처음으로 정 피디라는 사람이 실력 있는 피디라는 사실을 알았다. 그런데 자기가 남자를 판단하는 기준에는 실력이라는 항목이 없다는 사실을 처음으로 깨달았다.

"아, 내가 남자에 관해 뭘 몰랐구나!"

이렇게 해서 우리는 다음 날 만나서 점심 식사를 같이 하기로 했는데, 이 양은 자신의 동료 한 사람과 함께 나왔다.

나는 이들을 우리 회사에서 가까운 어느 근사한 일식집으로 데리고 갔는데, 모처럼 그 회사 지사장님의 배려로 값비싼 점심을 얻어먹었다.

점심을 얻어먹었으므로, "차는 내가 살게요." 하고는, 함께 우리 회사 건물의 지하 찻집으로 내려가서 차를 마시며 가볍게 대화를 나누었다.

마침 당시는 방송에 개그맨이라는 새로운 개성의 코미디언들이 나와서 재미있는 이야기를 시리즈로 유행시키고 있어서, 나는 이 가운데 몇 가지를 이들에게 들려주었더니, "어머, 재미있어요!"라며 유쾌하게 웃었다.

또 마침 그때는 유신시대라 정부가 언론을 통제하고 있어서 방송할 수 없는 정치권에 관한 이야기 몇 가지도 더 들려주었더니, 호기심에 눈을 반짝이며 들었다.

시계를 보니 점심시간이 지나고 있었으므로, 이들을 돌려보내고 나는 사무실로 돌아왔다.

다시 한 일주일 후쯤, 이 양에게서 전화가 걸려 왔다.

"회사에서 새로운 남성용 화장품 세트가 나와서 정 피디님께 전해 드리려고 하는데, 오늘 언제쯤 시간 괜찮으세요?"

"점심시간에 오세요. 지난번에는 내가 얻어먹었으니까, 오늘은 내가 살게요. 우리 회사 가까이에 대구탕 맛있게 하는 집이 있어요." 하고 대답했다.

이 양은 점심시간에 사무실로 나를 찾아왔는데, 이번에는 혼자였다.

선물을 건네주기에 받아보니, 남성용 고급화장품 세트였다.

"고맙게 잘 받았다고 과장님께 전해주세요." 하고는 함께 밖으로 나와, 점심을 먹고는 전날의 그 찻집으로 가서 차를 마셨다.

한참 뜸을 들이던 이 양이 "저어, 사실은 화장품은 핑계고요, 지난번에 정 피디님이 해주신 애기들을 우리 사무실 동료들에게 그대로 전해주었더니, 모두 재밌다고 한 번 더 가서 애기 듣고 오라고 화장품 세트를 주면서 저를 등 떠밀어서 이렇게 다시 오게 된 거예요."라고 했다.

나는 깜짝 놀랐지만, 그리 기분 나쁘지는 않았다. "아, 그랬군요. 그러면 내가 재미있는 애기 얼마든지 해줄게요." 하고는 몇 가지 애기들을 더 해주고 돌려보냈다.

그 뒤로는 한동안 연락이 없었고, 나도 자연스럽게 이 여인을 잊었다. 가까운 장래에 이 여인을 만날 일이 없었기 때문이었다.

그런데 두 주쯤 뒤에 이 여인에게서 다시 전화가 왔다.

"오전에 ○○신문사에 볼일이 있어 왔다가, 일을 마치고 보니 점심시간이 가까워졌기에, 지난번에 정 피디님이 사주신 대구탕이 너무 맛있어서 오늘 거기 가서 점심을 같이했으면 하는데, 어때요? 오늘은 내가 살게요." 하는 것이었다.

"좋아요. 그렇게 합시다." 하고는 함께 점심을 먹고, 예의 그 찻집에서 차를 마시고 있을 때, 그녀는 불쑥 이렇게 묻는 것이었다.

"저어, 있잖아요. 지난 토요일에 친구들이랑 「바람과 함께 사라지다」라는 영화를 봤는데요, 정 피디님, 그 영화 보셨어요?"

"네, 봤지요. 그런데 그 영화가 우리나라에서 상영된 건 내가 고등학교 다닐 때니까, 아마 10년도 더 지났을 텐데요. 재방송도 여러 번 했을 거예요. 나는 방송사에 들어와서 우리 회사의 '토요명화' 시간에 그 영화를 봤어요. 그런데요?"

"제가 그 영화를 보면서 이상하게 느낀 건요, 그 여주인공이 자기를 버리고 다른 여자와 결혼한 첫사랑의 남자를 잊지 못해서, 자신과 결혼한 남편들을 사랑하지 않아, 남편들이 모두 자기를 떠나가게 내버려두는 거예요. 아니, 자신을 버린 그 남자가 뭐가 그리 그리워서 못 잊어요? 마지막으로 그녀를 떠나간 남편, 레드 버틀러! 얼마나 멋진 남자예요? 나 같으면, 절대로 그 남편을 떠나가게 내버려두지 않을 거예요. 그런데 이 영화의 여주인공은 그 남편을 떠나가게 내버려두는 것이 내게는 도무지 이해가 되지 않았어요." 하면서 나를 쳐다보는 것이었다.

"아하, 이 양이 그 영화를 제대로 잘 보셨네요. 그 영화는 보는 사람들이 그것을 알아보고 화를 내라고 만든 영화예요."

"아니, 그게 무슨 말씀이세요? 나는 몰라서 답답해서 묻는데, 영화를 제대로 잘 봤다니요? 지금 동문서답하시는 거예요?" 하면서 화를 내는 것이었다.

"아니, 아니, 그런 뜻은 아니고요, 사실은 내가 그 영화를 봤지만, 그 영화의 원작소설도 읽었어요. 그 소설의 서문에서 작가가 이 소설을 쓴 목적을 밝혔는데요, 이 작가는 어릴 때 어른들로부터 남북전쟁에 관한 얘기를 많이 들으면서 자랐기 때문에, 어른이 되어서 그때 들었던 이야기를 바탕으로 필요한 자료들을 모아서 이 소설을 썼다고 해요. 이 작가의 말에 따르면, 전쟁이 일어나기 전의 남부는 주로 목화밭을 일구고, 노예들을 부리며 면화를 재배하고 이것들을 유럽으로 내다 팔아서 어마어마한 부를 벌어들였고, 그것으로 호화로운 생활을 하고 있었어요. 반면에, 북부는 공업을 일으켜서 공장들을 짓고 흑인들을 고용해서 임금을 주고도 충분히 수익을 낼 수 있어서, 흑인들을 자유인으로 풀어주고 있었어요. 그래서 남부도 노예들을 자유인으로 풀어주고 인간답게 대해주라고 요구했으나, 남부 사람들은 노예를 자유인으로 풀어주면, 그들의 면화농장을 경영하기 어렵다고 생각하고 북부의 요구를 거절했고, 더 나아가 이런 무례한 요구를 하는 북부를 응징한다면서 전쟁을 일으킨 거예요. 작가의 입장에서 보면, 남부 사람들이 조금만 더 냉정하게 상황을 살펴보았더라면, 순전히 면화농업에만 기대는 남부가 공업을 일으켜 온갖 생활용품을 만들어내는 북부와 싸워서 이길 수 없다는 것을 알았을 텐데, 노예를 부리면서 자신들은 손가락 하나 까딱하지 않고도 누리는 호화생활에 젖어서 상황을 제대로 판단할 올바른 정신이 없었던 것 같았어요. 처음에는 당장 북부를 박살낼 듯이 큰소리치며 전쟁을 일으켰으나, 전쟁이 한두 해 길어지면서 필요한 무기와 군비들을 모두 유럽으로부터 돈을 주고 사와야 하는 남부는 이제까지의 호화로운 생활을 받쳐주던 면화 판 돈을 무기와 군비를 사는 데에 다 쓰고도 모자라서 허리띠를 졸라매야 하는데 반해, 북부는 전쟁물자를 직접 만들어 쓰기 때문에, 경제적으로 남부보다 부담이 적어서 넉넉한 물자와 사람으로 싸우게 되니, 시간이 갈수록 전세는 남부에 불리하게 되어갔죠. 더욱이 북부에서 해방된 노예들이 대거 북부군대에 참여함으로써 북부군대는 더 많은 군인을 확보할 수 있었던 것도 전투에서 북군이 이기는 데에 큰 힘이 되었죠. 이렇게 해서 남부는 북부에게 무릎을 꿇고, 노예를 자유인으로 모두 풀어줌으로써, 그들의 면화농업은 하루아침에 망하고 말았어요. '바람과 함께 사라지다'라는 제목은 전쟁 전까지 남부가 노예를 부리며 누렸던 호화로운 삶이 하루아침에 사라지고 말아버린 남부의 사정을 상징적으로 나타내는 말이고, 이 영화의 주인공이 그리워하는 첫사랑의 연인은 바로 이 사라져버린 옛 남부의 호화로웠던 지난날의 삶을 가리키고 있는 것이에요."

이렇게 긴 설명을 끝내면서 덧붙였다.

"그러니까 이 양, 소설이나 영화를 보면, 먼저 작품의 줄거리를 정리하세요. 그러면 작품의 뜻이 이해될 것입니다. 이것을 우리는 '작품의 원본, 텍스트'라고 해요. 그다음에는 이 원본의 밑에 깔려 있는 또 다른 원본을 찾아내요. 이것을 '아래 원본, 서브 텍스트'라고 하는데, 이 아래 원본이야말로 작가가 독자들에게 정말로 하고 싶었던 말이에요. 그리고 이 아래 원본이 바로 이 작품의 주제이기도 합니다. 그러니까 『바람과 함께 사라지다』의 원본은 '첫사랑의 연인을 못 잊어서 남편들을 떠나보내다'가 되겠고, 아래 원본은 '호화로웠던 지난날의 삶을 지키려고 전쟁을 일으켰다가, 오히려 삶의 뿌리를 송두리째 뽑혔다'가 되겠지요. 그래서 이 작품의 여주인공은 남부 사람들이고, 첫사랑의 남자는 호화로웠던 지난날의 삶을 가리키고, 떠나버린 남편들이란 남부 사람들이 정신 똑바로 차리고 눈앞의 삶을 충실히 살았더라면 맞이했을, 보다 더 나은 삶을 상징한다고 보면 되겠습니다. 자, 작품을 이렇게 분석해 놓고 보면, 이 양이 처음에 느꼈던 그 의문이 풀렸겠지요?"

"아, 작품을 그렇게도 보는군요. 나는 처음 들었어요. 작품 아래 작가가 하고 싶은 말이 깔려 있다는 것을... 고마워요. 그 사실을 내게 깨닫게 해줘서..."

그녀는 내 설명을 신기하게 받아들였다.

"여기에 한 가지 덧붙일 것이 있어요. 예술작품은 어느 것이든 우리에게 주는 교훈이 있는데, 곧 사물을 볼 때에는 겉만 보고 판단하지 말고, 그 속내까지 들여다봐야만, 그 실체를 알 수 있다는 것입니다." 하고 내 말을 끝내니, 그녀는 머리를 끄덕거리며 알아들었다는 표정을 짓는 것이었다.

그녀는 그와 헤어져 회사로 돌아가면서 그와 함께 나눈 대화를 생각했다. 자신은 학교를 떠나서 직장생활을 시작한 기간이 기껏해야 3년밖에 되지 않기에 아직도 사회생활에 서툴고, 직장 주변의 분위기에도 제대로 적응되지 않은 상태에서 하루하루 눈앞에 닥치는 일들을 처리하느라 세상의 겉면조차 제대로 바라볼 겨를이 없는데, 이 정 피디는 사물을 겉으로만 보지 말고 속내까지 들여다보라고 자신에게 충고했다는 사실에 놀랐다.

자신은 단지 「바람과 함께 사라지다」라는 영화를 보고 의문이 생겨서 그 의문의 답을 들으려고 그를 만났던 것인데, 그는 자신의 의문에 대한 대답을 넘어서 세상을 바라보는 방법까지 가르쳐준 것이었다.

그녀는 생각했다. "그러고 보면, 이 정 피디라는 사람은 세상을 자신보다 더 멀리, 그리고 더 깊숙이 들여다보고 있는 건 아닐까. 물론 그는 나보다 훨씬 더 오래 직장생활을 해오고 있으니 경험도 많이 했고, 또 전문가들을 여러 사람 만나서 얘기도 많이 들었을 것이므로, 나는 앞으로 그에게서 많은 것을 배울 수 있을 것이다."

몇 주쯤 뒤에 그녀는 다시 나를 찾아와 이렇게 물었다.

"저어, 있잖아요, 우리 둘째 형부가 경찰관으로 일하고 있는데요. 며칠 전에 부산대학교 학생들이 벌이는 반정부 데모를 막으러 갔다가, 학생들이 던진 돌에 맞아 병원에 입원했어요. 그런데 박정희 대통령은 두 번이나 대통령을 했으니 그만하면 됐을 텐데, 왜 또 더하겠다고 유신헌법인가 뭔가를 만들어서 저렇게 학생들이 데모를 하게 해요?"

나는 속으로 놀랐다. 이 나이의 여자들은 정치에는 별로 관심을 갖지 않는 편인데, 이 여자는 아마도 가족이 관련되니까 관심을 갖게 된 것 같았다.

그래서 나는 내가 아는 대로 그녀의 이 질문에 대답해 주었다.

"내가 어떤 책에서 읽었는데, 독재자를 '호랑이 등에 올라탄 사람'이라고 표현했는데요, 그 뜻은 호랑이 등에 올라탄 사람은 떨어지면 호랑이에게 물려 죽기 때문에 떨어지지 않으려고 기를 써서 호랑이 잔등에 매달립니다. 그럴수록 호랑이는 잔등에 올라탄 사람을 떨어뜨리려고 날뛰게 됩니다. 호랑이와 호랑이 등에 올라탄 사람은 이렇게 서로 실랑이를 벌이다가 언젠가는 그 사람은 호랑이 등에서 떨어져서, 운이 좋으면 살아서 도망가고, 운이 나쁘면 호랑이에게 잡아먹히게 된다고 합니다. 독일의 히틀러와 이탈리아의 무솔리니, 루마니아의 차우셰스쿠가 호랑이에게 물려 죽은 독재자들이고, 소련의 스탈린과 중공의 마오쩌둥은 용케 도망가서 살아남은 독재자들이지요. 박정희 대통령 또한 이런 상황에 처해 있으니, 그 자리를 계속 지키려고 할 수밖에 없고, 또 그를 반대하는 사람들은 그를 권력의 자리에서 쫓아내기 위해 갖은 방법을 다 쓰겠지요."

그녀는 눈을 빛내며 말했다.

"그러면 박정희 대통령도 언젠가는 권력의 자리에서 떨려나겠네요."

"박 대통령이 아무리 독재자라 하더라도, 우리나라에는 헌법과 법률이 있고, 또 이 법들을 지키는 국가기관들이 있으니, 그도 이 헌법과 법률이 정하는 기간에는 권력의 자리에 있겠지만, 언젠가는 그 기간이 지나면 물러나야겠지요."

"그렇지만, 이렇게까지 무리하게 자리를 지키려고 하면, 떠날 때 호랑이한테 물려 죽겠지요?"

"그건 두고 봐야지요." 하고 대답을 했는데, 결과는 그녀가 예상한 대로 된 셈이었다.

그녀는 한 달쯤 지나서, 다시 나를 찾아와서는 느닷없이 이런 질문을 했다.

"저어, 있잖아요, 며칠 전에 우리 과 동료들이랑 시민회관에서 열리고 있는 피카소 그림 전시회에 갔었는데요, 나는 그가 그린 그림을 보고는 놀라서 기절할 뻔했어요. 그의 그림들은 이제까지 우리가 생각한 그림들이랑 전혀 딴판으로 모두 괴물같이 그려져서 그 형체를 제대로 알아볼 수가 없었어요. 우리가 흔히 여인의 누드화라면 대체로 보기에 아름답게 그려지지 않나요? 그런데 이 화가가 그린 '나부'라는 그림은 마치 여자가 괴물같이 겹으로 포개진 데다가, 눈은 왕방울만 하게 그려져서 금방이라도 튀어나올 것 같았어요. 그런데 어떻게 이런 작가를 세계에서 제일 유명한 화가라고 하나요?"

"아이쿠, 대단하시네요. 그 유명하면서도 어렵기로 이름난 피카소 작품들을 직접 가서 보다니요."

"아니에요. 전혀 그런 게 아니고요, 사실 나는 그림이건 음악이건 예술에 대해서는 문외한이에요. 그런데 우리 사무실 동료들 가운데 미대를 나온 언니가 있어서 그 언니를 따라갔던 것인데, 그 언니가 그의 작품에 관해서 미술 전문용어로 이것저것 설명해 주었지만, 나는 그게 무슨 말인지 하나도 제대로 알아들을 수가 없어서 정 피디님에게 물어보러 온 거예요."

"아이쿠, 말도 마세요. 나도 미술에는 전혀 문외한이에요. 초등학교 때부터 고등학교 졸업할 때까지 그림 한 장 제대로 그려본 적이 없어요. 다만 내가 지금부터 이 양에게 설명하려고 하는 내용은 지난달에 피카소 전시회 측에서 우리 사무실에 보내온 홍보용 팸플릿에서 읽은 내용과 내가 전에 미술사 책에서 조금 읽은 내용을 종합해서 내 나름대로 지금 대충 정리하는 겁니다. 들어보세요, 피카소는 초등학교에서 고등학교를 졸업할 때까지 다른 화가들과 마찬가지로 전통적으로 그림 그리는 기법 즉, 자연주의 기법을 배우고, 그렸어요. 19살 때, 그가 살고 있는 스페인의 도시 바르셀로나 시가 주최하는 미술대전에 작품을 그려서 냈는데, 대상을 받게 되었어요. 그래서 바르셀로나 시는 그와 함께 입상한 다른 그림들을 모아서 전시회를 열었고, 많은 사람들이 와서 구경했어요. 그런데 어느 날 그의 작품을 들여다보던 어느 중년남자가 혼잣말로 '아니, 저렇게 자세하게 그릴 바에야 사진을 찍지, 왜 힘들게 그려?' 하고 타박하듯 내뱉는 말을 듣고, 그는 마치 망치로 머리를 한대 얻어맞는 것 같은 충격을 받습니다. 자신의 그 그림은 정원이 딸린 주택을 그린 것이었는데, 주택의 구조와 정원에 서 있는 나무의 잎사귀들에 이르기까지 너무나 자세하게 사실적으로 그려서, 사진이라고 해도 될 정도였습니다. 이때 비로소 피카소는 깨닫게 됩니다. 예술이란 새로운 아름다움을 만들어내는 것이지, 남이 이미 개발해 놓은 기법으로 아무리 잘 그려도 그것은 모방일 뿐 예술작품이 아니기에, 보는 사람을 감동시킬 힘이 없다는 사실을 마음 아프게 깨달았던 것입니다. 여기에서 피카소는 고민에 빠집니다. 그런데 도대체 어떻게 새로운 아름다움을 만들어낼 것인가 하고 이리저리 생각하다가 마침내 한 가지 생각에 머뭅니다. 그것은 다름아니라, 가장 최근에 생겨난 새로운 화풍인 후기인상파에 관한 생각이었습니다. 이 후기인상파는 일본의 채색화인 우키요에에서 영향을 받아 생겨난 서양화가들의 그림입니다. 후기인상파가 생겨나기까지 서양의 그림은 선과 원근법을 중요하게 생각했고, 색은 선과 원근법을 강조하기 위한 보조자료로 쓰일 뿐이었습니다. 그런데 일본의 도자기와 함께 들어온 채색화는 서양화가들을 깜짝 놀라게 했습니다. 서양화가들이 이때까지 신주 모시듯 모셔온 선과 원근법을 완전히 무시해 버린 일본의 채색화는 색과 형태만으로 눈부시게 아름다운 그림을 만들어냈던 것입니다. 이에 자극받은 서양화가들은 색의 본성인 빛의 흐름을 연구하여 마침내 후기인상파라는 새로운 화풍을 태어나게 했던 것입니다. 이 과정을 면밀하게 살펴보던 피카소는 후기인상파가 여전히 바꾸지 않고 그대로 쓰고 있는 것에 주의를 모았습니다. 그것은 다름아니라 2차원의 화면에 여전히 2차원의 그림을 그리고 있다는 사실이었습니다. 이 사실에 착안한 피카소는 여기에서 새로운 발상을 시도합니다. '그러면 나는 이 2

차원의 화면에 3차원의 그림을 그리자'라는 것이었습니다. '그런데, 3차원의 그림을 2차원의 화면에 어떻게 나타내지?' 그래서 궁리한 결과, 3차원이란 입체이고, 입체에는 앞뒤, 옆과 아래위가 있으므로, 이것들을 나누고 떼어내서 차례대로 화면에 그려보았습니다. 이것들을 따로 떼어서 화면에 그려보니 입체의 효과가 전혀 없었습니다. 그래서 이것들을 그 입체의 모양에 어울리게 겹쳐서 그려보았습니다. 그러자 어느 정도 입체의 효과는 나타났으나, 그림의 형태가 제대로 잡히지 않아, 형태가 어느 정도 눈으로 알아볼 수 있는 수준으로까지 다듬어서, 자기 눈에 받아들일 수 있을 정도에 이르렀습니다. 그래서 드디어 이렇게 그린 그림을 정식으로 발표했지만, 사람들은 그 그림을 전혀 알아보지 못해서 그를 실망시켰습니다. 그래도 그는 포기하지 않고 자기가 개발한 새로운 기법의 그림을 꾸준히 그려나갔습니다. 이러는 가운데, 그는 전쟁의 참상을 고발하는 '게르니카'라는 그림을 그려서 세상 사람들을 놀라게 합니다. 이 그림은 스페인 내전, 또는 1, 2차 세계대전, 또는 심지어 우리나라 6·25 전쟁의 참상을 그렸다는 설이 있을 정도로 여러 가지 설이 있으나, 작가인 피카소는 이것에 관해서 자신의 의도를 밝히지 않아 분명한 것은 잘 모르지만, 이 그림에는 비행기, 탱크, 대포와 함께 사람의 몸뚱이를 잘라서 여기저기에 흩어놓았는데, 거의 실물과 닮을 정도로 끔찍하게 그려서, 보는 사람으로 하여금 온몸을 떨게 할 정도의 충격을 주었고, 그 효과로 해서 그는 하루아침에 유명해졌어요. 이때부터 사람들은 피카소의 그림에 관심을 보이기 시작했고 그의 그림값은 계속해서 치솟아, 20세기가 끝날 무렵에는 세계에서 그림값이 가장 비싼 화가가 되었으며, 그가 그리는 그림을 사람들은 입체파, 큐비즘이라고 부르게 되었어요. 그래서 나는 그가 이 시대에 가장 뛰어난 화가라는 사실을 알고 있어요. 그렇지만, 이 양과 마찬가지로 나도 그의 그림을 좋아하지 않아요. 아무리 들여다봐도 나는 그의 그림에서 아름다움을 찾아볼 수 없었어요. 오히려 나는 후기인상파의 그림을 더 좋아합니다. 그것들에는 색이 있고, 부드럽게 굽이치는 빛의 흐름이 있어요. 특히 나는 빈센트 반 고흐의 그림들을 좋아하는데, 왜냐하면 그의 그림에는 다른 화가들의 그림에서 잘 보기 어려운 빛의 물결이 있어요. 나는 이 빛의 물결을 '영혼의 떨림'이라고 불러요. 사람인 화가는 의식의 눈으로 빛의 흐름을 볼 수 없다고 나는 생각해요. 오직 영혼의 눈을 통해서만 이 빛의 흐름을 볼 수 있을 뿐입니다. 그래서 고흐의 그림에 나타나는 빛의 물결은 그의 '영혼의 떨림'을 그의 손길이 따라가며 그려놓은 흔적이라고 생각해요. 그래서 나는 그의 그림이 이 세상에서 가장 아름다운 그림이라고 생각하지만, 가장 뛰어난 그림이라고는 생각하지 않아요. 내가 가장 뛰어난 그림이라고 생각하는 그림은 밀레가 그린 '만종'입니다. 이 양도 이 그림을 본 적이 있지요?"

"네 여러 번 있어요."

"내가 왜 이 그림을 가장 뛰어나다고 생각하는가 하면, 이 그림의 주제는 매우 간단해요. '신의 섭리가 세상(자연과 사람)을 움직인다'는 것입니다. 곧, '해가 뜨면, 사람들은 일어나서 일하고, 해가 지면, 집으로 돌아가서 잠잔다'는 매우 단순한 자연의 이치를 그리고 있습니다. 그리고 사람들이 하는 일 가운데서도 가장 자연과 닮은 농업을 그림의 소재로 삼았습니다. 그래서 농부 부부가 하루 일을 끝내고, 땀과 피로에 절은 몸으로 하느님께 '오늘 명령받은 일을 끝내고, 쉴 수 있게 해주심을 감사드립니다.' 하고 경건하게 기도드리는 모습에서, 하느님의 섭리가 그대로 드러나고 있다고 나는 생각합니다. 그리고 나는 이 그림 외에 하느님의 섭리를 그린 다른 그림을 본 적이 없습니다. 그래서 나는 밀레의 「만종」을 가장 위대한 그림이라고 생각하는 것입니다."

"정 피디님의 아름다움을 느끼는 취향이 나와 비슷한 것 같아서 매우 기뻐요. 사실 내가 좋아하는 그림은 「목욕하는 여인」을 그린 르누아르의 그림들이에요. 그의 그림의 선들은 모두 모나지 않게 둥글고, 아름다워요. 그리고 그가 쓰는 색들은 부드러운 파스텔풍이어서 내가 특히 좋아해요. 내가 나약한 여자여서 그런지 몰라도, 나는 모나고, 강렬하고, 두드러지는 것에는 불안감이나 두려움을 느껴요. 그리고 나는 밀레의 「만종」은 하루의 일을 끝내고 하느님께 기도드리는 농부 부부의 자세가 경건해서 이 그림을 좋아하지만, 정 피디님처럼 이 그림에서 하느님의 섭리는 느끼지 못했어요. 그런데 정 피디님의 설명을 듣고 보니, 내가 느꼈던 경건함을 하느님의 섭리로 바꾸어 생각해도 되겠네요.”

그 말을 들으면서 나는 생각했다. ‘이 여인은 보기에 어울리게 예민한 감각을 가졌구나...’

“저, 오늘 정 피디님 말씀 정말 유익하게 잘 들었습니다. 감사합니다. 다음에 밥 살게요. 약속해요.” 하고 우리는 헤어졌다.

그녀는 일주일 뒤에 와서 약속대로 점심을 샀다. 그리고는 또 말했다.

“저, 있잖아요, 나와 친한 친구의 친척 가운데 아저씨뻘 되는 돈 많은 부자가 한 사람 있었는데, 어느 날 갑자기 쓰러져서 돌아가셨대요. 유언이 없어 자식들 가운데 재산을 두고 분쟁이 일어나서 재판까지 하게 되었는데, 그 뒤로 사이가 나빠져서 서로 말도 안 하고 지낸답니다. 글쎄, 그게 무슨 꼴이에요? 돈이 무어라고 돈 때문에 형제들이 다투고 사이가 나빠져요? 나는 이해할 수 없어요. 정 피디님은 어떻게 생각하세요?”

“그건 너무도 오래되고, 흔해 빠진 이야기인데, 이 양은 새삼스럽게 그런 문제로 흥분해요?”

“아네요. 지금까지 내 주위에서 그런 얘기 들어본 적 없어요. 이것이 처음이에요.”

“내가 우리 집안 어른들에게서 들었는데, 가족관계는 부부가 무촌으로 가장 가깝대요. 물론 부부도 돌아누우면 남이라지만, 돌아눕기 전에는 가장 가깝대요. 다음에 부부와 그 부부 사이에서 태어난 자식과의 관계인데, 그 관계는 1촌이래요. 부부와 자식 사이에서 비로소 가족관계가 시작되는 셈이지요. 다음에 자식이 하나 더 태어나면, 그 자식들 사이는 2촌이 된대요. 그런데 부부와 자식 사이는 남이 아닌 관계지요. 곧 자식은 부모의 분신이기 때문에 자식은 부모와 마찬가지이지요. 그래서 부모가 자식에게 재산을 물려주는 것은 자기가 자기에게 주는 것과 마찬가지로 본대요. 그러나 형제 사이는 다르지요. 형제들은 부모에게서 재산을 더 많이 물려받기 위해 서로 경쟁하는 관계이지요. 그래서 형제관계를 남의 시작이라고 한대요. 그러므로 형제들이 부모의 유산을 두고 다투는 것은 너무나 자연스러운 현상이라고 한답니다. 그런데, 재산을 가지고 다투는 것은 사이가 나빠지는 것으로 끝나지만, 만약에 유산이 재산이 아니라 왕의 자리라면, 사정은 훨씬 더 심각해지지요. 왜냐하면 왕의 자리를 차지한 형제는 나머지 형제들의 목숨을 마음대로 처분할 수 있는 권한을 가지게 되기 때문이지요. 그 자리를 차지하지 못한 나머지 형제들은 그 순간부터 자신들의 목숨은 위태로워지지요. 당장 우리나라 조선시대를 보세요. 조선의 3대째 임금 태종은 자기가 임금이 되지 못하자, 군사를 일으켜 자신의 형제들을 죽이고 스스로 왕이 되었잖아요? 그리고 그의 손자인 수양대군은 조카인 단종을 죽이고 왕의 자리를 빼앗았지 않았나요? 그런데 여기에 한 가지 재미있는 현상이 있어요. 이렇게 재산이나 권세가 있는 집안은 그런 점에서 하늘의 축복을 받았지만, 그들에게는 불화의 저주가 함께 따르잖아요? 반대로, 재산이나 권세의 축복을 받지 못한 집안에서는 가지고 다툴 거리가 없으니까, 형제들끼리 사이좋게 지내고, 서로 도우면서 살지 않나요? 이런 점에서 보면 하늘은 공평한 거예요. 그래서 보통 사람들도 살맛이 나지요. 보세요, 재산 많은 사람들이 서로 화목하게 지내고, 가난해서 나누어 가질 것 없는 집안사람들이 서로 불화해서 싸운다면, 가난한 사람들에게 너무 불공평하지 않을까요? 그러면 정말 살맛 없어질 거예요. 그런 점에서 보면, 가진 것 많은 사람들이 싸워서 불화하는 것이, 가난한 사람들을 위한 배려라고 생각하는 것도 나쁘지 않을 거예요.”

“그렇지만, 그건 너무 심해요. 남의 불행을 보고 좋아하는 것은 나쁜 심보예요.”

“미안, 미안. 그렇지만, 그런 균형의 배려라는 눈에 보이지 않는 힘을 말하고 싶었어요.” 하고 변명했다.

이 만남 뒤에 두 번째 프로그램을 녹화해서 방송했는데, 열흘쯤 뒤 연락이 와서 만났더니, 프로그램이 방송된 뒤 시청자들이 자기를 알아보기 시작해서 몇 사람이 전화를 해주었다면서 좋아했다.

그러고는 다시 묻기 시작했다.

“저어, 있잖아요. 지난주에 음대에 다니는 친구가 권해서 그 친구를 따라 ‘백건우 피아노 독주회’에 다녀왔는데, 피아노 건반을 두드리는 거의 손가락 터치가 힘차고 무거워서, 내가 완전히 압도되는 느낌을 받았어요. 그러나 베토벤의 피아노 소나타 8번은 멜로디가 부드럽고 아름다워서 마음에 들었어요. 정 피디님은 백건우 선생님 연주회에 가보신 적이 있나요?’

“네, 딱 한 번 갔었어요. 언젠가 부산시민회관에서 연주회가 있었을 때 가서 들었는데요, 내 프로그램에 녹화해서 방송할 생각으로 갔지만, 그날로 연주회가 끝나기 때문에 프로그램으로 만들 기회는 없었어요. 이 양 말대로 그의 연주는 연주기법이 단단하고, 무겁다는 느낌을 받았어요. 그런데 베토벤 소나타 8번은 부제목인 「비창」으로 더 유명해진 곡이에요. 특히 제3악장 론도 알레그로의 멜로디가 아름답고 분위기가 좋아서 베토벤의 피아노곡 가운데서 유명한 ‘엘리제를 위하여’와 함께 대중들에게 널리 사랑받는 곡이에요. 일찍이 영국의 유명한 시인이며 작가인 월트 스콧 경은 이 소나타를 가리켜 ‘셰익스피어 희곡 『로미오와 줄리엣』의 분위기에 가장 잘 어울리는 곡’이라고 평해서 더 유명해졌어요. 그러고 보니 베토벤 말년의 작품들이 비교적 분위기가 무거운 데 비해서, 이 소나타는 베토벤이 젊었을 때 작곡했기 때문에 젊음의 감성과 정열이 깃들인 곡이라서 그런지 젊은 연인들의 이야기인 로미오와 줄리엣에 잘 어울린다고 생각해요. 그래서 나도 이 곡을 좋아한답니다.”

“내 친구가 그러는데요, 자기는 음악 가운데서 베토벤의 「운명 교향곡」을 가장 위대한 곡이라고 생각한다고 말하는데, 나는 그 친구의 말을 듣고 그 곡을 들었지만, 그 곡이 너무 무겁고 으스스한 느낌이 들 뿐, 좋다는 느낌은 들지 않았어요. 하지만 쇼팽의 피아노곡들을 가끔 라디오에서 들을 때면, 부드럽고 감미로운 느낌이 들어서 매우 기분이 좋아요. 정 피디님은 어떻게 생각하세요?”

“나는 나 자신을 피디로서 규정하자면, 교양 피디이자 음악 피디라고 할 수 있겠는데, 왜냐하면 나는 대담 프로그램, 가요 프로그램과 팝송 프로그램의 세 가지 프로그램들을 만들고 있기 때문이에요. 그러니까 더 엄격하게 말하면, 음악 피디라고 하는 것이 맞겠지요. 그렇지만 나는 음악을 전공하지도 않았고, 악보를 볼 줄도 몰라요. 대충 곡을 한두 번 듣고, 시간을 재서 표시한 다음, 음악을 몇 마디씩 잘라서 연출계획을 세워서 연출해 나가지요. 게다가, 우리가 자랄 때는 악기도 제대로 구경할 수가 없어서 기악곡은 전혀 낯설었어요. 그래서 내가 가장 좋아하는 음악은 우리나라 가곡이에요. 그다음에 우리 가요죠. 나는 가요 프로그램을 9년 동안이나 만들어왔기 때문에 우리 가요는 한 여남은 곡은 부를 줄도 알아요. 그래서 가끔 친구들이랑 술 한잔하고 노래 부를 때는 김정구 선생의 「두만강 푸른 물에」, 남인수 선생의 「진주라 천리길을」, 현인 선생의 「아, 신라의 밤이여」 등을 부르고, 혼자 있을 때는 「울 밑에선 봉선화야」, 「해는 져서 어두운데」, 「바우고개 언덕을」 등의 우리 가곡들을 즐겨 부른답니다. 팝송 가운데서는 비틀즈의 「Yesterday」, 앤디 윌리엄스의 「The Shadow of Your Smile」, 「Love is a Splendor Thing」, 이브 몽땅의 「The Autumn Leaves」 같은 곡을 좋아하지만, 부를 줄은 모르고 듣기만 해요. 연주곡으로는 영화 「금지

된 장난」의 주제곡 「로망스」, 영화 「쉘부르의 우산」의 주제가 「당신을 기다릴게요(I'll wait for You)」와 클라리넷이 쓸쓸하게 흐느끼는 「해변의 길손(Stranger on the Shore)」 같은 곡들을 좋아하고요. 클래식 음악의 경우는 부산시립교향악단이 1년에 한 차례씩 정기연주회를 갖고, 그 밖에도 한두 차례 부정기 연주회도 갖는데, 그때마다 녹화해서 방송합니다. 그래서 웬만큼 유명한 곡들은 몇 곡 정도는 알고는 있지요. 이 양이 좋아한다는 쇼팽의 피아노곡들은 멜로디가 아름다워서 좋아하지 않는 사람이 오히려 없을 정도이지요. 쇼팽은 폴로네이즈, 녹턴, 에튀드, 발라드 등 장르별로 주옥같이 아름다운 피아노곡들을 많이 작곡했는데요, 쇼팽의 연습곡 가운데 하나는 가사를 붙인 가곡으로 만들어져서 '이별의 곡'이라는 이름으로 더 유명해졌지요. 이들 가운데서도 특히 쇼팽의 피아노 협주곡 1번은 음악성이 높기로도 유명해서 자주 연주되기도 하지요. 나는 쇼팽의 곡들 가운데 이 협주곡을 가장 좋아합니다. 쇼팽의 곡들에 비해서 베토벤의 곡들은 교향곡을 중심으로 유명한 곡들이 많지요. 교향곡 3번 영웅, 5번 운명, 6번 전원, 그리고 9번 합창교향곡 등. 물론 그의 피아노 소나타들도 유명한 곡들이 많아요. 8번 비창, 14번 월광, 17번 템페스트, 32번 등. 또한 바이올린 소나타도 크로이체르 소나타 등 열 곡이나 있지만, 바이올린 협주곡은 한 곡밖에 작곡하지 않았어요. 그런데 이 바이올린 협주곡의 애잔하게 끊어질 듯 이어지는 선율이 들을 때마다 내 영혼을 떨리게 해요. 특히 안네 소피 무터의 연주가 특별히 나를 감동케 해요. 그래서 나는 베토벤의 수많은 기악곡들 가운데서 이 바이올린 협주곡을 가장 좋아해요. 베토벤의 「운명 교향곡」도 한 번인가 두 번 듣고, 방송한 기억이 있어요. 그런데 내가 오래 음악 프로그램을 만들어 오면서 경험으로 알게 된 사실인데, 음악은 반드시 듣는 사람의 마음 상태에 따라 그 음악을 자신의 기분에 맞추어 받아들인다는 것입니다. 곧 내 마음이 평온하면 그 음악을 평온하게 받아들이고, 내 마음이 슬프면 그 음악도 슬프게 받아들이지요. 따라서 나는 베토벤의 운명 교향곡을 들을 때마다, 내가 살면서 겪었던 운명의 순간들, 곧 내 삶의 방향이 바뀌게 되는 사건을 겪었을 때의 그 비장한 마음상태가 되는 것이죠. 그래서 나는 운명 교향곡의 연주가 시작되고 그 유명한 노크 소리가 들려오면, 내 마음은 저절로 '그래, 어서 오세요, 운명님. 우리 이제 이렇게 만났으니 함께 가시죠.' 이런 마음으로 그 음악을 받아들입니다. 왜냐하면 내 별로 길지 않은 삶의 길이에 비해, 이미 운명이라 할 삶의 고비를 벌써 서너 번은 겪었기 때문입니다. 그런데 나는 처음에 운명이라고 하면 마치 까무러쳐서 죽을 만큼 힘들고 괴로울줄 알았는데, 의외로 힘들긴 하지만 견뎌낼 만하다는 것을 알게 되었고, 이것이 하나가 아니라 하나가 끝나면 또 하나가 뒤따라오곤 하기에, 인생이란 알고 보니 이런 작은 운명의 연속이라는 느낌을 받았어요. 그래서 나는 운명을 이렇게 담담하게 맞이하고 보낼 수 있게 되었어요. 그래서 그런지 나는 베토벤의 「운명」을 이 양처럼 그렇게 무섭고 두렵게 받아들이지 않아요. 나는 이 교향곡의 문을 노크하는 그 유명한 곡의 부분을 빼고는 나머지 부분에 대해서는 별로 관심 있게 들어보지 않았어요. 그렇기 때문에 이 곡이 좋은지 나쁜지에 대해서는 내 짧은 음악실력으로는 평가할 수 없어요. 다만 세계의 수많은 작곡가가 지은 교향곡들 가운데서도 뛰어난 곡들 가운데 하나라는 것과, 내가 이 양과는 달리 이 곡을 별로 무서워하지 않는다는 사실만 빼고는 말이죠. 그래서 내가 가장 좋아하는 클래식 기악곡은 모차르트의 피아노 협주곡 23번 가운데 제2악장 아다지오예요. 이 곡을 들을 때마다 내 마음은 차분하게 가라앉으면서, 이 곡이 마치 이제까지 힘들게 살아온 내 삶을 위로하듯, 내 마음을 쓰다듬어주는 느낌을 받아요. 그래서 나는 이 곡을 가장 좋아해요. 그 밖에도 그의 또 다른 피아노 협주곡 21번 가운데 제2악장 안단테는 이 세상에서 가장 아름다운 곡이라고 생각해요. 특히 이 곡은 영화 「엘비라 마디간」의 주제곡으로 쓰여서 더 유명해졌지요. 그래서 나는 모차르트를 서양 음악가들 가운에서 가장 좋아한답니다."

"정 피디님은 내가 이제까지 얘기를 나누며 느꼈지만, 내가 묻는 어떤 질문에도 그것을 자신의 삶에 대입해서 자신이 실제로 경험했던, 아니면 마음으로라도 느꼈던 느낌으로 설명해 주시니, 내가 알아듣기 쉬워요."

"그거야 당연하지요. 내가 모르는 것을 어떻게 남에게 알아듣도록 설명할 수 있나요?"

"아니에요, 다른 사람들은 대체로 자기가 알고 있는 것 이상으로 남을 설득하려는 경향이 있다는 것을 내 주변의 선배들에게서 많이 느껴요. 그런데 내 수준이 그들의 전문적인 이론지식을 받아들일 정도가 되지 못하기 때문에 잘못 알아들어요. 그렇다고 정 피디님처럼 자신의 경우에 맞추어 쉽게 설명해달라고 요구할 수도 없잖아요? 저어 그런데, 정 피디님. 조금 전에 한 말 가운데서, 지금까지 살아오는 동안 운명의 고비를 여러 번 넘겼다고 했는데, 대체 어떤 운명의 고비들이었나요?" 그녀는 느닷없이 물었다,

나는 깜짝 놀라서 말했다.

"이 양. 미안하지만 그것만은 말할 수 없어요. 그것은 내 지나온 가슴 아픈 삶의 이야기니까요."

"미안해요, 그것이 정 피디님에게 그렇게 가슴 아픈 이야기라면, 하지 않으셔도 돼요. 다만 내가 그 질문을 한 뜻은 정 피디님은 일할 때는 매우 진지하게 몰입해서 하시는데, 그 밖에 동료들과 직장에서의 관계를 보거나, 나와 얘기를 나눌 때 보면, 언제나 한 발 뒤로 물러나 있는 거 같아 왜 무슨 사연이 있기에, 한창 활기차 보여야 할 사람이 저렇게 무심해 보일까 하는 궁금증이 생겨서 물어본 것이에요."

"이 양의 내게 대한 그 질문은 언젠가 할 필요가 있을 때 대답해 드릴게요. 그러나 지금은 할 수 없다는 점만 이해해 주면 좋겠어요."

그러고는 되물었다.

"말이 났으니 말이지만, 나도 이 말을 언젠가 이 양에게 해주고 싶다고 생각해서 하는 말인데, 이 양은 내가 보기에 지금 한창 자기 또래의 남자들과 만나서 사귀어야 할 텐데, 왜 나 같은 노총각과 이렇게 귀중한 시간을 허비하고 있어요? 미안하지만, 지금 사귀는 남자 있어요?"

그녀는 잠시 눈을 내리깔고 무언가 생각하는 듯했다.

"사실은 어떤 재벌 3세에게 청혼을 받고 세 번 만났어요. 그런데 그때마다 돈 자랑을 하면서 나를 유혹하는 것 같았지만, 그 사람은 뭔가 잘못 생각하는 것 같아요. 자기가 나를 앞으로 같이 살아갈 반려자로 택한다면 왜 나를 택하는지, 그리고 자신이 생각하는 나와의 삶은 어떤 것인지, 또 대기업을 물려받을 사람으로서, 앞으로 어떤 계획을 세우고 있는지, 그리고 거기에 자기를 어떻게 자기매김할 것인지 하는, 다소 추상적이더라도 이런 정도의 얘기는 해야 하지 않겠어요? 그래야 내가 그와의 삶에 대한 전망을 할 수 있지 않겠어요? 한편, 그 사람의 인상을 보니 키도 크고, 생긴 것도 미남이며, 웃는 모습도 퍽 다정해 보여서 좋은 사람이라는 인상을 받았어요. 그러나 대기업을 물려받을 만한 결단력도, 인내심도, 지혜도 없어 보여 실망했어요. 그런데 왜 내가 이렇게 말할 수 있느냐 하면, 그 남자의 인상이 꼭 우리 아버지와 닮았기 때문이에요. 우리 아버지는 사업을 하실 때에는 퍽 잘 경영하셨다고 어머니가 말씀하셨는데, 그런데 사람이 너무 호인이어서 이 사람 저 사람 아쉬운 말을 하는 사람들을 도와주다 보니, 정작 자신이 어렵게 되었을 때 아무의 도움도 받지 못하고 사업을 접게 되었다고 해요. 그래서 나는 그 남자의 앞날을 그리 밝게 볼 수가 없었어요. 나는 그 남자에게 '나는 지금 당장 결혼해야 할 이유도 없고, 또 지금은 우리 집의 살림살이를 도와야 하기 때문에 결혼할 형편이 아니니, 그리 아시라'고 잘라 말했어요. 그런데도 그 남자는 지금도 이따금 직장으로 나를 찾아오곤

해요. 그러나 나는 그 사람을 더 만나야 할 이유가 없어 계속 그를 피하고 있어요." 그녀는 비교적 자세하게 설명했다.

"아, 그랬군요. 그렇지만 너무 성급하게 결론을 내린 것이 아닌가요? 사람은 겉으로 봐서는 잘 몰라요. 오히려 그 사람을 자주 만나 질문을 해보세요. 그러면 전혀 다른 사람을 찾아낼 수도 있을지 모르잖아요?"

"그럴 수도 있지만, 나는 내 판단을 믿어요." 그녀는 단호하게 잘라 말했다 (그녀의 판단대로, 그 재벌 3세는 뒷날 아버지로부터 회사를 물려받아 경영하다가, 회사가 망해서 다른 회사에 합병되었다).

3. 임사체험

임사체험은 사람의 영혼이 죽어서 사후세계로 갔다가 어떤 이유로 되살아나는 현상을 가리킨다. 마이클 탤보트가 쓴 『홀로그램 우주』에는 죽었다가 다시 살아난 뒤 그동안 몸을 떠나 사후세계를 방문했던 사람들의 이야기들이 보고되고 있는데, 흥미로운 점은 체험자들 사이에 보이는 내용이 한결같다는 것이다. 그 전형적인 내용은 다음과 같다.

어떤 사람이 죽어가고 있다가 갑자기 자신이 공중에 떠서 그의 죽음 주위에서 일어나고 있는 일들을 내려다보고 있음을 깨닫는다. 잠시 뒤 그는 어둠, 또는 터널 속을 굉장히 빠르게 지나간다. 그는 눈부시게 빛나는 곳으로 들어가고, 최근에 죽은 친구와 친척들로부터 따뜻한 영접을 받는다.

보통 뭐라고 말로 나타낼 수 없을 정도로 아름다운 음악소리가 들리고, 지상에서 본 어떤 것보다도 아름다운 광경 ―구릉진 목장, 꽃이 만발한 계곡, 반짝이는 시냇물 등― 을 본다.

이 빛으로 가득한 세계에서 그는 아무런 고통도 두려움도 느끼지 않으며, 밀려오는 환희와 사랑과 평화의 느낌에 휩싸인다.

그는 무한한 자비의 느낌을 내뿜는 '빛의 존재(또는 존재들)'를 만난다. 그 존재는 그에게 자신의 지난 삶이 파노라마처럼 다시 펼쳐지는 '인생 복습(life review)'을 경험하게 한다. 그는 이 넓고 큰 현실의 경험에 압도되어 그곳에 한없이 머무르고 싶어진다.

그러나 그 존재는 그에게 아직은 때가 아니라고 말하고 다시 몸으로 들어가 지상의 삶으로 돌아가게 한다.

이것은 단지 일반적인 설명일 뿐이고, 죽었다가 다시 살아난 사람들의 모든 이야기에, 여기에 설명된 요소들이 모두 들어 있지는 않다는 것이다. 어떤 체험은 위에 설명된 어떤 면이 없을 수 있고, 어떤 체험은 이보다 더 자세한 내용을 담고 있을 수 있다.

체험의 상징적 내용 또한 다를 수 있다. 예컨대, 서양 문화권의 체험자들은 터널을 지나서 죽은 뒤에 가는 곳으로 들어가는 경향이 있는 데 반해, 다른 문화권의 체험자들은 어떤 길을 걸어가거나, 물을 건너서 저승에 다다르기도 한다. 그렇지만 역사를 통틀어서 여러 문화권 체험자들의 보고내용에는 놀라울 정도의 공통점이 있다.

죽었다가 살아난 사람들의 체험에 대한 정통적 견해는 그것이 환시라는 것이지만, 이것이 틀렸다는 실질적인 증거가 있다. 유체이탈 체험과 마찬가지로 죽었다가 살아난 사람의 영혼도 몸 밖으로 벗어나면 정상적인 감각이 가까이 할 방법이 없는 것에 대해 자세히 보고할 수 있다. 예컨대, 무디는 한 여인이 수술 도중 몸을 떠나 대기실 위를 떠다니면서 그녀의 딸이 짝이 맞지 않는 어깨옷을 입고 있는 것을 보았다는 사례를 보고하고 있다.

뒤에 밝혀진 바로는 가정부가 너무 급하게 서두르는 바람에 소녀의 어깨옷이 짝짝이라는 사실을 깨닫지 못했는데, 그날 소녀를 직접 본 일이 없는 엄마가 그 사실을 말하는 것을 듣고는 깜짝 놀랐다는 것이다.

또 다른 예에서는, 한 여성 체험자가 몸을 떠난 뒤 병원 로비로 가서 그녀의 형부가 친구에게 자신은 출장을 취소하고 처제의 관을 매줘야겠다고 하는 말을 들었다. 그녀는 다시 살아난 뒤, 형부에게 자신을 그렇게 쉽게 포기한 데 대해 원망을 퍼부어 그를 놀라게 했다고 한다.

어떤 경우에는 한 여성 임사 체험자가 터널을 지나서 빛나는 곳으로 들어가고 있는 자신을 발견했을 때, 그곳으로부터 돌아오고 있는 한 친구를 만났다는 것이다. 그들이 서로 지나칠 때 그 친구가 텔레파시로 말하기를 "나는 죽었는데, 다시 돌려 보내지고" 있는 중이라는 것이었다.

그 여성도 또한 결국 "되돌려 보내졌고", 병석에서 일어난 뒤, 자신이 그 경험을 하고 있을 때와 대략 같은 시간에 그 친구도 심장마비를 겪었다는 사실을 알게 되었다.

이븐 알렉산더 『나는 천국을 보았다』

2008년 11월 10일, 하버드 신경외과 전문의 이븐 알렉산더 박사는 54살의 나이에 희귀한 질병에 걸려 7일 동안 혼수상태에 빠졌다. 이 동안에 그의 대뇌 피질 곧, 우리를 사람이게 해주는 뇌의 겉면이 기능을 멈춰버렸다. 이것이 기능하지 않으니 사실상 뇌가 없어진 상태였다. 이렇게 우리의 뇌가 없어지면, 우리의 존재가 없어지는 상태가 된다.

지난 여러 해 동안 그는 의사로서 신기한 경험을 한 사람들의 이야기를 많이 들었다. 대개는 심장마비가 일어난 뒤였는데, 신비롭고 놀라운 풍경 속을 여행했다거나, 죽은 가족들과 대화했다거나, 심지어는 신을 직접 만났다는 경우도 있었다. 하지만 그의 생각으로는, 이 모든 것은 순전히 환상이었다.

보고된 임사체험의 상당수는 잠시 심장이 멈추었을 때 일어났다. 이 경우에 대뇌 신피질은 일시적으로 기능이 멎지만, 대략 4분 이내로 심폐소생술을 하거나 심장기능을 되살려서 피에 산소를 다시 보내줄 경우, 크게 손상되지는 않는다. 하지만 그의 경우에는 대뇌 신피질이 이미 꺼져버린 상태였다. 곧, 몸의 한계에서 벗어나 완전히 홀로 존재하는 의식의 세계와 마주하게 된 것이다.

다음은, 그가 뇌사상태에서 죽음 너머의 세계를 다녀와서 쓴『나는 천국을 보았다』에서 경험한 천국여행에 관한 내용을 정리해 본 것이다.

....

어둠 속에서 무언가가 나타났다. 그것이 천천히 돌면서 황금빛의 새하얀 가는 빛줄기들이 쏟아져 나옴에 따라 내 주위의 어둠은 점점 부서지면서 떨어져 나가기 시작했다. 그러자 새로운 소리가 들렸다. 가장 화려하고, 구성진, 지금껏 들어본 어떤 음악보다도 더 아름답고 생생히 살아 있는 소리였다. 순백색의 빛이 내려올 때 그 소리가 점점 더 커지더니, 여태까지 나와 함께했던 그 단 하나의 단조롭고 기계적인 쿵쾅거리는 소리는 더 이상 들리지 않았다.

그 빛은 점점 더 가까이 다가와 주변을 돌면서 순백색의 빛줄기들을 내뿜었다. 자세히 보니 빛줄기들은 여기저기에 황금색을 띠고 있었다. 그 뒤, 빛의 한가운데에서 다른 무언가가 나타났다. 나는 될 수 있는 대로 깨어 있는 의식으로 그것이 무엇인지 알아내려 했다.

그것은 열려 있는 구멍이었다. 나는 더 이상 천천히 돌고 있는 빛을 바라보고 있는 것이 아니라 그 안에 있었다. 이 사실을 안 순간, 나는 오르기 시작했다. 그것도 아주 빨리. '휙' 하는 소리가 났고, 나는 순식간에 그 구멍 속으로 들어가 완전히 새로운 세상에 놓이게 되었다.

내가 지금껏 보지 못했던 가장 이상하고, 가장 아름다운 세상이었다. 찬란하게 빛나고, 생기가 넘치고, 황홀하고, 너무나 아름다운... 이 세계가 어떻게 보이고 어떻게 느껴지는지를 설명하기 위해 온갖 형용사들을 다 늘어놓는다 해도 결코 그것에 미치지 못할 것이다.

나는 날고 있었다. 나무들, 들판, 시냇물, 폭포, 그리고 여기저기에 사람들이 보였다. 웃고 노는 아이들도 있었다. 사람들은 둥글게 모여서 노래하고 춤췄고, 그들만큼이나 즐거워 보이는 개가 깡충깡충 뛰어다녔다. 그들은 단순하면서도 아름다운 옷을 입고 있었는데, 주변에 만발한 꽃과 나무들이 지닌 따뜻한 생명력이 옷 색깔에서도 똑같이 느껴지는 듯했다.

믿을 수 없을 만큼 아름다운 꿈의 세상... 그런데 꿈이 아니었다. (…)

그런데 어느 순간엔가 내가 혼자 있는 게 아니라는 걸 깨달았다. 누군가 내 옆에 있었다. 광대뼈가 도드라진 푸른 눈의 아름다운 여자였다. 그녀는 아까 그 아랫마을에 있는 사람들과 비슷한 농부 같은 옷을 입고 있었다. 황갈색의 긴 머리가 그녀의 사랑스러운 얼굴과 조화를 이루었다.

우리는 함께 어떤 물체의 겉면 위를 타고 있었다. 그것은 이루 말할 수 없이 생생한 색채를 띤 복잡한 무늬를 가진 나비의 날개였다. 사실은 수백만 마리의 나비들이 우리 주변에 있었다. 커다란 파도를 이루는 무수한 퍼덕거림이 아래쪽의 푸른 나무들 속으로 들어갔다가 다시 나와서 우리에게로 돌아오곤 했다.

나는 나비들이 각각 따로 노니는 것이 아니라 모두가 한 몸이 되어, 마치 커다란 생명과 색채의 강물이 되어 하늘을 가로질러 날고 있는 것 같았다. 우리는 둥근 고리 모양의 편대비행으로 여유롭게 만발한 꽃들을 지나쳤다. 우리가 가까이 스치는 나무의 봉오리들은 활짝 피어났다.

여인의 옷차림은 간소했지만, 색깔(아주 연한 파란색, 남색 indigo, 부드러운 파스텔 색조의 오렌지-복숭아 빛깔)은 주변의 모든 사물들처럼 아주 힘찬 느낌이었고, 너무나도 생생히 살아있는 듯했다. 그녀가 나를 바라보았는데, 그 눈빛을 잠깐이라도 본 사람이라면, 그간에 어떤 힘든 일을 당했다 할지라도 지금까지 살아온 삶 전체가 진실로 살 만한 가치가 있었다고 느꼈을 것이다.

그 어떤 낱말도 쓰지 않으면서 그녀는 말했다. 그 메시지는 바람처럼 나를 지나갔고, 나는 그것이 진실임을 곧 깨달았다. 그 메시지는 세 가지로 이루어졌는데, 이것을 지상의 말로 옮기자면 대략 다음과 같은 내용이다.

"그대는 진실로 사랑받고 소중히 여겨지고 있어요, 영원히."

"그대가 두려워할 것은 아무것도 없어요."

"그대가 저지를 수 있는 잘못은 없어요."

엄청나게 깊은 안도감이 커다란 파도처럼 밀려왔다. 마치 평생 동안 알지 못한 채로 살아온 삶이라는 게임의 규칙을 건네받은 것 같았다.

"우리는 여기서 많은 것을 보여줄 거예요."

그녀는 이번에도 실제 말을 하지 않고 그 개념의 본뜻을 곧바로 전했다.

"하지만 결국에는 다시 돌아가게 될 거예요."

나는 오직 한 가지가 궁금했다.

'어디로 돌아간단 말인가? (…)

그러는 동안 나는 구름 속에 있었다. 검푸른 하늘 사이로 뭉게뭉게 피어오른 분홍색과 흰색의 커다란 구름들이 뚜렷하게 나타났다. 이 구름들보다 아주 한참이나 위에서는 희미하게 반짝이는 투명한 공 모양의 것들이 활처럼 하늘을 가로질러 날면서 그 뒤로 기다란 줄을 남겼다.

'새들인가? 천사들인가?

이 말은 내가 뒤에 기억을 적어둘 때 떠오른 것들이다. 하지만, 그 어떤 말로도 이것들을 설명할 순 없다. 이것들은 내가 지상에서 알았던 그 무엇과도 전혀 달랐다. 그들은 더 진보된, 고차원의 존재들이었다.

거룩한 성가처럼 크게 울리는 소리가 위쪽에서 들려왔다. 나는 혹시 날개 달린 존재들이 내는 소리인가 싶었다.

따뜻한 바람이 불어왔다. 마치 매우 밝고 맑은 여름날에 바람이 나무 잎사귀들을 희롱하며 천상의 물처럼 부드럽게 흐르는 듯했다. 신성한 산들바람이었다. 이 바람에 대해서, 그리고 그 뒤에서 일하고 있다고 느껴진 신성한 존재에 대해서, '여기가 어디지? 나는 누구지? 내가 왜 여기에 있지?

내가 질문을 내던질 때마다 마치 파도가 내게로 와 부서지면서 빛과 색채와 사랑과 아름다움이 한꺼번에 폭발하듯이, 답은 곧바로 주어졌다. (…)

깜깜하고 한이 없지만, 여전히 한없이 편안하고 커다란 텅 빈 곳으로 들어가게 되었다. 칠흑같이 캄캄했는데도 빛이 넘쳐흘렀다. 이 빛은 내 가까이에 있는 것 같은, 황홀하도록 눈부신 공에서 나오는 듯했다. 앞에서 천사 같은 존재들이 불렀던 노래처럼, 공은 살아 있는 듯하면서도 고체같이 단단하기도 했다.

이상하게도 이때 처한 상황은 자궁 속에 태아가 있는 것과 비슷했다. 태아는 말없이 영양을 보내주는 태반과 더불어 자궁 속을 떠다니는데, 태반이 이어주는 어머니는 사방에 있으면서도 그 모습은 보이지 않는다. 여기서 '어머니'는 하느님, 창조주, 우주 만물을 있게 한 근원에 해당한다. 이 존재는 참으로 가까이에 있어서, 나와 근원 사이에 한 몸으로서 틈이 없다고 느껴질 정도였다. 그러면서도 나는 창조주의 한없이 크심과, 그에 비해 내가 얼마나 하잘것없이 작은지를 느낄 수 있었다.

나는 하느님을 때로 옴(om)이라는 대명사로 부르려 한다. 내가 혼수상태에서 깨어난 뒤에 쓴 글들에서 이 표현을 처음으로 썼기 때문이다. 전지전능한, 조건 없는 사랑의 하느님과 관련해서 내가 들었다고 기억한 소리가 '옴'이었는데, 그 어떤 말로도 사실상 나타내기 어려울 것이다.

공이 내게 길동무를 해주고 있는 이유는, 나와 옴 사이에 깨끗하게 커다란 빈자리가 가로놓여 있기 때문이라는 것을 곧 알게 되었다. 어찌 보면 완전히 알지 못했음에도 내가 확신할 수 있었던 것은, 그 공이 나를 둘러싼 이 엄청난 현존과의 사이에서 일종의 '통역자' 역할을 했다는 점이다. 그러니까 마치 나는 더 넓은 세상에 태어났는데, 그 세상은 하나의 커다란 우주의 자궁 같았다. 그리고 이 공(어떤 면에서는 나비의 날개 위에 있던 여인과 이어져 있었고, 사실상 그녀이기도 했다)은 이 길에서 나를 안내해주고 있었다.

뒤에 이 세상으로 돌아왔을 때 나는 17세기의 기독교 시인인 헨리 본의 인용구에서 이곳(신성 자체의 거처인 칠흑 같은 커다란 중심)에 대한 어느 정도 비슷한 표현을 발견했다.

"어떤 이들이 말하기를, 하느님 안에 깊지만 눈부신 어둠이 있다…"

바로 그것이었다. 칠흑 같은 어둠인데도 빛으로 가득했다. 물으면 답이 주어졌고, 그것은 계속되었다. 우리가 아는 말의 형식은 아니었지만, 이 존재의 '목소리'는 따뜻했고, 이상하게 들리겠지만 사람다웠다. 그 존재는 사람들을 알고 있었으며, 우리가 지닌 특성들을 한없는 크기로 더욱더 많이 갖고 있었다.

그 존재는 나를 깊이 알았고 내가 늘 사람과 이어서 생각했던, 오직 사람들만이 갖는 그런 특성들로 가득 차 있었다. 따뜻함, 자비로움, 불쌍히 여김… 심지어는 풍자와 유머까지도. 공을 통해서 옴은 내게, 우주가 하나만 있는 것이 아니라 사실은 내 상상 이상으로 많은 수의 우주들이 있는데, 그 모든 우주들의 바탕에는 사랑이 자리하고 있다고 말해주었다. 다른 우주들에서도 악이 있지만, 아주 적은 양의 흔적을 남길 뿐이다.

악이 불가피한 이유는, 악이 없으면 자유의지가 기능할 수 없고, 자유의지가 없으면 우리가 자랄 수 없기 때문이다. 곧, 우리는 앞으로 나아가고 신이 바라는 그런 모습으로 되어갈 기회가 없게 된다. 우리의 세계에서 때로는 악이 끔찍하고 매우 힘센 것처럼 보일지라도, 더 큰 그림에서 본다면 사랑이 지배적이고 마지막으로 승리를 거둘 것이라고 했다. (…)

무언가가 나를 잡아당기는 듯했다. 누가 내 팔을 물리적으로 당긴다는 뜻이 아니라, 좀 더 미묘한 느낌이었다. 해가 갑자기 구름 뒤로 숨어버렸을 때 문득 기분이 달라지는 것 같은, 그런 느낌이었다고나 할까.

나는 중심 근원(the core)에서 멀어져 다시 돌아오고 있었다. 중심 근원의 잉크처럼 뚜렷한 어둠은 관문(gateway)의 싱싱하게 푸르고 눈부신 풍경 속으로 사라졌다. 아래로는 나무들, 반짝이는 개울 그리고 폭포와 어우러진 마을과 사람들이 다시 보였고, 그 위로는 천사들이 활모양으로 날고 있었다. 나와 함께 다니는 그녀도 그곳에 있었다.

내가 중심 근원을 여행하는 동안에도 그녀는 빛나는 공의 형태로 내내 그곳에 있었다. 하지만 지금은 다시 사람으로 모습을 바꾸어 그때 보았던 아름다운 옷차림을 하고 있었다. 그녀를 다시 보자, 나는 커다란 낯선 도시에서 길 잃은 아이가 갑자기 낯익은 얼굴과 마주친 것 같은 기분이 들었다. 얼마나 기뻤던지!

"우리는 당신에게 많은 것들을 보여줄 거예요. 그렇지만 당신은 다시 돌아가게 될 거예요."

중심 근원의 칠흑 같은 어둠의 입구에서 내게 말없이 전해졌던 그 메시지가 다시 나에게로 왔다.

어디로 '돌아간다'는 말인지 이번에는 알 수 있었다. 곧, 이 긴 모험의 여정이 시작되었던 지렁이 시야의 세계로 돌아간다는 뜻이었다. (…)

"하지만 내가 왜 이곳에 다시 온 것일까?"

저 위의 황홀한 세상에서 그랬던 것처럼, 곧바로 말이 아닌 방식으로 답이 주어졌다. 이 전체여정이 일종의 여행이었다는 생각이 떠올랐다. 보이지 않는 영의 세계에 대한 넓은 범위의 둘러보기였다. 잘 짜인 관광여행처럼 모든 계층과 차원의 탐험이었던 것이다.

이븐 알렉산더 박사는 죽어서 천국으로 갔다.

그 사람은 6일 동안 죽은 상태로 있다가 7일째 되는 날 기적적으로 되살아났다. 따라서 죽은 상태로 있었던 기간이 비교적 길었으므로, 그는 이승을 떠나 하늘나라로 올라가서 하느님이 게시는 중심 근원, 곧 신성한 곳을 여러 차례 방문했으며, 되살아나서 이승으로 돌아왔기 때문인지 그의 이야기는 매우 길고 그가 경험한 세계는 매우 넓고 깊었으며, 여러 가지 사건들을 접하고 감상을 느끼고 돌아온 것으로 보인다.

그의 경험에 비하면 나의 경우는 시간도 그에 비해 너무나도 짧았다. 단지 10분에서 20분 정도 될까? 이 시간은 사고 현장에 같이 있던 어느 운전자가 119에 전화해서 경찰이 현장에 나왔다고 하므로, 이때 걸린 시간이 대략 이 정도는 될 것이라 판단한 것이다.

그래서인지 사건도 매우 단순하고 짧았다. 아내가 살고 있는 집으로 불려가서 아내가 시키는 대로 자리에 누웠다가, 교통순경이 내 몸통을 흔드는 바람에 내 영혼이 하늘나라에서 이승으로 돌아와서 되살아나게 된 것이 전부였다.

그러므로 내게는 내가 하늘나라에 올라갔다는 사실을 증명할 객관적 증거도 없고, 하느님도 만나 뵙지 못했다. 따라서 내가 정말로 하늘나라로 올라갔는가 하고 의문을 품지 않을 수 없겠지만, 내가 하늘나라에서 나의 아내와 만났기 때문에, 내가 하늘나라에 간 것은 사실인 것 같다.

그러나 내가 경험한 하늘나라는 우리가 그동안 이야기로 들어왔던 천당이나 지옥의 개념과는 너무나도 달랐으며, 오히려 지상의 삶과 비슷해서 나는 이웃 아파트를 방문하고 돌아온 것이 아닐까 하는 착각이 들 정도였다. 그러므로 나의 경우는 아내가 나를 자신이 살고 있는 아파트로 곧바로 불러들였기 때문에, 다른 이들이 저세상으로 오는 과정을 거의 겪지 않았다. 나는 단순히 아내의 아파트 앞에서 방문을 열지도 않고 그대로 통과해서 들어간 것이 사후세계 여정의 전부였다.

그런데 우리 두 사람은 다 같이 하늘나라에서 우리들과 가까운 가족들을 만났다는 사실이다. 이븐 알렉산더 박사는 안내해 주는 젊은 여자를 만났는데, 뒤에 이 여자는 일찍 죽은 자신의 누이동생이었다는 사실이 밝혀진다. 그리고 나는 나의 아내를 만났던 것이다.

또한 우리 두 사람은 죽은 영혼으로 사후세계로 갔기 때문에 그곳에는 하느님이 계시지 않아서 만나 뵙지 못했다고 생각된다. 다만 이븐 알렉산더 박사는 천국의 중심 근원 가까이 갔으며, 중심 근원을 느꼈다고 하지만, 그도 하느님을 만나 뵙지는 못했다.

성경의 마태복음 22장 32절에 "나는 아브라함의 하나님, 이삭의 하나님, 야곱의 하나님이라" 하셨으니, "하나님은 죽은 자들의 하나님이 아니요, 산 자들의 하나님이시라고 하시니라" 하므로, 죽은 영혼들의 세계에는 하느님이 계시지 않는다고 생각된다.

우리들의 영혼이 하늘나라로 가면 그냥 하늘나라에서 정처 없이 떠도는 것이 아니라, 그곳에서 우리가 올라오기를 기다리는 우리들의 가까운 가족이 있다는 사실을 알 수 있다. 그러니까 이븐 알렉산더 박사는 구름 위에 떠가는 공들의 무리를 보았으며, 밝은 빛을 내는 공 하나가 자기의 길동무가 되어주고 길을 안내해 주었다고 하는 사실과 맞아떨어진다.

그러나 나의 경우에는 그런 공은 나타나지 않았다. 그러므로 그와 나의 상황은 서로 다른 것 같다. 나는 바로 아내가 있는 집으로 들어갔기 때문에 내게는 길을 안내하는 영혼은 없었지만, 아무튼 아내가 영계에서 나를 맞아준 것으로 보아, 아내가 나의 안내자였던 것 같다.

이븐 알렉산더 박사는 자신을 안내하던 여인에 의해서 다시 지상의 삶으로 되돌아왔지만, 나는 아내가 자신의 남아 있던 수명을 나에게 주어서 되돌려 보내졌다.

임사체험이란 죽은 사람의 영혼이 사후세계로 갔다가 어떤 이유로 그곳에 머물지 못하고 지상으로 다시 돌려보내진 경우를 말한다. 그 이유란 아마도 그들이 지상에 환생하기에 앞서, 작성해서 제출한 삶의 서약서에 있는 그들이 죽기로 예정된 날짜보다 먼저 사후세계로 갔기 때문에, 아마도 되돌려 보내진 것이 아닌가 생각된다. 이븐 알렉산더 박사의 경우가 이에 해당된다 하겠다.

그러나 나의 경우는 여기에 해당되지 않는데, 나는 내가 죽을 때가 되어 사후세계로 갔기 때문이다. 이것은 어디까지나 점술사의 이야기일 뿐이지만 말이다. 그런데 나는 사후세계에서 나의 아내를 만나 아내의 남아 있던 생을 받아서 지상으로 되돌아와 살아나게 되었다.

한편, 아내는 죽을 때가 아닌데도 사후세계로 갔다가 지상으로 되돌아오지 않고 거기에 머물다가, 내가 올 때 자기의 남은 생을 나에게 넘겨주고 자기는 그곳에 그대로 머물게 되었는데, 이것은 이제까지 영혼의 현상으로서는 도무지 이해할 수 없는, 불가사의한 일이다.

물론 과학적인 근거는 없지만, 영혼의 현상은 계속 연구해 봐야 할 과제라고 생각한다.

4. 점술

　『주역 인문학』(김승호 저)에 따르면, 인류는 먼 옛날부터 점을 쳐왔으며, 점치는 행위는 동서고금을 막론하고 자주 행해져 왔다. 그렇다면 우리는 왜 점을 치는가? 간단히 말하자면, 앞날을 알고 싶기 때문이다. 앞날의 일을 미리 알면 그 이익은 말할 수 없을 정도로 크다. 그래서 사람들은 점으로 일찍이 앞날을 알고자 했던 것이다.

　그런데 점이란 도대체 무엇일까?

　오늘날 현대과학에서는 앞날을 알고자 하는 점의 효능에 대해 인정하지 않는다. 미신의 한 가지라는 것이다. 스티븐 호킹 박사는 우리의 우주에는 앞날을 알아서는 안 된다는 자연법칙이 있다고 주장했다. 그래서 앞날을 알고자 하는 행위는 점을 치든, 과학적 방법을 동원하든 효과가 없다는 것이다. 과연 그럴까?

　정신의학자 칼 융은 점치는 행위를 좋아했다. 심지어 그는 환자를 진단할 때 점을 아주 잘 쓰기도 했다. 융은 동시성이라는 개념을 만들었는데, 이것은 점이 실제 사건을 맞힌다거나 징조가 있으면 동시에 현실이 나타난다는 것을 과학적으로 만든 것이다.

　유명한 물리학자이자 노벨상 수상자인 닐스 보어 또한 점과 징조를 믿었다고 한다.

　점치는 행위가 도대체 무엇이기에 앞날을 알 수 있다는 것일까?

　우리는 점을 어떻게 봐야 할까?

　무엇인가를 잘 알지 못할 때는 그 현상을 주역의 괘상(卦象)으로 나타내면

된다. 괘상을 제대로 찾으면 그 사물의 뜻은 이미 밝혀진 것과 같다고 한다. 제대로 친 점은 앞날을 알 수 있지만, 단지 점으로 앞날을 자세히 알 수는 없다. 그 이유는 이른바 불확정성원리 때문인데, 이 원리는 사람의 관찰행위가 사물의 정보를 훼손시킨다는 뜻이다.

앞날을 정밀하게 보고자 하면 오차를 일으키기 때문에 대강 크게 봐야 하는 것이다. 예를 들어, 어떤 사람이 죽는다는 앞날을 알았다고 하자. 이때 정확히 왜 죽느냐, 언제 어디서 죽느냐 등은 알기 어렵다. 하지만 대충 알 수는 있다. 옛이야기에 점을 치는 도사가 '천기를 누설하면 안 된다'고 말하는 대목이 자주 나오는데, 이는 앞날이 드러나면 세상이 어지러워진다는 뜻이다.

하늘의 운행은 섬세하고 또한 비밀에 부쳐져 있다. 그러므로 점이란 앞날의 일을 겉보기로 알 수 있다는 뜻이다. 예를 들어, 자동차는 알 수 있으나 자동차의 엔진까지 알 수는 없다는 뜻이다. 앞날은 점치는 행위에 의해 흐릿하게 보이는 것으로, 해상도가 그리 좋지는 않다.

그래도 확실한 건 점치는 행위는 미신이 아니며, 뜻이 있는 행위라는 사실이다.

먼 옛날 중국의 주나라 문왕 때에는 아예 점을 치는 정부 부서가 있었다고 한다. 문왕이 그의 스승 태공을 만날 때에도, 정부의 담당관이 점을 쳐서 문왕에게 "이번 사냥에서는 위대한 스승을 만나게 될 것이다."라고 미리 이야기해주었다.

문왕은 점괘에 따라 목욕재계하고 경건한 마음으로 사냥을 나가서 실제로 강태공을 만날 수 있었다고 한다.

점치는 것은 공자도 인정한 바 있고, 공자 자신 또한 몸소 점을 치기도 했다. 점은 그 뜻이 괘상으로 나타나는데, 그것을 두고 공자는 이렇게 말했다.

"군자는 점을 칠 때 주역의 방식을 취한다."

점이란 대개 앞날을 알고자 하는 행위이지만, 때로는 하늘의 명령을 따르기 위해 점을 치기도 한다. 축구에서 대진표를 추첨할 때 이것은 바로 하늘의 명령을 따르고자 함이다. 학교를 배정받을 때도 추첨을 하는데, 이것도 바로 점을 치는 것이다. 이때의 점은 아주 공정하다. 하늘의 운행은 공정한 것이다. 우연이라고 해도 마찬가지이다. 우연 속에는 하늘이 담겨 있는 것이다.

점은 사람의 생각을 넘어서 있다. 그렇기에 생각으로 알 수 없는 것을 점에 맡기는 것이다. 주역을 공부하는 사람이 가끔 점을 치면 괘상에 대해 더 많이 알 수 있다. 미신이 아니다. 사람은 자신이 모르는 것을 말할 때 미신이라고 하는데, 점은 절대 그렇지 않다. 점은 하늘을 공경하는 행위이다.

한편, 우리나라의 무당들도 점을 치는데, 이것은 주역의 점치는 방법과는 다르다. 무당들은 굿을 하는 과정에서 신점을 치게 되는데, 무당들이 굿을 하는 이유는 재수굿처럼 복을 받기 위해 정기적으로 하는 굿도 있고, 오구굿처럼 사람이 죽었을 때 하는 굿도 있다.

그러나 사람들이 굿을 하는 가장 큰 이유는 자신이 풀지 못하는 큰 문제가 생겼을 때 그것을 풀기 위해서이다. 그 흔한 예를 보면, 남편이 하는 사업이 하는 족족 안 될 때라든가, 갑자기 큰 부도가 날 위기에 처해 파산 직전까지 갔을 때, 점을 치는 일이 그런 경우에 속한다고 하겠다.

이와 같이 더 이상 별달리 손을 쓸 수가 없게 되면 사람들은 초자연적인 힘을 빌리기 위해 무당을 찾아가 상의한다. 이것은 말이 상의이지, 신점을 보는 것이라 무당은 신령에게 이 문제를 어떻게 풀어야 할지 물어본다.

무당이 먼저 해야 할 일은 내담자의 사주를 넣고 방울을 울리든지, 쌀 같은 것을 뿌려서 신령의 의견을 물어본다. 점을 보는 것을 무계 쪽의 전문용어로는 '무꾸리' 본다고 하는데, 이 말의 어원은 '묻다'는 동사라는 설이 있다. 신령에게 해결책을 '묻는다'는 뜻에서 무꾸리라는 말이 생겨났을 것이라는 설로서 이것은 국문학자 (고)서정범 교수가 주장한 설이다. 이때 무당이 신령에게 뜻을 물어보면, 사안의 무겁고 가벼움에 따라 처방하는 방법이 각각 다르게 나온다.

가장 낮은 수준의 해결책이 점을 통해서 신령의 말을 전하는 것이다.

그러나 점만으로 안 될 때는 부적으로 처방하고, 부적으로는 안 된다는 점괘가 나오면 부적보다는 한 단계 높은 치성으로 처방이 내리는데, 이것은 약식으로 행하는 굿으로 정식 굿당이 아니라 무당집이나 신도 집에서 무당이 혼자서 하는 의례를 말한다. 그러나 치성 가지고도 막힌 기운을 풀 수 없을 정도로 사안이 심각하다고 판단되면, 무당은 그제야 신도에게 굿할 것을 권한다.

그럼 여기서 잠깐 서정범 교수가 쓴 책『한국무속인 열전』에 소개한 우리나라 무당들의 사례를 들어보겠다.

(1) 무속인 정정희

일산에 사는 정정희 씨는 무덤에서 밤 11시에서 새벽 4시 사이에 묘굿을 하는 게 특징이라고 한다. 어느 날 가깝게 지내는 스님에게서 전화가 왔다. 독실한 불교 신자인데 병원에서는 손을 든 환자가 있다고 하면서 그분의 가족이 갈 테니 좋은 길을 열어주라는 것이었다. 다음 날 그의 딸(45살)과 이모(64살)가 왔다.

손님을 앞에 앉혀두고 점상에 앉으니, 갑자기 몸이 마비되고 아픈 사람 시늉을 그대로 했다. 아픈 증세가 무녀에게 그대로 옮겨진 것이다. 그녀의 아버지가 죽은 지 100일이 채 안 되었지만, 어머니도 곧 죽게 될 것이라는 공수가 내렸다.

아버지가 돌아가시기에 앞서 어머니의 무덤도 함께 만들어 두었었다. 이른바 가묘를 만들었던 것이다. 그러니 먼저 간 남편이 아내를 어서 들어오게 하기 위해 지금 아내가 아프다는 것이다. 병원에서는 병명을 알 수 없고, 살아나기가 어렵다고 했다.

딸이나 이모는 설마 어머니의 무덤까지 만들어 놓았을까 하는 생각이었다. 집에 돌아와서 오빠에게 어머니의 가묘 이야기를 했더니 오빠는 알고 있었다. 아버지는 아들에게만 이 사실을 알렸던 것이다.

어머니는 밤마다 "묘가 보인다. 묘가 보인다." 하고 잠꼬대를 했다.

그래서 죽은 남편의 진오귀굿을 하기로 했다. 진오귀굿을 할 때 명성황후인 민비가 실려 "중전 옷을 입고, 묘굿을 해야 된다. 묘 위에 저승사자를 쫓아내야 한다."는 공수가 내렸다.

그래서 진오귀굿을 했다. 아들은 밤낮으로 산소에 갔다. 산소의 손질을 하고, 밤에도 산소에서 지냈다. 그런데 아버지 묘 위로 밤마다 개가 넘나드는 것이 보였다. 그 무덤을 넘나드는 개는 저승사자가 변신한 것이라는 것이 무녀의 해석이다.

진오귀굿이 끝나고 다시 묘굿을 했다. 밤 11시~새벽 4시 사이에 무덤에서 묘굿을 하고 비방을 했더니, 밤마다 "묘가 보인다."고 하던 그 소리를 어머니는 더 이상 하지 않게 되고, 병원에서는 손을 든 중병환자가 점차 좋아져서, 예언대로 넉 달 뒤에 말끔히 나았다고 한다.

(2) 무속인 이미숙

처녀 무속인 이미숙(28살) 씨가 점을 칠 때는 손님의 얼굴과 마주칠 때 점사가 떠오른다고 한다. 사업의 길운을 물어보러 왔거나, 관재수가 있어 왔거나,

부부의 금실이 안 좋아서 왔거나, 자식이 속을 썩여서 온 것 등이 순간적으로 떠오른다고 한다.

간혹 손님의 얼굴을 봐도 점사가 떠오르지 않을 때도 있다고 한다. 이럴 때는 부엌으로 가면, 노란 저고리에 빨간 치마를 입고 쪽을 찐 30대 여인이 나타나 "저 손님은 무슨 일 때문에 왔다."고 가르쳐 준다고 한다. 어느 단골에게는 무슨 일이 일어날 것이고, 누구는 우환 때문에 올 것이고, 누구는 부동산 때문에 올 것이라는 것 등이 환히 보이는 것이다.

점을 치면서 신기한 것은 누가 죽는다고 한 것은 지금까지 한 번도 어긋난 적이 없다고 한다. 손님이 오면 그의 조상이 뒤따라 들어온다. 조상 가운데 누가 교통사고로 죽었으며, 피를 흘리며 죽은 조상이 보이고, 다리가 부러졌으면 발을 절룩거리고 들어오는 게 보이는데, 모두 죽은 사람들이 눈에 보이는 것이다.

(3) 내가 경험한 점술

일반적으로, 점술은 과학적인 근거가 없으며, 기껏해야 통계학적 의미에서 어느 정도 근거를 찾을 수 있다고 한다. 그러나 이제까지 내가 점술에 관해 경험했던 두 가지 사실에 따르면 점술이 단순한 미신이 아니며, 점술인들도 나름대로의 영적 능력을 가지고 영혼들의 움직임을 살피고 있다는 느낌을 받았다.

1984년, 내가 제주방송국의 방송부장으로 발령을 받아 근무한 지 4년이 넘었을 때의 어느 날, 아내로부터 걸려온 전화를 받았는데, 아내가 말하기를 "당신 발령이 너무 오랫동안 나지 않아 답답해서 친구들에게 사정을 말하니, 어느 친구가 인천에 용한 점술인이 있는데, 그 사람에게 가서 점을 보라"고 하기에,

그 친구와 함께 가서 점을 보니, 점술인이 당신 사주를 받아가지고 한참을 궁리하더니 "올해 안에 발령이 나겠는데, 원래 근무했던 서울로는 갈 수 없고, 서울에서 동북쪽으로 발령이 나겠다."고 하는 말을 들었다면서 "동북쪽이면 어느 방송국이 되느냐?"고 묻기에 "춘천방송총국"이라고 대답해줬더니, 아내는 한숨을 쉬면서 '그렇더라도 발령이 나면 좋겠다.' 하고 통화를 끝냈는데, 과연 몇 달 뒤에 춘천방송총국으로 발령이 났다.

그 뒤 내가 정년 퇴임하고 여러 해가 지난 어느 날(2009년 2월), 우리 큰딸이 집으로 찾아와서는 "엄마 아빠, 빨리 이 집을 떠나 다른 집으로 이사하세요. 지금이 정초라 어제 우리 시부모님이랑 점집에 다녀왔는데, 내가 엄마 아빠 사주를 넣었더니 점술인이 한참을 궁리하더니, 깜짝 놀란 얼굴로 '어이쿠 큰일 나겠네. 지금 댁의 부모님들이 빨리 다른 집으로 이사하지 않으면 두 사람 모두 명을 장담할 수가 없는 괘가 나왔어. 그러니 빨리 부모님께 가서 말씀드리고 이사를 서두르라 하시오.'라고 했어요." 하는 것이었다.

그러나 나는 평소대로 "그 사람들이 늘 하는 소린데 뭘 그리 신경 쓸 일 있나? 그러려니 하지 뭐." 하고 시큰둥하게 말했는데, 아내는 의외로 "아냐 여보, 나는 요즈음 들어 몸도 개운치 않고 일도 자꾸 꼬이니, 이참에 기분도 바꿀 겸 집을 한번 옮겨 보자구요. 그러고 보니 이 집에 산 지도 벌써 10년이 넘었어요." 라고 했다.

큰딸도 덩달아 맞장구쳤다. "그래 엄마, 엄마 말이 맞아요. 이참에 한번 옮겨 봐요, 아빠. 엄마가 그렇게 생각하시잖아요."

"두 모녀가 이사하고 싶다면 알아서 해요. 나는 따라갈 테니." 하고 내가 대답했다.

아내와 큰딸은 내친김에 서둘러 집을 내놓고 이사 준비를 시작해서 옮길 집도 마련하고, 이사 날짜까지 잡았다. 이때 아내가 내색은 하지 않고 있었으나, 이미 몸 상태가 나빠지기 시작하는 것을 알고 있었던 것이다.

이렇게 모녀가 이사 준비하는 것을 보고 나도 덩달아 이사할 준비를 하기 시작했다. 그런데 그때 내게는 건강보험공단에서 보내준 그해의 건강검진 통보서가 와 있었다.

한편, 나는 그때 한창 방송에 관한 대학교재를 쓰고 있었으므로, 그 책 집필을 끝내고 갈 생각을 하니 그러려면 10월 정도는 될 것 같았다. 그런데 이삿짐을 싸다 보면 이 통보서를 어디에 넣었는지 몰라서 뒤에 찾기가 어려울 것 같다는 생각이 들어서, 이참에 건강검진을 앞당겨 받기로 하고 그길로 건강검진 센터로 가서 건강검진을 받았는데, 놀랍게도 위암 판정을 받았다!

진단을 내린 의사 선생이 "다행히도 선생의 상태는 초기여서 빠른 시일 안에 수술받으면, 항암치료를 받지 않고 쉽게 완치될 수 있습니다. 생명에는 아무 지장이 없으니, 걱정하지 않으셔도 됩니다." 하고 나를 안심시켜주는 것이었다.

그래서 내가 물었다.

"사실 저는 10월경에 검사를 받을 생각이었는데, 그랬다면 내 병의 상태는 어땠을까요?"

"아마도 3기에 이르렀을 것입니다. 그러면 수술도 힘들어지고, 항암치료를 받아야 하니, 매우 어려웠을 것입니다." 하고 의사가 친절하게 설명해주었다.

그래서 나는 서둘러 집 가까이 있는 국립암센터로 가서 수술 날짜를 잡고 수술을 받았다.

수술을 해준 의사 선생은 "수술이 쉽게 잘 끝났습니다. 앞으로 6개월 정도만 지나면 수술자리는 아물 겁니다. 그래도 암이 완치되려면 앞으로 5년 이상이 걸리니, 그때까지는 주의해야 합니다." 하며 주의사항을 적은 종이를 건네주었다.

이렇게 나는 큰딸이 이사 가라고 서두르는 덕택에 건강검진을 예정보다 일찍 받게 되었고 그 덕에 생명을 위협하는 무서운 암에서 살아날 수 있었는데, 생각해 보면, 그 점술인이 이사 가라고 한 말은 집에 문제가 있었던 것이 아니고, 이사 가는 사건이 나로 하여금 건강검진을 예정보다 빨리 받게 하여 살아날 수 있게 해주었다는 뜻이 아닐까? 아무튼 이 점술인 덕택에 나는 이 무서운 암에서 살아날 수 있게 되었다.

나는 이 두 점술 사건을 경험하면서, 그때부터는 점술을 미신이라고 함부로 낮추어 말할 수 없게 되었다. 적어도 점술인들에게는 어느 정도 보통 사람들보다는 뛰어난 영적 능력으로 사람들의 앞날을 내다볼 줄 아는 예지력이 있다는 것을 인정하지 않을 수 없다.

(4) 점술- 삶의 서약서 내용을 읽어내는 영적 활동

리사 윌리엄스의 책 『죽음 이후의 또 다른 삶』에 따르면 모든 영혼들은 환생하기에 앞서 삶의 서약서를 쓰는 과정을 거친다고 한다. 이 서약서에는 깨우치고자 하는 교훈들과 만나게 될 사람들이 적혀 있다. 다시 말하면, 새로 환생해서 겪게 될 모든 일이 적혀 있는 것이다.

우리는 삶 속에서 이 일들이 전개되는 것을 '운명'이라고 부르기를 좋아하지만, 사실 그것은 모두가 우리 스스로 계획한 일들이다. 따라서 모든 것들이 예정되어 있었다는 사실을 마음속 깊은 곳에서 알고 있다.

이 삶의 서약서는 영혼이 지구에 환생하기에 앞서 영혼의 세계에서 인도하는 영들과 원로들의 도움을 받아 만들어서 보관하지만, 영혼이 지구로 환생할 때에는 그 기억들은 거의 다 지워지고, 다만 중요하게 삶이 바뀌는 곳에서, 어떤 물건이나 사람으로 기억을 되살릴 수 있게 실마리 몇 가지는 남겨준다는 것이다.

삶의 서약서는 영혼의 세계에 속한 사건이기 때문에 지상에서 이것의 존재에 대해 어떤 과학적 근거를 제시할 수는 없으나, 다만 이제까지 영혼을 연구하는 전문가들이 수많은 사람들의 최면 조사와 연구를 통해서 모은 자료들로 이것의 존재를 어느 정도 인정하고 있다.

이것의 존재가 인정받으면서 비로소 이제까지 미신으로 치부되었던 점술이 어느 정도 근거 있는 영적 활동으로 인정받게 되었는데, 점술은 어떤 지난날이나 미래에 일어날 일을 막연히 예언하는 아무 근거 없는 사술이 아니라, 영혼이 영혼의 세계에서 작성한 삶의 서약서 내용을 영혼의 잠재의식을 통해 읽어내어서 밝히는 일을 하기 때문이다.

그래서 점술이나 미리 내다보는 능력은 다름아니라, 영혼들의 삶의 서약서 내용을 읽어내는 능력이라고 정의할 수 있겠다.

5. 영혼과의 소통

아내가 저세상으로 간 지 두 달 만에 내 꿈에 한 번 나타난 뒤로 몇 달이 지나도록 다시 나타나지 않아서, 어느 일요일에 아내를 모신 예원추모관으로 찾아가서 말했다.

"여보, 당신, 지난번 꿈에 한 번 나를 찾아오고는 그 뒤로 통 소식이 없으니 궁금하네. 여보, 별일 없으면 다시 한번 찾아와줘요. 보고 싶어!" 하고 사정했다. 그랬더니 놀랍게도 사흘 뒤 내 꿈에 다시 나타났다.

내가 그날 아침 거실에 앉아서 신문을 보고 있으려니, 아내가 불쑥 거실로 들어왔다. 평소대로 "여보, 나 왔어" 하고는 내 앞에 서서 거실 가운데를 가만히 쳐다보기에, 나도 무심결에 그쪽으로 고개를 돌려보니, 그곳에는 고양이 새끼 4마리가 옹기종기 모여서 나를 쳐다보다가 아내를 쳐다보았다 하며, 두리번거리고 있었다.

"여보, 나 저것들 키우느라 정말 힘들었어!" 하고 그 사실을 강조하듯 힘주어 말했다.

그러고 보니 우리 딸 넷이 고양이 새끼들로 모습이 바뀌어 있었다. 꿈이라서 그랬던 것 같다. 꿈은 대체로 현실이 왜곡되어 나타나게 마련이라고 한다.

아내가 그 말을 하고 보니, 나는 아내에게 새삼 미안한 생각이 들었다. 나는 아내가 우리 딸들을 거두어 키우는 것을 당연하게 생각하고 별 신경 쓰지 않고 지내왔는데, 지금 아내가 새삼스럽게 그 사실을 강조하니 비로소 아내가 힘들어했을 것이라는 생각이 들면서 미안한 마음이 되었다. 사실 딸아이들을 거두는데 아비인 내가 할 일은 직장에 열심히 다니면서 돈을 벌어 자식들이 굶지 않게 먹여 살리는 일밖에 달리 할 일이 별로 없었다.

하지만, 아내는 아침에 학교에 갈 때 아이들을 잠자리에서 깨워 일으켜서는 세수시키고, 옷단장을 시킨 다음, 한 명씩 머리를 빗기고 땋아서 몸치장을 해주고, 가방을 챙겨주는 일은 보통 일이 아니었으나, 아내는 하루도 빠짐없이 이 일을 말없이 해내었다.

학교에 갔다 돌아오면 목욕탕으로 몰아넣어 샤워를 시키고, 새 옷으로 갈아입힌 다음 저녁을 준비했다. 저녁밥을 먹고 나면, 다음 날 공부할 교재와 과제물을 챙기고, 숙제를 확인하고 잘못한 것들은 일일이 고쳐주었다.

이렇게 아내는 아침부터 밤늦게 잠자기 전까지 알뜰살뜰히도 딸아이들을 보살펴주었다. 아내의 이런 정성이 우리 딸 넷을 제대로 키워냈다고 해도 지나친 말은 아닌 것 같다.

내가 잠시 이런 생각에 잠겼다가 고개를 드니, 아내와 고양이들은 사라지고 없었다.

그런데 내가 아내의 납골단지 앞에서 한 말을 저승에 있는 아내가 어떻게 알아듣고 꿈에 나를 찾아왔을까? 내가 우리나라의 무당들처럼 신을 불러오는 초능력이 있는 것도 아닌데 어떻게 아내를 불러올 수 있었는지 알 수 없는 일이다.

한편, 영혼의 경우를 보면, 영혼들이 서로 접촉하고 싶을 때, 그들이 바라는 영혼을 생각하기만 해도 곧바로 바라는 사람이 그 영혼의 마음에 나타난다고 한다. 그렇다면 영혼들 사이에서만 이와 같은 텔레파시 현상이 일어나는 것이 아니라, 영혼과 사람 사이에도 일어날 수 있다는 생각이 든다.

우리나라 무당들의 경우에는 그들이 굿을 주재하기 위해서는 자신만이 모시는 신령, 곧 몸주신(lord spirit)이 있어야 한다. 무당이 신령계와 통하게 되는 것은 이 몸주신을 통해서이다. 무당이 몸주신을 받는 것은 신령계와 통하기 위해 자신만의 채널을 갖는 것이라고 볼 수 있다. 신령계에는 신령들이 많기 때문에 자신만의 신이 있어야 통할 수 있는 것이다. 그렇지 않으면 무당은 영계에서 헤맬 수도 있다. 이렇게 보면 무당이 모시는 몸주신은 일종의 영계 안내자인 셈이다.

무당은 굿을 할 때 죽은 사람의 영혼을 불러내어서 이야기를 나누는데, 주로 그 영혼이 살아 있는 동안 겪었던 억울한 일이나 원한, 하고 싶었던 말 등을 들어본 다음, 그 내용을 굿을 요청한 사람들에게 알리는 한편, 굿으로 그 영혼을 위로해 준다고 한다.

그런데 놀랍게도, 성경에도 죽은 사람의 영혼을 불러내는 이야기가 나오는데, 바로 구약성서 사무엘상 28장 5절~20절에 다음과 같은 이야기가 쓰여 있다.

사울이 블레셋 사람의 군대를 보고 두려워서 그 마음이 크게 떨린지라 사울이 여호와께 묻자오되 여호와께서 꿈으로도, 우림으로도, 선지자로도 그에게 대답지 아니하시므로, 사울이 그 신하들에게 이르되

"나를 위하여 신접한 여인을 찾으라 내가 그리로 가서 그에게 물으리라."

그 신하들이 그에게 이르되

"보소서 엔돌에 신접한 여인이 있나이다."

사울이 다른 옷을 입어 변장하고 두 사람과 함께 갈새 그들이 밤에 그 여인에게 이르러는 사울이 가로되

"청하노니 나를 위하여 신접한 술법으로 내가 네게 말하는 사람을 불러 올리라."

여인이 그에게 이르되

"네가 사울의 행한 일, 곧 그가 신접한 자와 박수를 이 땅에서 멸절시켰음을 아나니 네가 어찌하여 내 생명에 올무를 놓아 나를 죽게 하려느냐?"

사울이 여호와로 그에게 맹세하여 가로되

"여호와께서 사시거니와 네가 이 일로는 벌을 당치 아니하리라."

여인이 가로되

"내가 누구를 네게로 불러 올리랴?"

사울이 가로되

"사무엘을 불러 올리라."

여인이 사무엘을 보고 큰 소리로 외치며 사울에게 말하여 가로되

"당신이 어찌하여 나를 속이셨나이까 당신이 사울이시니이다."

왕이 그에게 이르되

"두려워 말라. 네가 무엇을 보았느냐?"

여인이 사울에게 이르되

"내가 신이 땅에서 올라오는 것을 보았나이다."

사울이 그에게 이르되

"그 모양이 어떠하냐?"

그가 가로되

"한 노인이 올라오는데 그가 겉옷을 입었나이다."

사울이 그가 사무엘인줄 알고 그 얼굴을 땅에 대고 절하니라

사무엘이 사울에게 이르되

"네가 어찌하여 나를 불러 올려서 나로 분요케 하느냐?"

사울이 대답하되

"나는 심히 군급하니이다. 블레셋 사람들은 나를 향하여 군대를 일으켰고, 하나님은 나를 떠나서 다시는 선지자로도, 꿈으로도 내게 대답지 아니하시기

로 나의 행할 일을 배우려고 당신을 불러 올렸나이다.”

사무엘이 가로되

“여호와께서 너를 떠나 네 대적이 되셨거늘 네가 어찌하여 내게 묻느냐? 여호와께서 나로 말씀하신 대로 네게 행하사 나라를 네 손에서 떼어 네 이웃 다윗에게 주셨느니라.

네가 여호와의 목소리를 순종치 아니하고 그의 진노를 아말렉에게 쏟지 아니하였으므로 여호와께서 오늘날 이 일을 네게 행하셨고, 여호와께서 이스라엘을 너와 함께 블레셋 사람의 손에 붙이시리니 내일 너와 네 아들들이 나와 함께 있으리라. 여호와께서 또 이스라엘 군대를 블레셋 사람들의 손에 붙이시리라.”

사울이 갑자기 땅에 온전히 엎드러지니 이는 사무엘의 말을 인하여 심히 두려워함이요 또 그 기력이 진하였으니 이는 그가 종일 종야에 식물을 먹지 못하였음이라.

또한, 이븐 알렉산더 박사의 책에도 죽은 영혼과 이야기를 나누는 장면이 있다.

....

5년째 병을 앓고 있던 존 아버지의 임종이 가까워지고 있었다. 그는 몸을 정상적으로 움직일 수 없었고, 치매와 통증 때문에 빨리 죽고 싶어 했다.

“부탁이야.”

그의 아버지가 존에게 애원했다.

“약물이든 뭐든 좀 갖다줘. 이대로는 못 살겠어.”

그러던 아버지가 자신의 삶과 가족에 대해 깊이 생각하더니 지난 2년간의 그 어느 때보다도 갑자기 더 총명한 모습을 보였다. 그러고 나서는 침대 발치의 허공을 바라보며 누군가와 이야기를 나누기 시작했다.

이야기를 듣고 있던 존은, 65년 전 아버지가 10대였을 때 돌아가신 할머니와 이야기하고 있다는 것을 알아차렸다. 아버지는 그동안 존에게 할머니에 관한 이야기를 거의 한 적이 없었는데, 지금은 할머니와 유쾌하고 활발하게 이야기를 나누고 있었다.

존은 할머니를 볼 수는 없었지만, 그녀의 영이 그곳에 와 있었고, 아버지의 영이 집으로 돌아오는 할머니를 반기고 있었다고 전적으로 확신했다.

그렇게 몇 분이 흐른 뒤에 존의 아버지는 완전히 새로운 눈빛으로 고개를 돌려 그를 바라보았다. 아버지는 미소를 짓고 있었으며, 존이 결코 본 적이 없는 지극히 평화로운 모습이었다.

"아버지, 주무세요."

존은 자기도 모르게 이렇게 말했다.

"이젠 다 내려놓으세요. 괜찮아요."

아버지는 그의 말을 따랐다.

눈을 감고서 오롯이 평화로운 얼굴로 잠이 들었다. 그러고 얼마 지나지 않아 저세상으로 갔다.

....

영매이자 투시가인 리사 윌리엄스는 그녀가 영들과 대화를 나눈 경험을 다음과 같이 말한다.

"내가 세 살 때 한 영이 나에게 말을 걸어왔던 것이 영과 이야기를 나눴던 첫 번째 기억이다. 나는 내 방에서 나만이 볼 수 있는 친구들과 노는 것을 좋아했다. 그들은 불에 타죽은 남자아이와 여자아이였는데, 나를 자주 찾아오곤 했다."

영매 리사 윌리엄스와 우리나라의 무녀들은 영혼들과 말로 직접 이야기를 나눈다. 이들은 특별한 영적 능력을 지닌 사람들이면서 직업이 또한 영혼들과 소통해야 하므로, 그들 나름대로의 전문적인 소통 방법을 터득했는지도 모르겠다.

그러나 나는 이들처럼 특별한 영적 능력이 있는 것도 아니면서 나의 아내와 이야기를 나눌 수 있었던 것은 살아 있을 때 우리들은 거의 날마다 이야기를 나누어 왔으며, 또 다른 사람들에 비해서 우리들은 이야기 나누기를 특별히 좋아했기 때문인 것 같다.

그래서 우리들은 우리도 모르는 사이에 우리 뇌파의 주파수를 맞춰서 서로가 소통하기 좋은 상태를 만들었다고 생각한다. 그래서 살아 있을 때는 물론이고, 아내가 죽고 나서도 이승과 저승에서 서로 소통할 수 있게 되었다는 생각이 든다.

이 방법은 특별한 기법을 요구하지 않는다. 살아 있을 때 열심히 서로 이야기를 나누다 보면 뇌파의 주파수를 저절로 맞출 수 있게 되므로, 뒷날 죽음으로 서로 갈라지게 되더라도 소통할 수 있게 될 것이다. 그러므로 부부들은 살아 있을 때 부디 이야기들을 서로 많이 나누어서 뇌파의 주파수를 맞춰 놓기를 바란다.

이 책을 쓰는 목적도 바로 여기에 있다.

살아 있는 사람들이 영혼과 소통하기 위해서는 주로 말을 쓴다. 살아 있을 때 영혼과 친하게 지냈던 부부, 가족이나 친구들은 영혼과 쉽게 말로 대화를 나눌 수 있기 때문이다.

그러나 영혼이 사람들에게 소통하기 위해서는 말로 대화를 나눌 수가 없는데, 영혼에는 말할 수 있는 몸이 없기 때문이다. 그래서 영혼은 사람에게 텔레파시로 말한다. 그 영혼과 친밀한 관계의 사람들은 영혼이 말하는 텔레파시를 쉽게 알아들을 수 있는데, 살아생전에 계속 이야기를 나눠왔기 때문에 그들의 뇌파는 서로 주파수가 이미 맞춰져 있을 것이기 때문이다.

그러나 살아 있을 때 자주 대화를 나누지 않은 사람은 영혼의 텔레파시를 쉽게 알아들을 수 없을 것이기 때문에 영혼과의 대화는 잘 이루어지지 못할 것이다.

영혼은 지상에 있는 사랑하는 이들이 자신을 생각하거나, 지상에 도움을 청하는 소리를 들을 수 있다. 지상에 있는 사람이 영혼을 필요로 하여 영혼에게 보내는 '부름'을 들을 때면, 영혼은 어떤 형태로든 메시지를 보내 그가 혼자가 아니라는 것을, 당신이 함께하고 있음을 알려주고 싶을 것이다.

당신이 그곳에 있다는 것을 그 사람에게 알려줄 수 있는 특별한 징표가 있을 수도 있다. 예를 들어, 자연 속에서 나비가 날아가는 것이나, 의미심장한 순간에 어떤 곡을 연주한다든지, 무엇이나 그 사람에게 알맞다고 생각되는 징표라면 효과가 있을 것이다.

리사 윌리엄스는 이렇게 적고 있다.

"나는 일레인을 위해 샀던 샴페인 잔에 쌓인 먼지를 털어낼 때라고 생각했다. 찰리에게도 샴페인을 잔 바닥에 찰랑찰랑할 정도로만 아주 조금 따라주었고, 나도 다른 잔으로 샴페인을 마셨다.

우리는 함께 크리스털 잔을 들고서 너무나 멋진 여인 일레인을 위해 건배했다. 그리고 웃으면서 일레인에 대한 가장 좋은 추억을 나누었다.

그 주말에 일레인의 딸 데브라가 우리집에 들렀다. 나는 잔들을 다시 꺼내어 그녀의 어머니를 위해 거품이 이는 샴페인을 마셨다. 그리고 내 잔을 비운 뒤, 깨끗이 씻어서 건조대의 가운데에 깨지지 않도록 조심스럽게 올려놓았다.

우리가 이야기를 나누고 있는데, 데브라가 갑자기 "어머나 안 돼!"라고 소리를 질렀다.

내가 고개를 돌렸을 때, 크리스털 잔이 천천히 떨어지는 것이 보였다. 잔의 아랫부분이 바닥을 치면서 잔의 대가 부러져서 크리스털은 산산조각이 났다.

마치 일레인이 "안 되지…이 잔은 너하고 나하고만 마실 수 있어!"라고 말하면서 잔을 하나만 나에게 남겨준 것 같았다.

그날 뒤부터 나는 잔에서 떨어져나온 크리스털 조각으로 일레인을 기념하는 장신구를 만들어서 옷에 매달고 다니기로 했다.

일레인이 세상을 떠난 지 정확히 한 달 하고 하루가 지난 5월 26일에 징표가 하나 더 주어졌다. 찰리와 나는 말벌 스물여섯 마리가 집 안에서 죽은 채로 일레인의 사진 주변에 흩어져 있는 것을 발견했다. 말벌 집이 있나 하고 바깥을 샅샅이 뒤졌지만, 우리는 아무것도 찾을 수 없었다. 뿐만 아니라, 말벌이라고는 산 것이든 죽은 것이든 한 마리도 발견할 수 없었다.

뒤에 우리는 일레인의 사진이 샴페인 잔에서 떨어져 나온 크리스털과 함께 바닥에 놓여 있는 것을 보았다. 그것은 기이한 일이었다. 왜냐하면 사진은 거실에 있었고, 잔은 부엌에 있었기 때문이다."

다음은 리사 윌리엄스의 책 『죽음 이후의 또 다른 삶』의 내용을 정리한 것이다.

....

영혼은 지상으로 돌아가서 사랑하는 이를 하루 종일 따라다닐 수도 있다. 그리하여 그로 하여금 아버지나, 아들, 형제들에게 자신의 존재를 알리게 하고 싶을 수도 있다. 영혼은 또한 소통하고 싶어하는 사람들, 곧 어머니나 딸이나 자매가 영혼이 자신의 존재를 알리기 위해 이미 보여준 것들보다 더 많은 징표가 필요하다고 느낄 수도 있다. 이때 영혼은 꿈에 그들을 찾아가서 그들의 영혼과 더 깊이 이어질 수 있다.

이곳 지상에서는 잠들 때 전자파의 진동수는 저절로 높아진다. 의식이 들락날락하는 사이에는 잠재의식이 주인이므로, 더 이상 일상적인 걱정거리들이 제약으로 일하지 않게 되고, 전자파의 진동수는 점점 더 올라간다. 그러면 영혼은 몸을 떠나서 아스트랄 여행을 할 수 있고, 몸에게도 일상생활에서 경험했던 모든 긴장과 고통으로부터 풀리고, 치유받을 수 있는 기회를 주게 된다.

잠잘 때 여행하면서 영혼은 여전히 은빛코드에 묶인 채로, 이세상과 저세상을 나누는 베일에 다가가게 된다. 이 사람이 잠에서 깨어나면, 자신이 꿈속에서 세상을 떠난 사랑하는 이와 마법같이 다시 만난 것을 기억해낼 수 있을 것이다. 이 사람을 사랑하는 이로부터 심상이나 메시지를 받았을 수도 있다.

이것은 사랑하는 이의 영혼이 이 사람과 오랫동안 소통하려고 애썼다는 사실을 증명해 준다. 아니면 세상을 떠난 이가 자신의 존재를 알리기 위해 심상을 만들어내는 능력으로 이 사람의 꿈에 생생하고 뜻있는 기억들을 넣었을 수도 있다.

이들은 아직 지상과 인연의 고리를 완전히 끊지 않았기 때문에 당신이 나눴던 경험들의 자세한 것들을 아직도 기억하고 있다. 그러나 영혼이 꿈이나 심상으로 나타날 때, 그는 당신이 기억하고 있는 모습과 다를 수도 있다는 사실을 알아야 한다. 영혼들에는 몸이 없기 때문에 이들은 자기 마음대로 자신의 모습을 만들어낼 수 있다.

영혼이 베일에 다가가거나 배일을 지나가려면, 엄청난 양의 에너지가 쓰인다. 그러므로 지상으로 자주 찾아가기를 바라는 것은 매우 어렵다. 영혼이 저세상으로 건너올 때 지나온 흰빛은 에너지를 보내주는 근원으로서 사랑하는 사람들에게 영혼이 아직도 그들과 함께하고 있음을 알려주고, 소통할 수 있도록 기운을 준다.

세상을 떠난 영혼들은 당신이 그들을 필요로 하는 때가 언제인지, 그리고 언제 찾아보는 것이 가장 좋은지도 알고 있다. 왜냐하면 당신이 자신을 바라보는 것과는 다른 시각으로 당신을 바라본다는 것을 알아야 한다. 그들은 당신의 오라, 곧 에너지체에 담겨 있는 정보를 보는 것이다.

오라는 에너지의 바탕이기 때문에 거기에는 거짓 정보가 없다. 따라서 세상을 떠난 당신의 사랑하는 이는 당신에게 필요한 것이 무엇이든지 언제나 알아차릴 수 있다. 영혼들은 당신의 오라에서 당신이 그를 잃고 나서 어떤 상태에 있는지, 그리고 자신이 당신을 찾아보는 것이 필요한지, 아닌지를 곧바로 알 수 있다.

지상으로 돌아가는 첫 여정에서 영혼의 도우미팀은 영혼에게 사람들과 의사소통하는 방법, 곧 사람들에게 메시지를 전달할 수 있는 방법을 몇 가지 가르쳐줄 것이다.

지상에 살고 있는 사람들과 소통하는 가장 쉬운 방법은 그들이 잠들어 있을 때, 신호를 보내는 것이다. 영혼은 쉽게 그들의 꿈속으로 들어가서, 그들의 영혼과 함께 시간을 보낼 수 있으며, 그러면 그들은 깨어날 때, 영혼과 함께 있었던 것처럼 느낀다.

·········

내가 나의 아내와 10여 년 동안 서로 소통한 것은 바로 이 꿈을 통해서였다. 그리고 이것은 사실인데, 영혼과 영혼은 서로 이어지기 때문이다. 이들이 자연스러운 잠 속에서 몸을 빠져나와 아스트랄계를 여행하는 동안에 영혼은 그들을 만나 이야기를 나누고, 심지어 함께 재미있게 놀 수도 있다.

이렇게 나누는 모든 의사소통은 사후세계의 여정에서 받는 치유의 중요한 부분이며, 매우 자연스러운 과정이다.

6. 영혼의 가족 사랑

내가 두 번째 꿈을 꾸고 나서 또 몇 달이 지난 어느 날, 다시 꿈에 아내가 나타났다.

그날도 나는 평소와 마찬가지로 거실에 앉아서 신문을 보고 있으려니, 아내가 밖에서 거실로 들어와서는 내게 나갔다 온다는 말도 없이 그대로 나를 지나쳐서 셋째 딸의 방으로 바삐 들어가는 것이었다.

그런데 아내가 밖에 나갔다가 집에 들어올 때는 언제나 빠짐없이 나에게 "여보, 나 왔어" 하고 인사말을 먼저 건네는데, 그날은 나를 본 척도 않고 집안으로 부리나케 달려 들어가기에 나는 속으로, "이 사람이 무슨 급한 일이 있다고 내가 앉아 있는데 못본 척하고 그대로 지나쳐?" 하면서 혼자 투덜대다가 꿈은 끝났다.

다음 날 아침, 그날은 실제로 거실에 앉아서 신문을 보고 있는데, 아침 8시면 출근하는 셋째가 출근하는 기미가 보이지 않았다.

"얘가 오늘은 노는 날인가?" 하고 혼잣말로 중얼거리며 신문을 계속 보고 있으려니, 셋째가 방문을 열고 나왔다. 그때 거실 벽에 걸린 시계를 보니 9시가 한참 지나 있었다. 그런데 셋째의 얼굴이 간밤에 앓다가 일어난 것처럼 몹시 수척해 보였다. 내가 깜짝 놀라서 "얘야 어젯밤에 어디 아팠나? 얼굴이 안 좋아 보이네." 하고 물으니 "아빠 말도 마, 어젯밤에 나 죽다 살아났어요. 어제 점심으로 먹은 돼지고기가 소화가 안 됐는지, 한밤중에 배가 뒤틀리고 창자가 끊어질 듯이 아파서 대굴대굴 굴렀어요." 하는 것이었다.

"아뿔싸! 그래서 아내가 부리나케 나를 지나쳐서 몹시 아파하는 셋째딸에게로 달려갔구나. 내가 몰라도 참 뭘 몰랐었네."

공연히 사정도 모르고 마음속으로 아내만 나무란 나 자신이 부끄러웠다.

비록 영혼일지언정 이승에서 딸이 아픈 것을 안 어미영혼은 저승에서 이승으로 달려와서 딸의 병을 고쳐주었다는 말인데, 곧 딸의 이 병은 상한 돼지고기를 완전히 익히지 않고 먹었을 때 감염되어 탈장을 일으킨 것으로, 딸의 심각한 증세를 안 아내의 영혼은 급히 딸에게로 와서 딸을 낫게 해주었다는 말이 된다. 정말로 이런 일이 있을 수 있는가?

어떻든 아내의 영혼이 딸에게로 와서 딸의 병이 나았으니, 실제로 일어난 일이다. 정말이지 영혼의 능력은 위대하다 아니할 수 없겠다!

그리고 보니, 나도 이와 비슷한 일을 직접 당하고 있었던 것을 깨달았다. 다름아니라, 내가 아내와 결혼하고 1년쯤 뒤에 나의 어머니가 돌아가시고, 또 한 1년쯤 뒤, 형이 돌아갔으며, 그뒤 한 10년쯤 뒤에 남동생이 돌아가고, 그 뒤로 20여 년이 지난 뒤 아버지가 돌아가심으로써, 가족 네 사람이 차례로 내 곁을 떠나갔다.

그런데 그 뒤로 내가 몸이 아프거나, 몹시 어려운 일을 당할 때마다 밤에 이들 돌아가신 가족들이 꿈에 나타나는데, 그것도 언제나 가난으로 고통받던 때의 모습으로 나타나는 것이었다.

어릴 때 나는 형과 나란히 이불을 덮고 잤기 때문에 꿈에 형과 나란히 누워서 잠을 자기도 하고, 또 어느 날은 내가 방 안에 앉아 있는데, 남동생이 바깥에서 집 안으로 들어오면서 '형!' 하고 나를 부르는가 하면, 어느 날은 아버지가 잠자고 있는 나를 걱정스럽게 내려다보시고 있는 꿈을 꾸기도 했다.

그러나 이 가운데서도 가장 인상적인 꿈은 어느 날, 어머니가 형과 남동생 두 아들을 데리고 나를 찾아오셨다가 저녁때가 되어 해가 뉘엿뉘엿 서쪽으로 넘어갈 무렵이 되자, 어머니는 "애들아, 날이 어두워진다. 해지기 전에 어서 돌아가자!" 하는 말씀과 동시에 '휘익!' 하는 바람 소리를 내며 어머니와 내 두 형제는 바람처럼 사라져갔다.

비록 꿈에서였지만, 이 장면이 매우 인상적으로 지금까지도 생생하게 내 기억에 남아 있다. 그런데 나는 이런 현상들을 지금까지는 꿈이라고 생각하고 있었는데, 그날 아내가 셋째를 찾아온 사건을 계기로 생각을 달리하게 되었다.

아내가 셋째를 찾아온 것은 꿈이 아니라, 아내의 영혼이 이승으로 나들이한 사건인 것이다. 그러므로 아내와 내가 만난 것은 비록 꿈의 형태였지만 꿈은 아니고, 아내의 영혼과 나의 영혼이 만난 사건이었던 셈이다. 따라서 내가 가족들과 만난 것도 꿈이 아니라 내 영혼과 가족들의 영혼과의 만남이라고 말할 수 있을 것이다. 곧 아내의 영혼과 마찬가지로 내 부모 형제들의 영혼도 내가 몸이 아프거나 괴로워하면 그것을 알아차리고 걱정이 되어서 나를 찾아왔다고 생각된다.

그런데 우리 가족의 영혼들이 딸이나 내가 아플 때 이렇게 찾아와서는 우리의 병을 낫게 해주었는지는 알 수 없으나, 아무튼 그 뒤로 병이 나았지, 더 나빠진 적은 없으니 적어도 병을 낫게 하는 데 도움을 주고 있다고는 말할 수 있겠다.

이로 미루어 보면, 영혼은 부부 사이만이 아니라 가족들 사이에도 소통하고 있다는 것을 알 수 있다. 따라서 비록 우리의 몸은 죽을지라도, 영혼은 죽지 않고서 우리가 살아 있을 때와 마찬가지로 왕성하게 활동하고 있는 것 같다. 또한 영혼은 삶과 죽음을 가리지 않고 소통하며, 물리적으로 넘나든다고 봐야겠다. 그러므로 이제부터라도 영혼에 관해 좀 더 잘 알아야 하겠다.

그날 저녁, 셋째가 퇴근해서 집에 돌아온 뒤에 내가 꿈 얘기를 해주고 나서 물었다.

"얘야, 너희 엄마가 어젯밤에 네가 아프다는 것을 알고 걱정이 되어서 너를 찾아왔는데, 너는 엄마를 만나봤니?"

셋째는 깜짝 놀라면서 궁금해했다.

"아빠, 그런 일이 있었어요? 아빠는 알았는데 나는 왜 몰랐을까?"

"얘야, 내가 이번 일을 계기로 알게 되었는데, 너의 엄마 영혼은 비록 저세상으로 갔을지라도 이승에 있는 너희들을 잊지 않고 있으니, 어려운 일이 있을 때는 엄마에게 도와달라고 말해라. 분명히 엄마가 알아듣고 도와주실 거다."

셋째는 알아들었다는 듯이 머리를 끄덕였다.

(1) 죽은 증조할아버지의 영혼이 살아 있는 증손녀에게 위험을 경고

다시 리사 윌리엄스의 같은 책에는 이런 내용이 있다.

………

나는 내 방에서 나만이 볼 수 있는 내 친구들과 노는 것을 좋아했다. 그들은 불에 타죽은 작은 남자아이와 여자아이였는데, 나를 자주 찾아오곤 했다. 또한 방 안에 앉아 우리를 지켜보는 어떤 남자도 자주 눈에 띄었다. 그는 아무 말도 하지 않았기 때문에 나도 그를 무시하기로 했다.

어느 날 저녁, 어머니가 저녁밥 먹으라고 부르는 소리를 듣고 식당으로 가는데, 그때까지 내 방에 함께 앉아 있던 그 남자가 나와 함께 식당으로 걸어가기 시작했다. 아니 둥둥 떠갔다고 하는 편이 더 맞겠는데, 왜냐하면 나는 그의 다리를 한 번도 보지 못했기 때문이다. 그는 구석에 있는 의자에 앉고, 나는 식탁 앞에 앉았다.

내 접시에는 채소가 담겨 있었다. 내가 완두콩을 포크로 떠서 입안에 넣으려고 했을 때, 예상치 못한 일이 벌어졌다. 그 남자가 처음으로 내게 말을 한 것이었다. 그는 "완두콩은 먹지 마. 먹으면 죽게 될 거야!" 하고 경고했다.

나는 깜짝 놀라서 포크를 내려놓고 완두콩만 빼고 음식을 먹기 시작했다. 완두콩이 입안에 들어가지 않도록 주의를 기울이면서.

물론 어머니는 내가 왜 완두콩을 먹지 않는지 알고 싶어했다.

"완두콩을 먹으면 죽을 거라고 저 사람이 말했어요!" 하면서 나는 식당 구석에 앉아 있는 남자를 가리켰다.

엄마는 "바보 같은 소리 하지 마라. 거긴 아무도 없잖니" 하면서 내가 완두콩을 먹도록 설득하기 시작했다.

하지만, 나는 말을 듣지 않고 고집스럽게 팔짱을 끼고 입을 꾹 다문 채 앉아 있었다. 나는 아무것도 먹지 않았다. 디저트로 아이스크림을 주겠다는 약속조차 나를 죽게 만들 수도 있는 작고 동그란 녹색 콩들을 먹게 할 수 없었다. 절대로!

나는 아버지의 증조부가 한입 가득 완두콩을 먹다가 질식사했다는 사실을 최근에야 알게 됐지만, 지금까지도 완두콩을 싫어한다!

아마도 내방에서 내가 노는 것을 지켜보고, 또 죽음에 이르는 채소에 대해 경고를 해준 것은 틀림없이 그 증조부였을 것이다.

....

(2) 죽은 어미 영혼이 살아 있는 아들을 구하다

다음은 마이클 뉴턴의 책 『영혼들의 운명』에 나온 사례다.

....

1994년, 한 젊은 여성이 밤중에 미국의 시에라네바다 산속으로 자동차를 운전하고 가다가, 가파른 절벽 아래로 떨어져 죽었다. 이 사고를 본 사람은 아무도 없었고, 50피트 언덕 아래로 떨어져 쭈그러진 자동차도 5일 동안 그대로 처박혀 있었다.

차 속에는 생명이 위험에 처한 그녀의 세 살 된 아들이 있었다.

이 사건은 미국의 전국적인 관심을 불러일으켰는데, 왜냐하면 한 운전자가 나체로 누워 있는 젊은 여자의 귀신을 보았기 때문이었다. 그곳은 쭈그러진 자동차가 있는 곳 바로 위의 길이었다.

이것은 죽은 어미영혼이 귀신이 되어 극적인 방법으로 사고를 알린 것이며, 그녀의 아이는 생명이 위급한 순간에 발견되어 살아날 수가 있었다. 그러고 보면 이것은 죽은 어미영혼이 온 영혼의 힘을 다해 살아 있는 아들을 구해 낸 기적적인 사건에 관한 이야기이다.

참으로 어미영혼의 힘은 위대하다 아니할 수 없다!

………

나의 셋째 딸의 경우와 마찬가지로, 위의 사례에서도 살아 있는 가족들의 몸이 위험에 처했을 때, 가까운 가족의 영혼들이 찾아와서 도움을 주는 것을 알 수 있었다. 따라서 저세상으로 간 가까운 가족의 영혼들은 이승에서 살았을 때처럼 이승에 있는 가족들의 안위에 언제나 관심을 기울이고 있는 것을 알 수 있다.

우리나라 사람들은 자신에게 닥친 어떤 어려운 일이 우연히도 잘 풀렸을 때 "조상 덕을 봤다"라는 말을 흔히 하는데, 이 말도 따지고 보면 저승에 간 조상의 영혼들이 살아 있는 후손들을 그들이 알지 못하게 도와준다는 말이 되겠다. 그러니까 우리나라 사람들은 일찍부터 저승에 간 조상의 영혼들이 이승의 후손들을 도와준다는 사실을 옛날부터 알고 있었던 셈이다.

나는 이제까지 우리나라에만 있는 제사라는 독특한 의식이 우리나라 사람들의 유별난 효성이 자연스럽게 드러난 형식인 줄만 알고 있었는데, 그뿐 아니라 제사에는 이처럼 저승의 조상들이 이승의 가족들을 도와주는 음덕을 기리는 뜻도 포함되어 있다는 사실을 이제야 비로소 알게 되었다.

위에서 말한 영혼들의 예로 미루어 보아, 나의 셋째딸이 돼지고기를 먹고 체해서 몹시 위급할 때, 이 사실을 안 아내의 영혼이 영혼의 세계에서 지상으로 급히 내려와 딸의 몸속으로 들어가서 돼지고기 속에 들어 있는 독성을 자신이 지닌 영혼의 강력한 에너지로 쏘아 없애버림으로써 딸의 목숨을 살려냈다는 생각이 든다.

틀림없이 그랬을 것이다!!

7. 아내와의 결혼

그와 헤어지고 나서, 그녀는 그와 나눈 이야기를 다시 생각하면서 새삼 놀랐다. 자신은 아무 생각 없이 그저 뭔가 의문이 생길 때마다 두 번 생각하지 않고 그에게 와서 묻고는 했는데, "대체 이 남자는 나에게 누구지? 재벌 3세를 대신해서 결혼할 상대로 생각하고 이 남자를 만나나? 아니면, 단순히 자신의 지적 호기심을 채우기 위해서인가? 아니면, 방송으로 자신을 스타로 만들어줄 사람이라고 생각하고, 그와의 관계를 계속 유지하기 위해 만나는가?" 하고 자신에게 물어봤다.

결론적으로, 그녀는 이 세 가지 모두와는 관계없이 그 사람 자체에 끌렸다는 것을 알았다. 아니 더 정확하게는, 그 남자의 영혼에 이끌렸다고 해야겠다.

그를 처음 봤을 때의 인상은 늙수그레하고, 추레하게 보여서 가까이 가고 싶지 않았는데, 어쩔 수 없이 그와 마주 앉아 밥을 먹고, 차를 마시고, 이야기를 나누면서 그의 얼굴을 똑바로 봤을 때의 인상은 놀랍게도 전혀 달랐다. 얼굴에서 가장 먼저 눈에 띄는 것은 새까맣게 맑은 눈이었는데, 여자처럼 예쁘게 쌍꺼풀진 눈매에, 반짝이는 눈동자를 가졌고, 왠지 모르지만, 매우 맑고 깨끗하다는 인상을 받았는데, 그와 만나는 횟수가 잦아지면서 그 이유를 알게 되었다. 곧, 그의 눈동자에는 자기를 여자로 탐하는 기색이 전혀 보이지 않았던 것이다.

자신은 일 때문에 하루에도 여러 사람의 남자들을 만나는데, 거의 예외 없이 그들의 눈빛에서 자기를 여자로 욕망하는 기색을 읽을 수 있었는데, 그에게서만 그 기색을 느낄 수 없었고, 그래서 그녀의 눈에 그의 눈동자는 맑고 깨끗해 보였는지도 모르겠다. 게다가 이따금 웃을 때면 짓는 예쁜 볼우물은 그를 매우 매력적인 남자로 보이게까지 했다.

그녀는 그를 만나면서 점차 알게 되었지만, 그는 현실의 삶에서 바라는 바가 거의 없는 것 같았다. 직장인이라면 누구나 바라는 승진, 출세, 그리고 더 많은 권력과 급료 같은 것에는 그다지 큰 관심을 보이지 않는 것 같았다. 이것은 뒷날 그녀가 그와 함께 살면서 비로소 구체적으로 알게 되었는데, 그는 승진의 기회를 스스로 버리기도 하고, 뺏기기도 했는데도, 그것에 관해 그리 아쉬워하지도 않는 것 같았다. 그의 유일한 관심이라고는 모르는 것에 관한 끝없는 호기심이었고, 그것을 채우는 유일한 방법은 책으로부터였으며, 그래서 그의 곁에는 언제나 책이 있었다. 아마도 그래서 그녀가 묻는 모든 질문에 그가 대답할 수 있었던 같다.

그러고 보니 가정형편 때문에 대학에 진학하지 못하고 취직해야 했던 자신이 그렇게도 동경하고 갈망하던 지식에의 욕구가 그녀를 이 남자에게로 이끌었다는 사실을 비로소 알게 됨과 동시에, 자신과 이 남자는 지식, 아니 진리에의 목마름이라는 공통의 취향을 가졌다는 사실을 깨달았다.

내가 어느 날 아침에 회사로 출근했더니, 우리 부서의 피디 한 사람이 다음 달 본사에서 실시하는 차장 승진 대상자들을 위한 중견사원 연수에 참여하기로 결정되었다고 했다. 그런데 이 피디는 본래 부산국에 카메라요원으로 입사해서 일하다가, 2년 전에 어떤 절차를 밟아서인지는 몰라도 우리 제작부서로 왔다.

부장은 그를 나의 AD(보조 연출자)로 지명하고, 나더러 제작을 가르치라고 해서, 내가 한동안 그를 데리고 프로그램 만드는 일을 가르쳐주었고, 지난해부터는 정식으로 프로그램을 맡아 제작하고 있었다. 그는 비록 나보다도 부산국에 먼저 들어왔다고 하지만, 카메라요원으로 일한 것은 PD의 근무일수와는 관계가 없다.

그러므로 그는 피디로서는 2년차 되는 신참일 뿐인데, 부산국은 어떻게 그를 차장 승진 대상자들을 위한 중견사원 연수에 피디로 참여시키는지 도무지 이해가 되지 않았지만, 나는 아무 말도 하지 않았다(그런데 그는 나보다 나이가 한 살 위이므로 나보다 1년 먼저 대학교에 들어갔을 것이나, 대학교 때 ROTC에 지원했다고 하니 대학을 졸업하고 3년 동안 군에서 복무한 데 비해, 나는 해병대에 입대하여 1년 반 만에 제대했으므로, 나와 그는 같은 해에 사회에 진출하게 될 것이었다. 그런데 나는 대학 4학년에서 TBC 입사시험에 합격하여 그해 12월에 입사했는데, 그는 이때 나와 같이 입사하지 않았으므로 결코 나와 같은 해에도 입사할 수가 없다. 그러므로 우리 부장이 그가 나보다 먼저 입사했다는 말은 새빨간 거짓말인 셈이다. 그의 부산대학교 선배인 우리 부장은 나보다는 자기 후배인 그를 먼저 승진시키기 위해 그를 나보다 먼저 승진 대상자로 추천했을 것이라는 의심이 강하게 들었으며, 따라서 이것은 매우 부당한 처사였지만 나는 모른 척했다).

그런데 며칠 뒤 본사에서 다시 지시가 내려와서, 그 대신 나를 연수 대상자로 지정했다는 사실을 총무부로부터 연락받았다. 나는 역시 본사에서도 나와 같이 생각하고, 바꾸었으리라고 짐작했다.

며칠 뒤 본사 인사부에서 연락이 와서, 연수 대상자는 미리 논문을 한 편 써내야 한다고 해서, 나는 「생산성으로 따져본 부산국 제작부서의 문제점과 개선 방안」이라는 제목의 논문을 써서 부산국 총무부에 제출했다.

다음 날 총무부장이 내게 와서는, 내가 제출한 논문을 돌려주며 이렇게 말했다.

"사장님이 자네 논문이 마음에 들지 않으니, 다른 주제로 다시 쓰라고 하시네."

"그 논문은 내가 평소에 가장 관심을 갖고 있던 문제들에 관해서 쓴 것입니다. 그것 말고는 생각해본 다른 주제가 없습니다. 그러니 그 논문이 마음에 들지 않으신다면, 부장님이 대신 쓰시죠. 그렇지만, 나는 본사에 올라가서 그 사실을 그대로 전할 것이니 그렇게 아세요."

나의 이 단호한 대답에 총무부장은 아무 소리도 하지 못하고 그대로 돌아갔다.

사실, 내 논문은 부산국 경영의 난맥상을 낱낱이 고발하는 고발장이나 다름없었던 것이다.

이 부산국의 지사장이라는 사람은 (고)이병철 회장님의 특별배려로 자신이 원하는 만큼 오래도록 지사장 자리를 지킬 수 있도록 허락받았다는 소문이 들리고 있었으며, 그래서 TBC 부산지사를 마치 자기 회사인 것처럼 운영하고 있었다.

자신의 정식 직위는 TBC 부산지사장이지만 직원들은 물론, 바깥사람들에게도 자신을 사장으로 부르게 하고, 회사를 마치 자기 회사인 양, 자기 마음대로 인사권을 집행하고 업무도 자기 마음대로 처리하는 것이었다. 그런데 TBC 본사에는 엄연히 인사규정이 있고, 업무처리 매뉴얼도 있어서, TBC 직원이면 누구나 이 규정에 따라 일해야 하는데, 부산지사에서만 이 규정들이 지켜지지 않고 있었기 때문에, 경영상태가 부실해지고 있었던 것이다.

그래서 내가 이것을 지적하고 시정할 것을 요구했기 때문에 지사장이 화를 냈던 것으로 보였다. 그러나 내가 총무부장의 요청을 거절했기 때문에 총무부장은 내 논문을 그대로 서울 본사로 보냈고, 마침내 부산지사장이 걱정하던 일이 그 뒤에 실제로 일어나고 말았다.

연수 날짜가 가까워져서 나는 서울 본사로 올라갔다.

인사부로 가서 도착신고를 하니, 인사부 직원이 나를 보더니, "아, 당신이 바로 정형기 씨군요. 사실 우리 인사부는 당신이 부산지사에 근무하는 줄 모르고 있었지요. 그런데 인사부장님이 사장님께 연수대상자 명단의 결재를 올리며, '부산지사와 대구출장소에는 서울 본사의 공개경쟁시험에 합격해서 채용된 사원이 없어, 지방에서 채용한 사원들이 참여합니다.'라고 했어요. 그러자 홍진기 사장님께서 부산지사에는 서울 본사에서 내려간 피디가 한 사람 있으니, 부산지사에 연락해서 피디들의 인사기록 카드를 팩스로 올려보내라고 하셨다고 해요. 그것을 받아서 사장님께 제출했더니, 사장님이 인사기록 카드들을 한장 한장 살펴보며 넘기시다가 당신 얼굴을 보고, 손가락으로 찍으시며 '이 친구를 올려보내라고 해요.'라고 하셨구요. 그래서 정 피디가 올라오게 된 거예요."

'아, 사장님이 아직도 나를 기억하고 계시는구나' 하고 생각하니 나는 너무나 감격스러웠다.

내가 본사 동양라디오 편성과에서 처음 근무를 시작할 때, 나는 우리 부서에서 제일 말단사원이어서 잔심부름을 도맡아 하고 있었다. 우리 부서 사무실은 중앙매스컴 건물 6층에 있었기 때문에, 나는 6층에서부터 한층 아래인 5층 라디오 조정실의 복도를 거의 날마다 뛰어다니고 있었다.

그날도 선배 피디의 부탁으로 그가 생방송하고 있는 조정실로 테이프를 전해주러 복도를 뛰어가고 있는데, 그때 등 뒤에서 나의 동기생인 기술부 직원이 "어이, 정형기!" 하고 부르는 소리에 뛰어가면서 뒤돌아보다, 마침 내 앞에서 걸어오시는 홍진기 사장님을 미처 보지 못해 그만 그의 가슴에 머리를 처박고 말았다.

깜짝 놀란 나는 엉겁결에 "사장님, 죄송해요, 잠깐!" 하고는 부리나케 조정실로 달려가서 테이프를 전달하고 곧바로 달려 나와서 그때까지도 멍하니 서 계시는 사장님 앞으로 다가가, 꾸벅하고 큰절을 드리고 사죄를 청했다.

"사장님, 죄송합니다. 급하게 달려오느라고 그만 사장님께 큰 실수를 저질

렸습니다. 용서해 주십시오."

사장님께서는 흔쾌히 웃으시며 내 사죄를 받아주시고, 한말씀 하셨다.

"그런데 이 친구야, 자네는 왜 언제나 복도를 걸어다니지 않고 그렇게 뛰어다니나?"

"사장님, 저는 언제나 매우 급한 심부름을 하러 다니느라 뛰지 않을 수 없습니다. 어느 날 상무님께서 '어이 미스터 정, 뉴스 방송시간이 오버하고 있어. 빨리 내려가서 끊어!' 하고 명령하시면, 저는 곧바로 득달같이 뉴스가 방송되고 있는 조정실로 달려 내려가서, 뉴스방송을 끊습니다. 조금이라도 늦어지면 그만큼 방송시간이 늦어지니까요. 그리고 선배님들이 시도 때도 없이 조정실에서 생방송하다, 저에게 전화해서는 '어이 미스터 정, 내 책상 위에 있는 프로그램 시그널 테이프 빨리 갖고 와. 생방송 5분 전이야!' 라고 하면, 또 부리나케 테이프를 들고 뛰어 내려가야 합니다."

"아, 듣고 보니 사정이 그렇구먼. 열심히 하게." 하시고는, 가던 길을 계속 걸어가셨다.

그런데 평소에 사장님은 아침 11시와 오후 5시 두 차례 결재를 끝내시고 나면, 중앙매스컴 건물 1층에서 9층까지 날마다 하루 두 차례씩 복도를 오르내리시며 양쪽 사무실에서 근무하는 사원들의 근무상태를 살피고, 사원 한 사람 한 사람의 얼굴을 익혀서, 1년 뒤에는 이 건물에서 근무하는 거의 모든 사람의 얼굴과 이름을 기억할 정도가 되셨다고 했다.

그래서 나는 날마다 거의 하루 한 번 정도는 사장님을 뵙고 인사드릴 수 있는 기회를 가졌고, 또 이 사건을 계기로 개인적으로도 사장님을 알게 되어, 그 뒤부터 사장님은 나를 만날 때마다 웃으며 내 인사를 받아주셔서, 우리는 제법 가까운 사이처럼 지냈던 것이다.

연수생들이 모두 모이자, 인사부 직원들은 우리 연수생 일행을 버스에 태우고 선명회 수양관으로 가서 우리가 묵을 숙소를 배정해 주고, 연수과정 동안 입을 유니폼을 나눠주어서, 우리들은 그 유니폼으로 갈아입고, 강당에 모여 연수과정에 관한 설명을 들었다.

연수과정은
오전 8시부터 12시까지 논문발표 및 토론,
정오부터 오후 1시까지 점심시간,
1시부터 5시까지 체육대회와 야외훈련,
6시부터 7시까지 저녁 식사,
8시부터 10시까지 분임 토론,
10시 취침으로 이루어지며,
다음 날 아침 6시에 일어나서, 간단한 맨손체조와 조깅으로 몸을 풀고,
7시에 아침식사를 한 다음, 8시부터 논문발표가 시작된다.

그리고 연수과정별로 점수를 매기는데, 논문은 임원실의 이사님들이, 논문발표 및 토론과 분임토론은 연수생들이 서로를 점수 매긴다. 그 밖에 체육대회와 야외활동 및 내무반 생활은 인사부가 점수를 매기고, 이 세 과정의 점수를 종합해서 성적을 낸 후, 순위를 정한다.

순위가 정해지는 만큼 잘못해서 꼴찌라도 하는 날에는 연수를 받지 않느니만 못한 결과가 될지도 몰라, 모두 긴장하는 눈치였다.

12시에 점심을 먹고, 오후 1시부터 연수가 시작되었다.

첫날과 이튿날은 점수 매기는 것 때문에 긴장이 되었으나, 이틀이 지나 어느 정도 연수과정에 익숙해지니, 모두 긴장을 풀고, 오랜만에 일에서 풀려난 기

분을 느긋하게 즐기기 시작했다. 그래서 같은 직종끼리의 동료들이 서로 안부를 묻고 얘기들을 나누며 즐겁게 시간을 보냈다.

본사의 연수생들은 서로 얼굴을 알기 때문에 금방 친해져서 쉽게 얘기를 나누었지만, 나는 아는 사람이 없어 거의 혼자서 시간을 보내야 했다. 대구에서 온 기자와는 같은 지방 근무자라서 서로 가깝게 지낼 수 있을 것으로 생각했으나, 나는 피디이고 그는 기자라 서로 나눌 공통의 화제가 없어, 곧바로 서먹해지고 말았다.

논문발표 시간은 한 사람에게 30분 정도로 주어졌으나, 거의 모든 논문의 주제는 각자 자신의 업무에서 골랐기 때문에 같은 직종의 몇 사람만 관심을 가질 뿐, 나머지 사람들은 거의 관심이 없어, 대부분 발표자의 발표와, 같은 직종의 두세 사람 정도의 질문으로 진행되었으며, 따라서 시간도 대체로 30분 안에서 끝났다.

금요일의 마지막 논문발표 시간에는 나 한 사람밖에 남지 않아, 시간이 넉넉했다.

먼저 20분 정도의 논문설명을 끝내고 질의응답 순서가 되자, 너도나도 질문하기 시작했는데, 왜냐하면 내 논문의 주제는 프로그램 제작에 관한 문제뿐 아니라, 제작과 관련된 인사, 광고 판매, 예산, 재무, 미술과 기술 등 경영 전반에 관한 문제들이어서, 직종의 제한 없이 질문할 수 있었기 때문이었다.

그래서 질문과 답변이 활발하게 오갔으며, 시간이 갈수록 내 논문의 내용과는 상관없이 본사에서 자신들이 당면하는 경영 문제들, 예를 들면 기자들의 취재비나 기술부서의 중계차 운영 문제 등을 거론하며 자기네들끼리 논쟁을 벌이는 등 자유롭게 진행되어서 한 시간을 거의 다 채우고 끝났다.

금요일 저녁 시간을 끝으로 연수과정을 모두 마치고, 토요일 아침에는 모두 짐을 싸들고 강당에 모였다.

인사부 직원이 "지금부터 연수성적을 발표하겠습니다." 하고 이어서 연수 성적을 발표하는데, "1등 부산국 정형기!" 하고 내 이름을 부르는 게 아닌가!

나는 한순간 어리둥절했는데, 나는 꿈에라도 내가 일등을 하리라고는 생각하지 못했기 때문이다. 사실 이번 연수에 참여한 본사의 연수생들 면면을 보면 정말로 화려했다.

뒷날 두 번이나 국회의원을 지낸 조남조 정치부 기자, 김대중 정부에서 홍보처장을 지낸 오홍근 사회부 기자, 중앙일보 사장을 지낸 금창태 사회부 기자, 탤런트 정윤희와의 스캔들로 더 유명해진 텔레비전 프로그램 「쇼쇼쇼」의 조용호 피디 등, 쟁쟁한 인재들이 참여하고 있었으며, 본사에서 우수한 동료들의 지원을 받아 일하는 그들이 나보다는 몇 배나 우수하다고 생각하고 있었는데, 의외로 내 이름이 불리니 뭔가 잘못됐다는 생각이 들었기 때문이었다.

뒷날 들은 이야기인데, 그때 내가 일등 한 것에 대해 연수생 가운데 몇 사람이 인사부에 전화해서는 "어떻게 지방국 출신이 서울 본사 사원들을 제치고 일등 할 수 있나?" 하고 의문을 제기했다고 한다.

그래서 인사부에서는 "그 사람은 원래 본사의 3기 공개경쟁시험에 피디직으로 합격해서 라디오 편성과에서 근무하다가, 개인 사정으로 부산국으로 자원 전출했다."고 대답하니 모두들 깜짝 놀라면서, 전화를 끊었다고 한다.

또 언젠가 간부회의 석상에서 어느 간부가 이 문제를 거론하니, 홍진기 사장님은 "거 쓸데없는 소리들 하지 말아요. 될 사람이 됐을 뿐이야!" 하고 한마디로 자르는 바람에 더 이상의 논란은 없었다고 한다(제3기 신입사원 입사시험에서 내가 수석으로 합격한 사실을 아시는 사장님이 그 사실을 염두에 두고 이 말씀을 하신 것 같았다).

그러나 내 이름이 불린 것은 분명했다. 이어서 인사부 직원이 말했다.

"각자 자신의 성적이 알고 싶으신 분은 직접 인사부로 와서 확인하시기 바랍니다. 그리고 정형기 씨는 지금 곧 인사부장님을 만나러 가세요. 기다리고 계십니다." 하기에 인사부장실로 내려갔다.

부장님은 일어서서 손을 내밀며 "멀리 부산국에서 올라와서 일등을 하다니, 정말 대단하십니다. 축하합니다!" 하고 인사하는 것이 아닌가.

나는 부장님의 손을 마주 잡으며 말했다.

"부장님, 저도 그래요. 처음 제 이름을 들었을 때는 믿기지 않았어요. 하지만 기뻐요."

부장님은 "그보다도 더 대단한 일이 있으니, 놀라지 마십시오." 하면서 다음과 같은 한 장의 서류를 내 앞에 내밀었다.

이사 추천서

다음 사람을 이사로 추천합니다.

부산지사 사원 정형기

이사 OOO
이사 OOO...

이런 식으로 7명의 이사명단과 사인이 있었고, 마지막에는 홍진기 사장의 직인이 찍혀 있었다. 나는 어안이 벙벙한 채 인사부장을 처다보았다.

"이사님들은 정 피디의 논문을 심사한 뒤에, 우리 회사의 이사가 될 자질이 충분하다고 판단하고 이와 같이 추천하여 사장님의 재가를 받았습니다. 따라서 정 피디는 이제 평사원이 아니라 관리직급으로 승진하신 겁니다. 다만 아직 이 결정은 당장 실현될 성질의 인사가 아니기 때문에, 본인만 아시고 다른 사람들에게는 말하지 마십시오. 이 건은 당분간 비밀로 해주십시오. 하지만 정 피디는 이제 우리 회사의 관리직급으로 사실상 승진하셨으니, 앞으로 언행을 조심하시고, 일하는 자세도 이제까지의 평사원에서 관리직급에 합당한 자세로 일에 임하시기 바랍니다. 다시 한번 축하합니다. 안녕히 가십시오."

나는 "감사합니다, 부장님. 안녕히 계십시오." 인사를 하고 방을 나섰다.

그 인사부장은 한참이나 걸어 나가는 내 뒷모습을 바라보고 있는 것 같았다. 나는 속으로 '저분도 내가 부러운가 보다' 하는 생각에 왠지 미안한 마음이 들었다.

곧바로 우리는 대기하고 있던 버스를 타고 서울 본사로 갔다. 거기서 연수생들은 서로 작별 인사를 나눈 뒤 헤어졌고, 나는 서울역으로 가서 부산행 열차를 탔다.

열차를 타고 내려오면서 다시 생각해봐도, 너무나 꿈같은 일이 현실로 일어난 것이 도무지 실감 나지 않았다. 내가 일등을 하리라고는 암만해도 생각할 수 없었고, 더구나 이사로 추천되리라고는 꿈에라도 상상할 수 없는 일이었는데, 이것은 아마도 나뿐 아니라, 이때 연수에 참여한 모든 연수생들도 마찬가지로 생각했을 것이었다.

이것은 혹시라도 내가 부산국으로 내려오기 전에, 다잡았다 놓친 프랑스 유학의 기회 대신, 하늘이 내게 내리는 보상인지도 모르겠다는 엉뚱한 생각이 들었다. 내가 서울에서 부산국으로 전출 올 때만 하더라도, TBC에서 내 경력은 사실상 끝난 것이나 다름없다는 절망감에 한동안 방황했지만, 그래도 먹고살기 위해서는 직업으로서의 피디생활에 충실히 임하자고 마음을 다잡고 일해왔던 것뿐이다.

다만 일을 할 바에는 잘하자는 단순한 생각으로 열심히 한 것뿐인데, 그러는 가운데에서 회사의 불합리한 운영방식 때문에 내가 생각하는 바와는 달리 능률적으로 일할 수 없는 장벽들 앞에서 여러 번 좌절했던 적이 있었기에 이런 것들을 개선하기 위해서는 어떻게 해야 할 것인가에 생각을 모으고, 나름대로 방법을 연구하던 중에 이번 연수가 계기가 되어 평소의 생각을 구체적인 이론 체계로 다듬었던 것이다. 그리고 이것이 이번에 내가 거둔 성적의 밑거름이 되었던 것 같다.

나는 깨달았다. 사람은 어디에 있든, 그것이 중요하지는 않다는 것. 자신이 처해 있는 상황에서 최선을 다하는 자세가 조직에 필요한 것이며, 그것을 해낼 수 있어야 비로소 그 조직을 발전시킬 수 있다는 사실을 깨달은 것이다. 논문을 제출할 때만 해도 이런 사실을 알지 못했는데, 뛰어난 성적을 받은 연수결과로 비로소 그 사실이 증명된 셈이다.

"그래 바로 이거야. 이런 방식으로 끊임없이 조직을 개선하고 발전시켜 나가는 것이 조직을 이끄는 리더가 해야 할 일이야. 나는 앞으로는 이런 방식으로 부산국을 발전시켜 나가야지!" 나는 경부선 열차 안에서 나름대로 내 앞날에 대해 여러 가지를 구상했다.

월요일 아침, 회사로 출근해서 총무부에 "연수 출장 다녀왔습니다." 하고 보고하니, 총무부장은 입을 굳게 다물고, 아무 말이 없었다.

무언가 이상한 기운에 사무실 안을 둘러보니, 총무부 직원들은 모두 얼굴을 책상에 묻고 나를 못 본 척했다. 이들은 분명히 지난 토요일에 본사 인사부로부터 내 연수결과를 통보받았을 터인데, 그에 관해서는 한마디도 하지 않을 뿐 아니라, 의례적으로라도 연수를 잘 다녀왔느냐는 인사말도 건네지 않았다.

한편, 우리 부서의 동료들은 모두 웃으면서 반갑게 나를 맞아주었으나, 연수결과에 대해서는 한마디도 말하지 않았는데, 아마도 이들은 총무부로부터 아무 말도 듣지 못했기 때문인 것 같았다.

뒤늦게 아침회의를 마치고 나온 우리 부장님은 나를 보시더니 "연수 다녀오느라 수고했어요." 하는 한마디 인사말을 건넸을 뿐, 연수결과에 대해서는 말이 없었다.

내 생각에 아침 간부회의에서 분명히 총무부장이 내 연수결과에 대해 보고했을 텐데, "모두들, 입 다물라"는 지사장의 명령에 따라 말하지 않고 있다는 느낌을 받았다.

사실을 말하자면, 내가 이사로 승진했다는 이 사건은 바로 부산지사장의 자격을 얻었다는 것과 같은 말이었다. 부산지사에서 이사 자리는 바로 지사장 자리였으며, 그때까지도 그는 자신이 있는 동안은 부산지사 지사장 자리를 지킬 수 있으리라고 생각했는데, 내가 이사로 승진했다는 사실을 보고 받는 순간, '아, 서울 임원실에서는 나를 갈아치우려는 계획을 세웠구나!' 하는 생각에 이르자, 이 순간부터 그는 나의 승진을 막기 위한 수단을 꾀하기 시작했던 것 같았다.

점심시간에 나는 우리 부서의 피디 동료들을 데리고 나가 점심을 샀다. 이 자리에서 나는 연수 결과, 내가 본사 직원들을 제치고 일등을 했다는 사실을 공식적으로 밝혔다.

후배들 앞에서 자랑하는 것이 모양이 좋지 않다고 생각하고 주저했으나, 이 사실을 공식적으로 알려야 할 책임이 있는 총무부에서 정식으로 알리지 않으려 하는 것 같아, 나라도 사실을 올바로 알려야겠다고 생각했을 뿐 아니라, 같은 부산국 사원이 본사 연수과정에서 본사 사원들을 물리치고 일등을 했다는 것이 부산국 사원들의 사기를 높이는 데 필요한 정보라고 생각했기 때문이다.

후배들은 내 말을 듣고 모두 놀라면서 자기들의 일처럼 좋아하며 축하해 주었다. 그러면서도 한편으로, 그 이야기 내용이 도무지 믿기지 않는다는 듯이 머리를 갸웃거리며 의아해하기도 했으나, 내가 없는 사실을 일부러 지어내서 말하지 않는다는 것을 그들도 잘 알고 있었으며, 따라서 내가 이제까지 자신들이 알고 있던 것 이상으로 뛰어난 능력을 갖춘 선배라는 사실을 차츰 깨닫기 시작하는 것 같았다.

저녁에는 이 양과 만나 식사를 했다.

"이 양, 지금부터 내가 하는 말은 믿기지 않겠지만, 사실이니 믿어주세요." 하고는 약간 뜸을 들인 다음 "내가 이번 연수에서 일등을 했어요." 하고 말하니, 그녀는 예상대로 화들짝 놀라며 말했다.

"아니, 정 피디님이 서울 사원들을 모두 제치고 일등을 했다고요? 어머, 축하해요, 정 피디님. 나는 정 피디님이 너무 자랑스러워요. 사실 나는 정 피디님이 좋은 대학을 나오고, 프로그램도 잘 만드셔서, 실력 있는 분이라는 것은 알았지만, 글쎄 서울에 비하면 모든 여건이 한참 뒤떨어진 부산에 있으면서 서울 사원들과 경쟁하기는 어려울 거라고 생각해서, 죄송하지만, 정 피디님이 일등을 하리라고는 전혀 예상하지 않았어요. 그런데 정 피디님은 내 예상을 보기 좋게 깨뜨리고 일등을 하셨네요. 너무 기쁘고, 또 기뻐요! 말할 수 없을 만큼, 그리고 가슴이 터지도록 기뻐요!"

그녀는 너무 기쁜 나머지 앉은 자리에서 팔짝팔짝 뛰길래, 오히려 내가 그녀를 진정시켜야 했다.

"내가 이번에 할 이야기는 지금 것보다 훨씬 더 황당해서 믿기지 않을 것 같으니 미리 마음을 다잡고 들어주세요. 우리 회사 임원실에는 일곱 분의 이사님들이 계시는데, 그분들이 내가 제출한 논문을 읽어보시고는 내게 '이사의 자질이 충분하다'고 판단하고, 나를 이사로 추천하시고, 사장님께서는 이를 승인하고 결재하셔서, 내가 이사로 승진했어요."

내 말을 들은 그녀는 입을 다물지 못했다. 그녀는 비록 직장생활의 경력은 짧지만, 한 직장에서 이사라는 직책은 평사원이 평생을 한 직장에 종사해야 가까스로, 실력은 물론이고 게다가 운이 좋은 몇 사람만 다다를 수 있는 높은 자리라는 것을 알고 있기에, 비록 10년 정도의 경력은 쌓았지만, 그래도 여전히 평사원인 사람이 이사로 승진했다는 사실이 너무 믿기지 않는 황당한 일처럼 들렸기 때문이다. 그러나 그의 입으로 전해진 이 말은 분명코 사실이었다.

"정 피디님, 그 회사에는 평사원이 이사가 될 수 있는 규정이 있나요?" 하고 여전히 믿기지 않는다는 표정으로 물었다.

"나도 거기에 관해서는 전혀 아는 바가 없어요. 하지만, 아마도 없을 거에요. 그래서 이 말을 내게 전하는 본사의 인사부장도 황당해서 믿기지 않는다는 표정이었지만, 이사님들의 추천서가 자기 앞으로 왔으니, 그대로 전한다는 태도였어요. 아마 이번의 내 경우는 전례 없는 사건인 것 같습니다." 하고 대답했다.

"정 피디님, 그러면 정 피디님이 기적을 이루었네요. 어머, 너무 멋지고 신나는 일이에요. 나는 정 피디님을 처음 뵌 이래 지금까지 만나오면서 느낀 사실은요, 정 피디님은 보통 사람들과는 다른 생각과 가치관을 가진 분이라는 거였어요. 그래서 이와 같은 기적을 이루어 내셨네요. 나는 충분히 받아들일 수 있어요. 이제 피디님은 내게 특별한 분이 되셨어요."

그녀는 내 두 손을 꼭 붙잡고 한동안 놓지 않았다.

그 순간 그녀는 자신의 운명을 가르는 중대결단을 내렸다. 재벌 3세와의 관계를 분명하게 끊고, 이 남자 정 피디를 평생을 함께 하는 반려자로 삼기로 결심한 것이다.

그날 저녁, 그녀는 그와의 감격적인 만남을 끝내고, 집으로 돌아가서 부모님께 말씀드렸다.

"엄마, 아버지 있잖아요, 아까 저녁에 정 피디 그 남자를 만나서 놀라운 얘기를 들었어요. 아 글쎄, 서울에서 열린 자기 회사 차장승진 연수시험에서 일등으로 합격했대요. 그 사람은 10년이나 부산지사에서 일해오고 있기 때문에, 서울 본사에서 근무하는 사원들에 비해 여러 가지 조건이 불리했을 텐데도, 그들과 같이 경쟁해서 일등을 했다니 놀랍지 않으세요?"

그 말을 들은 아버지가 말씀하셨다.

"그 젊은이 원래 실력 있는 사람이었구먼."

어머니도 덩달아 덧붙였다.

"아무튼 대단한 사람이다. 요새 지방 사람들이 서울 사람 이기는 것 본 일이 없는데 말이야."

그녀는 한층 더 신이 나서 말했다.

"그런데 엄마, 아버지, 그보다 더 놀라운 일이 일어났어요. 글쎄 그 회사의 이사님들이 정 피디의 논문을 읽어보고는 이사의 자질이 충분하다고 판단되어 만장일치로 의견을 모으고는 이사 추천서를 써서 사장님의 결재를 받아서, 그를 이사로 승진시켰대요."

그녀의 아버지는 깜짝 놀라시며 답했다.

"아니, 평사원을 이사로 승진시켰다고? 내가 알기에 우리나라 어느 기업에도 그런 인사제도를 가진 기업은 없는 것으로 아는데, 그 회사에는 그와 같은 규정이 있나?"

"물론 없대요. 이제까지 그런 일이 없었으니, 없을 것이라고 생각한대요. 이번 일은 그에게만 해당되는 특수한 경우라고 본대요."

"아무튼 대단한 젊은이다." 하고 아버지는 그를 칭찬하셨다.

그때 그녀는 조심스레 말했다.

"그래서 엄마, 아버지. 나 결심했어요. 대기업의 재벌 3세와는 관계를 끊고 이 정 피디와 결혼하겠어요."

그러자 어머니는 근심스러운 표정으로 말했다.

"그런데 얘야, 네 아버지 일도 생각해야지. 그 재벌 3세는 너와 결혼하면 네 아버지가 사업을 다시 일으키시는 데 도움을 주겠다고 하는데, 네가 그 사람을 버리면 아버지 입장이 난처하지 않으시겠니?"

그녀는 마침내 그 부모에게 폭탄선언을 하고 말았다.

"엄마, 아버지, 딸 팔아 사업하려고 하셨어요? 그렇다면 그 사업 때려치우세요! 나 시집 안 가고 평생 직장 다니면서 엄마, 아버지 벌어 먹여 살릴게요."

그 부모들은 놀란 입을 다물지 못하고, 서로 바라만 볼 뿐이었다. 그래서 그녀는 다시 말했다.

"재벌 3세 그 남자는 나와 세 번 만났을 때, 그때마다 돈 자랑만 했어요. 처음에는 친구들과 밤샘 노름을 해서 얼마를 잃었다 하고, 두 번째에는 미국 뉴욕으로 출장갔다가, 호텔에서 친한 친구와 만나서 저녁을 같이했는데, 그 친구와 함께 온 백인 애인이 자기 여자 친구를 한 사람 데리고 와서, 넷이서 밤늦게까지 즐겁게 술마시며, 춤추고 놀았다고 하고요, 세 번째에는 지금 타고 다니는 국산차를 외제차로 바꾸려고 살 만한 차를 물색하니, 벤츠, BMW, 재규어 같은 고급차들이 다 마음에 들어서, 어떤 것을 사야 할지 고민스럽다, 그래서 차례대로 석 대를 모두 다 사기로 했다, 뭐 그런 얘기뿐이었어요. 중요한 것은 자기와 내가 만나서 어떻게 살 것인지에 대해 서로 이야기를 나누어야 할 텐데, 자기 돈 자랑만으로 시간을 채워서 나는 실망했어요. 그런데 정 피디를 만나면, 우리는 소설, 그림, 음악, 영화, 정치와 사회, 그리고 세상 사람들이 살아가는 모든 이야기를 나누어요. 그러므로 우리의 화젯거리는 끊임없어요. 엄마, 아버지. 나는 돈은 많이 없더라도, 정 피디와 함께 날마다 이야기를 나누며 살아가는 삶이 좋아요. 그리고 재벌 3세는 자기 노력 없이 부모가 물려주는 자리를 받지만, 정 피디는 이미 자기 실력으로 이사로 승진했어요. 이런 사원이 그의 회사에서는 그 한 사람밖에 없어요. 그러니 앞으로 별다른 일이 없는 한, 이 사람은 사장이 되고, 회장도 될 수 있을 거예요. 나는 그를 믿어요. 엄마, 아버지. 나는 그를 도우면서 그와 같이 살아갈 거예요. 그러니 우리에게는 꿈과 희망이 있어요. 나는 이런 삶을 바래요."

그 부모님들은 아무 말도 못 하고 고개를 떨구었다.

그 일이 있은 뒤 어느 토요일 정오에, 그녀가 다급한 목소리로 전화했다.

"정 피디님, 지금 빨리 우리 회사로 와서 저를 만나주세요."

나는 뭔가 급한 일이 벌어졌음을 직감하고 곧장 택시를 타고 가서, 그녀의 회사 현관에서 그녀를 불렀다.

얼마 후 그녀가 나오더니 "잘 오셨어요. 저랑 같이 나가요." 했다.

그런데 우리가 현관을 나서는 순간, 갑자기 어디서부터인지 남자 셋이 우르르 몰려나와서 우리 앞을 막아서는 게 아닌가! 그러자 그녀는 침착하게 그녀의 바로 앞에 서 있는 키 큰 남자를 가리키며 말했다.

"정 피디님, 이분이 ○○기업의 ○상무님이세요."

그리고는 그 남자를 향해 "이분은 TBC의 정 피디님이세요." 하며 우리를 인사시켰다.

우리는 서로 용무가 있는 사이가 아니므로, 가볍게 눈인사만 나누었다.

이어서 그녀가 그 남자에게 말했다. "나는 TBC에 볼일이 있어 정 피디님과 함께 가야 해요. 이만 실례하겠어요."

그녀는 내 팔을 잡아끌며 그 남자를 가로질러 걸어가는 것이었다.

그러고 보니, 그나마 ○상무라는 남자에게는 아는 척이라도 했지만, 나머지 두 남자는 아는 척도 하지 않았기에 나는 궁금해서 물었다.

"이 양, 나머지 두 남자는 누군데 아는 척도 안 하나요?"

"나도 모르는 사람들이에요. 매주 토요일마다 이런 남자들이 몇 명씩이나 나를 기다리고 있다가, 내가 회사를 나오면 나를 따라오면서 귀찮게 굴어요."

비로소 나는 그녀가 이미 스타가 되어서, 이런 추종자들을 거느리고 있다고 생각했다.

그녀는 여남은 발자국 걸어간 다음, 말없이 내 팔짱을 끼었다. 내가 깜짝 놀라서 그녀를 쳐다보니, 그녀는 얼굴을 앞으로 향한 채 말했다.

"암말 말고, 똑바로 앞으로만 가세요."

그렇지만 순간적으로 나는 그 남자가 이 광경을 어떻게 볼까 하는 호기심에 뒤돌아보았다. 그 남자는 두 팔을 옆으로 떨어뜨린 채, 넋 나간 듯이 우리를 바라보고 있었다. 자기가 상상할 수 없는 일이 현실로 자신의 눈앞에서 벌어지고 있는 것을 믿을 수 없어 하는 표정이었다. 적어도 부산과 경남 일대에서 자신을 거부할 어떤 젊은 여인도 없다고 스스로 자신만만해 하던 그의 코앞에서, 자기 대신 초라한 몰골의 방송 피디를 택하고, 자신을 버리는 그녀를 그는 도무지 알 수 없어 하는 것 같았다.

나는 마음속으로 그 남자를 같은 남자로서 동정하면서도, 한편으로는 그도 살면서 이런 좌절을 한두 번쯤은 겪어야 세상을 제대로 알고 살아갈 것이라고 마음으로 위로해 주었다.

하기야 자기 대신 이 여인에게 선택받은 나야말로 결혼까지 할 뻔한 내 첫사랑의 여인을 잃었다는 사실을 그 남자가 알았더라면 덜 비참해질 것이라 생각하고, 나는 참 인생이란 돌고 도는 것이라는 사실을 깨달았다.

그다음 주 토요일에는 우리 집 근처에서 그녀와 저녁식사를 한 후 나는 그녀에게 "우리 같이 갈 데가 있으니, 나를 따라와요." 하고 말했다.

그녀는 어디로 가는지도 모르면서 나를 따라 걷다 보니, 어느 허름한 뒷골목으로 들어가고 있었다. 그녀는 후딱 정신이 들었는지 내게 물었다.

"정 피디님, 지금 어디로 가시는 건가요?"

"조금만 더 가면 되니, 잠자코 따라와요."

우리는 마침내 어느 허름한 벽돌집 앞에 섰다. 그녀는 금방 알아챌 수 있었다. 바로 남자의 집이라는 것을. 그런데 이곳은 부산에서도 북쪽 변두리 끝자락의 동해남부선 열차가 지나가는 철길 아래 철도부지였다.

우리 가족은 원래 부산에서도 가장 좋다는 주택가인 동대신동에서도 가장 크고 좋은 집에서 살다가 아버지의 사업실패로 재산을 다 날리고, 이 머나먼 서면의 변두리에 있는, 방이 두 칸뿐인 판잣집을 헐값에 사서 살아왔다. 내가 부산으로 내려온 그해 연말에 받은 보너스와 나의 큰 여동생이 초등학교 교사로 취직해서 받은 월급을 모은 돈으로, 나의 고등학교 동창의 집에서 만들어 파는 벽돌을 원가에 사 와서는, 우리 동네 미장일을 하는 아저씨에게 부탁해서 판잣집을 허물고, 벽돌로 네 벽을 쌓은 다음, 그 위에 서까래를 얹고, 판자를 여러 장 포개고, 또 그 위에 벽돌을 얹어서 지붕을 만들고, 그 안에 가까스로 방 넷을 꾸려 넣은 싸구려 벽돌집을 지었던 것이다.

"여기가 우리 집이에요, 어때요?" 내가 묻는 순간, 그녀는 가슴이 먹먹해졌다. 이렇게 허름한 집에 살고 있으니, 차림새도 그렇게 추레해 보였다는 생각에 미안한 마음이 들었다. 그래서 그녀는 마음을 가다듬고 그에게 말했다.

"그래도 정 피디님에게는 이런 집이라도 있네요. 하지만 우린 집이 없어 아직도 남의 집에서 전세 살고 있어요."

그때 드디어 나는 결심했다. 사실 내가 이제까지 어느 누구에게도 말한 적이 없지만, 내가 생각하고 있던 나와 결혼할 사람에게 적용할 단 하나의 기준은, 우리 집에 데려와서 내가 부끄러워지지 않을 여자였던 것이다. 그래서 나는 그녀를 데려와서 우리 집 앞에 세웠고, 그녀는 나를 부끄럽지 않게 했다. 나는 용기를 내어 그녀에게 물었다.

"그럼 우리 결혼할까요?"

그녀는 잠시 멈칫하더니 금세 대답했다.

"네, 좋아요. 우리 결혼해요!"

나는 순간 하늘로 두둥실 떠올랐다. 나이도 나보다 열 살이나 어린 이 절세의 미녀가 나의 신부가 되겠다니, 도무지 믿기지 않는 이 놀라운 일이 현실로 일어나고 있었던 것이다!

하지만, 이어지는 그녀의 말에 나는 '쿵' 하고 그만 땅에 떨어지고 말았다.

"그렇지만, 한 가지 조건이 있어요."

나는 불안한 마음으로 물었다.

"어떤 조건인데요?"

"저, 나는 말이에요, 늦잠이 많아서 아침에 일찍 일어나서 아침밥을 지어줄 수가 없어요. 그래도 좋아요?"

나는 살았다 싶어, 얼른 답했다.

"좋아요. 말이 났으니 말이지, 내가 이제 30 고개를 넘어 몸이 불기 시작해서, 다이어트 할까 생각하고 있었는데, 잘 됐어요. 아침은 밥 대신 빵과 우유를 먹죠."

"그럼 됐어요. 이제 우리 약속해요." 그녀는 오른손 새끼손가락을 내밀었다. 나도 얼른 오른손 새끼손가락을 내밀어 깍지 끼고, 서로의 엄지로 도장을 찍어서, 우리의 약속을 보증했다. 이로써 우리 두 사람은 몸과 마음이 하나가 되는 길을 향해 함께 나아가는 첫걸음을 내디뎠다.

그러는 사이, 계절은 어느덧 가을로 접어들고 있었다. 어느 날 이 양을 만났더니, 그녀의 부모가 내 나이가 많으니, 한 살이라도 더 먹기 전에 빨리 결혼식을 올리길 원하신다고 하면서 내 의견을 물었다.

나는 그만 말문이 막히고 말았다. 결혼하고 싶은 마음이야 굴뚝같았지만, 실은 결혼할 형편이 안 되었기 때문이다. 지난해에 큰 여동생을 시집보내느라고, 그동안 월급에서 푼푼이 떼어 저금한 돈을 다 쓴 데다, 그걸로 모자라 얼마만큼의 빚을 냈기 때문에 내가 장가가는 데 쓸 돈은 한 푼도 없었다. 그렇다고 언제까지나 이 사실을 숨기고 있을 수 없어 어느 날, 이 양에게 사실대로 털어놓고 양해를 구했다.

"내가 장가갈 돈을 마련하게 한 해만 늦출 수 없을까?"

"부모님께 말씀드려 보겠어요." 하고 내 말을 순순히 받아들이기에 한숨을 돌리고 있는데, 며칠 뒤 그녀가 찾아와 조용히 말했다.

"내가 정 피디님 말을 그대로 전했다가는 당장에 우리 부모님은 '아니 돈 한 푼 없이 어떻게 장가갈 생각을 하나? 애야, 당장 그놈과의 결혼은 그만둬라!' 라고 하실 게 뻔해요. 그래서 내가 생각했어요. 내가 알아보니 결혼하는 데 드는 가장 큰돈은 집 장만이래요. 그런데 그동안 내가 모아둔 돈으로 전세방은 얻을 수 있을 것 같아요. 그다음에는 혼수 장만인데, 그것도 그날 입을 옷만 생각하면 큰돈 들 것 같지 않아요. 그 밖에 결혼 예물과 신혼여행비 등인데, 결혼 예물도 값싼 것으로 하고, 신혼여행도 제주도 대신 가까운 곳으로 가면, 돈을 아낄 수 있으니, 결혼 축하금을 받아서 신혼여행비로 쓰면 될 것 같아요. 대충 이렇게 하면, 결혼식을 치를 것 같은데, 정 피디님 생각은 어떠세요?"

"나는 물론 지금 '된다', '안 된다' 하고 말할 입장이 아니에요. 이 양만 좋다면 나는 그러고 싶지만 이 양 부모님이 받아들이시겠어요?"

"이것은 내가 하는 결혼이고, 현재의 상황에서 이 이상의 방법은 없어요. 우리 부모님이 아무리 싫어하시더라도, 나는 이렇게 할 거예요. 정 피디님만 좋다면요."

그렇게 해서 우리는 그해에 결혼하기로 결정하고, 양가의 어른들을 만나서 서로 인사를 나누고, 결혼 날짜를 정했다.

혼수를 장만하면서, 그녀는 어머니의 이런 넋두리를 들어야 했다.

"이런 날강도 같은 놈 봤나. 땡전 한 푼 없으면서 천금 같은 내 딸 데려가다니. 아이고, 내 팔자야!'

그러나 그녀는 말했다. "엄마, 그 사람 아버지가 가난하지, 그 사람은 가난하지 않아요. 그리고 그 사람 평사원에서 몇 계단이나 건너뛰어 이사 된 사람이에요. 엄마, 그 나이 또래 남자치고 그 사람만치 뛰어난 남자 봤어요? 그러니 천금 같은 엄마 딸 공짜로 준다고 너무 억울해하지 마세요."

그리고 덧붙였다. "엄마, 그 사람 너무 나무라지 말아요. 그 사람은 10년 동안 자기 가족을 먹여 살렸어요. 아마도 그 돈 다 모았으면, 집 한 채는 샀을 거예요. 그래서 지금은 돈이 없지만, 앞으로 5년만 지나면 동생들은 거의 다 독립할 거예요. 그러면 우리는 편히 살 수 있어요. 엄마, 너무 걱정하지 말아요."

그녀의 어머니는 말했다. "어이구, 지 서방 될 사람이라고 벌써부터 편드는구먼. 딸은 시집보내고 나면 다 그만이라니까."

"엄마, 그거야 당연한 거 아니우? 엄마도 그랬을 걸 뭐!'

그렇게 모녀가 주거니 받거니 하면서, 결혼 준비를 착착 진행해 나갔다.

결혼식 때 신랑이 신부에게 주는 예물은 대부분 다이아몬드 반지였으나, 나는 돈이 없어 대신 금반지를 사주려고 했지만, 그녀는 아마도 자존심이 상하는지, 차라리 금반지보다는 그때 여자들 사이에서 인기 있던 애니카 손목시계를 사달라고 해서, 그것으로 준비했다.

신혼여행도 당시 신혼부부들은 대부분 제주도로 갔으나, 우리는 제주도 대신 우리 회사 어느 직원이 여름휴가 때 다녀와서는 '여행하기에 매우 좋은 곳'이라고 자랑한 속리산으로 정했다.

우리가 살 집은 부산에서도 한참 변두리인 성지곡 수원지 가까운 이층집 방 두 개를 전세로 빌렸다.

살림을 차린 다음 날 내가 회사로 첫 출근 할 때, 아내는 부엌에서 설거지하다 말고 앞치마를 두른 채로 이층 발코니에 나와서 "여보, 찻길 조심하고 잘 다녀와요!" 하면서 손을 흔들어주던 모습이 지금도 눈에 선하다.

그렇게 해서 나는 그녀와 결혼할 수 있었다. 당시 내 나이는 우리 나이로 35살, 총각치고는 꽤 늦은 나이였다. 이에 비해 아내의 나이는 당시로서는 딱 결혼 적령기인 25살, 나보다 열 살이나 어린 꽃 같은 나이였다. 가진 것이라고는 땡전 한 푼 없는 맨몸뚱이에 태어날 때 받은 재능 하나만으로 버티며 이제껏 살아온 나를 믿고 시집오기로 결심한 아내가 너무도 고맙고 고마웠다.

그때 내 돈이라야 애니카 손목시계 사느라 쓴 단돈 5만 원이 전부였다.

그녀의 결단이 아니었더라면, 나는 영영 장가가지 못하고 지금까지 혼자 사는 외톨이 신세가 되었을지도 모른다고, 그 뒤로도 이 생각이 날 때마다 아찔해 했다.

그러니 어찌 내가 이 아내를 존경하고 사랑하지 않을 수 있을까!

그때 나는 마음속으로 다짐했다. 내가 지금은 돈이 없어 이렇게 초라하게 결혼식을 올리지만, 앞으로 제주도 신혼여행의 빚은 해외여행으로 갚고, 못 해준 예물반지의 빚은 1캐럿짜리 다이아몬드 반지로 갚아주겠다고 나 자신에게 맹세했다. 그리고 뒷날 실제로 그렇게 해주었다.

나는 아내 이순화와 결혼하기 전까지, 세상은 나에게 온통 잿빛의 어둠뿐이었다. 하루하루가 같은 날이었고, 그날들은 오로지 생존을 위한 지루한 삶의 연속일 뿐이었다. 이른바 '청춘의 낭만'은 그때까지 나의 삶에 없었으나, 그녀가 이렇게 나의 삶 속으로 들어오는 순간, 그때부터 비로소 나에게

해는 환히 밝게 빛나고,

꽃들은 제각각의 색깔들로 피어나고,

새들은 즐겁게 노래하며,

주위 사람들의 웃음소리가 내 귀에 들려오기 시작했다.

결혼해서 아내가 낳은 첫아이를 가슴에 안으면서, 나는 생전 처음으로 '행복'이 무엇인지도 알게 되었다. 이제 아내는 나의 삶이자, 생명이요, 빛이 되었다! 나는 방금 태어난 나의 첫아이에게 다음과 같이 마음속으로 다짐했다.

"나의 맏아이야, 나는 네가 뒷날 자라서 나처럼 가족을 부양하기 위해 너의 삶을 희생해야 하는 그런 불행한 운명을 결코 너에게 대물림시키지 않겠어."

그리고 나는 이 약속을 지켰다.

8. 영혼의 예지력

미리 앞을 내다보는 영혼의 힘은 놀라울 정도로 날카롭고 바른 것 같다. 여기에 그 예를 몇 가지 들어보겠는데, 이것들은 내 아내의 영혼이 내게 일어날 것임을 미리 알려준 사건들에 관한 것이다.

(1) LG 헬리콥터 추락사고

아내가 저세상으로 가고 나서 3년쯤 지난 어느 날 밤 꿈에 아내와 나는 부엌에 있었다. 아내는 점심 식사를 준비하느라 한창이었고, 나는 아내가 점심밥 차리기를 기다리며 식탁에 앉아 있었는데, 마침 앞쪽으로는 부엌방의 창문이 보이고, 그 창문 너머로 커다란 회색 굴뚝이 우뚝 솟아 있는 것이 보였다.

잠시 뒤 어디선가 비행기 한 대가 굴뚝 쪽으로 날아오고 있었는데, 앞부분은 짙은 밤색이고, 뒷부분은 옅은 갈색으로 뚜렷하게 보였다. 보통 대부분의 꿈은 흑백이라고 하는데, 나는 그때 색깔을 분명히 보고 있었으므로 천연색 꿈을 꾸고 있는 셈이었다.

그런데 그 비행기가 굴뚝 쪽으로 날아오더니, 굴뚝에 '쿵!' 하고 부딪치며 떨어지는 것이었다.

그리고 곧바로 장면이 바뀌어, 나와 아내는 우리 아파트 앞의 네거리에 서 있는데, 거리 위쪽으로부터 남자 두 사람이 재빠르게 걸어 내려와서 우리 앞을 지나쳐서 곧장 달려가는 것이었다. 그들은 경찰과 비슷한 검은색 제복을 입고 모자를 쓰고 있었다. 그래서 나는 마음속으로 "사고가 나서 아마도 경찰들이 사고 현장으로 달려가고 있는가 보다." 하고 생각하고 있는데, 갑자기 아내가 울면서 "여보, 사람이 죽었어요. 사람이 죽었어요." 하는 것이었다.

나는 또 속으로 "이 사람이 현장에 가보지도 않고 어떻게 사람이 죽었는지 알지?" 하며 이상하게 생각하다가 꿈은 끝나고 말았다.

나는 그날 아침 평소와 마찬가지로 거실에 앉아서 신문을 보다가, 셋째가 출근하러 방을 나서는 것을 보고 "얘야, 내가 어젯밤에 너희 엄마 꿈을 꾸었는데…" 하고 간단하게 꿈 이야기를 해주었다.

그랬더니 셋째가 물었다.

"엄마가 우리에게 무어라 말씀은 없었어요?"

"응, 아무 말도 없었어."

"엄마도 참 싱겁네. 비행기 떨어진 사고 이야기는 왜 하러 오셨을까?" 라고 답하고는 셋째는 바로 출근했다.

그러다가 정오 무렵, 셋째에게서 전화가 걸려왔다.

"아빠, 아빠, 오늘 정오뉴스에 헬리콥터가 추락했다는 사고특보가 있었어요. 아마도 엄마가 그 사고를 미리 알려주려고 꿈에 아빠에게 오셨나 봐요. 아빠, 이따 뉴스 시간에 그 사고기사 잘 봐보세요."

그날 저녁 텔레비전 뉴스를 보니, LG그룹의 헬리콥터가 추락해서 기장과 부기장 두 사람이 숨졌다고 보도했다. 그러고 보니 내가 꿈에서 본 두 남자는 경찰이 아니라 떨어져 내린 헬리콥터의 기장과 부기장이었던 셈이다.

그런데 나의 이 꿈이 특이한 것은 내가 다음 날 일어날 헬리콥터가 떨어지는 사고 장면을 내 눈으로 직접 보았다는 사실이다. 한편, 서정범 교수의 말에 따르면, 그가 만나본 우리나라 무당들은 대부분 이미 일어난 지난날의 일들은 직접 눈으로 볼 수 있었지만, 앞으로 일어날 일은 미리 알 수 있기는 해도, 직접 눈으로 본 사람은 한 사람도 없었다고 한다. 그렇다면 초능력을 가진 무당도 아닌 내가 다음 날 일어날 사건을 직접 눈으로 보았다는 것은 매우 특이한 현상임에 틀림 없다!

그러면 내가 우리나라의 무당들보다 예지력에서 더 뛰어난 능력을 갖고 있단 말인가?

있을 수 없는 일이다. 오히려 내가 그 사건을 직접 본 것은 나의 힘이 아니고, 아내가 나로 하여금 그 사건을 볼 수 있도록 도와주었다고 생각된다. 그렇게 하기 위해서 꿈에 나를 찾아와서 나를 데리고 사고 현장으로 같이 간 것일까? 아마도 그럴 가능성이 크다고 생각된다.

그러나 이들은 우리 가족과는 아무 관계도 없는 남인데, 왜 아내가 이 사고 소식을 알리러 꿈에 일부러 나를 찾아왔을까 하고 생각해 봤으나, 그 이유를 알 수 없었다. 아마도 다음 날 큰 사건이 일어날 것이라는 것을 미리 알고, 그 사실을 알려주려고 왔을 것이라는 대답밖에는 다른 이유가 없는 것 같았다.

그런데 아내는 그 사실을 어떻게 미리 알았을까?

영혼에게는 그와 같은 미리 내다보는 힘이 있는 것일까?

(2) 친구의 죽음

그리고 나는 이와 비슷한 꿈을 두 번 더 꾸었다. 다섯 번째 꿈을 꾼 뒤로 한 일 년쯤 지난 어느 날 밤 꿈에서, 아내와 나는 우리 친구들과 여름휴가를 함께 보내고 있었다. 내가 부산상고를 졸업할 때 친한 친구 13명과 모임을 만들어서 졸업 후에도 계속 만나기로 했다. 그러다가 서너 명이 취직을 하고, 또 몇 친구들은 다른 지역 대학으로 가기도 하면서 뿔뿔이 흩어졌지만, 그래도 서로 연락은 하고 지냈다. 그러다가 부산에 남아 있는 친구들이 새로 동기생들을 더 모아서 10명으로 모임을 다시 만들었고, 이 소식을 들은 서울에 살게 된 친구들은 부산과 마찬가지로 동기들을 더 모아서 10명으로 새로 서울지부를 만들었다.

그래서 보통 때는 부산과 서울에서 한 달에 한 번 따로 모이다가, 1년에 한 번 여름휴가 때 만나서 함께 휴가를 보내기로 했다. 그런데 마침 경남 울주시 옆에 있는 평내리에 한 친구가 살던 옛집이 있어, 여름에 그 집에서 만나기 시작했고, 그 뒤로 1년에 한 번씩 꼬박꼬박 같은 만남을 이어갔다. 결혼한 뒤로는 아내들과 아이들도 함께 와서 커다란 모임이 되었다.

그날 밤 꿈에 나와 아내는 친구들과 평내리의 친구 집에서 여름휴가를 함께 보내고 있었는데, 내 옆에 있던 그 집주인 친구가 갑자기 주머니에서 어떤 물건을 꺼내어 만지작거리는데 자세히 보니 권총이었다. 그리고는 "이거 내가 어디서 구했는데, 제대로 작동되는지 모르겠다. 연습을 해봐야지." 하면서 좀 떨어져 서 있는 한 친구에게 총을 겨누는가 싶더니 어느 결에 방아쇠를 당겨버리는 것이었다. 그러자 그 친구는 곧바로 그 자리에 쓰러져 버렸다.

내가 놀라서 말했다. "이 친구야 너 사람 죽이겠다. 총 저리 치워!" 하다가 잠에서 깼다.

다음 날 아침 10시쯤, 지난밤 꿈에 친구를 총으로 쏜 그 집주인 친구에게서 전화가 왔다. 그런데 놀랍게도 그 친구는 엊저녁에 아무개가 죽었다고 말을 전하는 게 아닌가! 지난 꿈에 그 집주인 친구의 총에 맞은 바로 그 친구였다. 그렇다면 엊저녁 꿈은 그 친구가 죽었다는 것을 이 친구가 내게 알려줄 것임을 아내는 미리 내게 알려주러 온 셈이다. 알아차리고 보니 너무나 놀랍고 신기한 일이었다.

아내의 영혼은 어떻게 그 친구가 죽고 또 그 집주인 친구가 그 사실을 내게 전화로 알려줄 것인지를 미리 알았을까? 생각하면 할수록 영혼의 신비로운 힘은 나를 매혹시켰다.

(3) 사부인의 죽음

지난번 꿈을 꾼 뒤, 두 해쯤 지난 어느 날 밤에 또 아내 꿈을 꾸었는데, 아내가 나를 찾아오더니 "여보, 나랑 같이 나가요." 하면서 재촉해서 밖으로 같이 나갔다. 아내는 나를 끌고 알지도 못하는 길을 이리저리 돌아서 한참을 가더니, 드디어 어느 아파트 앞에 서는 것이었다. 보니 우리 둘째 딸이 살고 있는 아파트였다.

나는 속으로 '이 사람이 무슨 일이 있어서 둘째에게 전화로 알리지도 않고 불쑥 이렇게 둘째 네 집으로 찾아왔지? 하고 의아해하는데, 그 순간 아내는 사라지고 없었고, 나는 이리저리 아내를 찾다가 꿈은 끝나고 말았다.

그 꿈을 꾼 지 사흘 뒤 둘째에게서 전화가 왔는데, 자기 시어머니가 돌아가셨다고 했다. 그러고 보니 아내는 그 사부인의 죽음을 미리 알고 나에게 알려 주러 왔던 것이다! 그런데 여기에는 그럴 만한 사연이 있었다.

당시 둘째의 시부모님은 우리 둘째 사위의 형님인 큰아들 내외가 모시고 살고 있었는데, 이 큰아들 내외는 효성이 지극하여 결혼한 뒤부터 그때까지 줄곧 부모님을 모시고 살았다. 그런데 그 큰며느리가 어느 날 병이 들어 몸져눕게 되었다. 그러자 그 남편인 큰아들은 자기 아내에게 더 이상 부모님을 모시라고 할 수 없다는 사실을 깨닫고는, 동생인 나의 둘째 사위를 불러서 사정을 설명하고 "형수가 저렇게 몸져누웠으니, 당분간 부모님을 모시라"고 동생에게 부탁했다.

이 말은 들은 동생은 흔쾌히 그러겠다고 대답하고, 돌아오다가 생각해 보니, 형님에게 선뜻 대답하기에 앞서 자기 아내에게 사정을 설명하고 양해를 구하는 게 먼저였다는 사실이 마음에 걸렸다. 그래서 그는 며칠 동안 아내에게 말하지 못하고 혼자서 끙끙거리며 고민하다가 드디어 결심하고, 어느 주말 저녁, 아내를 데리고 밖으로 나가서 근사한 레스토랑에서 밥을 사면서 조용히 사정을 설명한 다음, 아내의 양해를 구했다.

그 말을 들은 나의 둘째 딸은 "여보, 자식이 부모를 모시는 것은 당연한 일인데, 이것이 무슨 대단한 일인 것처럼 당신은 며칠 동안이나 말도 못 하고 혼자서 고민하고 있었어요? 참 미련한 사람이네. 그래서 나를 구슬리려고 이렇게 비싼 저녁을 샀어요? 나 참, 여보 일어나요. 빨리 갑시다."

둘째 딸은 남편을 재촉해서 그길로 바로 형님네 집으로 가서는 "어머니 아버지, 빨리 일어나서 짐 챙기세요." 하고는 영문도 모른 채 두리번거리는 시부모님을 재촉해서 서둘러 짐을 챙겨 가지고 나오면서 큰며느리에게 "형님, 나머지 것들은 다음에 천천히 와서 챙겨 갈게요. 몸조리 잘하세요."라고 간곡히 당부했다. 그길로 집에 온 둘째 딸은 중학교에 다니는 외동아들의 방을 비우고, 간단하게 부모님 모시는 준비를 마쳤다.

한편, 나의 둘째 사위는 평소에 따지기 잘하고 깐깐한 아내를 약간은 어려워했으며, 더구나 요즈음 젊은 며느리들은 부모 모시기를 매우 꺼린다는 사실을 잘 알기 때문에 말 꺼내기가 망설여졌는데, 막상 말을 꺼내기가 무섭게 아내가 주저 없이 받아들이는 것을 보고는 너무나 의외여서 속으로 많이 놀랐다.

그래서 어느 날 다시 아내를 밖으로 데리고 나가서 밥을 사면서 이렇게 말했다. "여보 사실은 말이야. 나 당신이 부모님 모시지 않겠다고 할까 봐 몹시 걱정이 되었어. 그래서 쉽게 말을 꺼낼 수가 없었는데, 그런데 의외로 당신이 너무나 쉽게 받아들이고 부모님을 모셔 오는 것을 보고, 내가 당신을 너무나 몰랐다는 것을 알고는 마음속으로 당신에게 미안하게 생각했어. 여보, 당신 너무 고마워요.”

그러자 둘째는 “여보, 우리는 어렸을 때부터 우리 할아버지와 함께 살았어요. 그래서 우리 형제들은 자식이 부모를 모시는 것이 너무나 당연하다고 생각하고 있어요. 그 일이 우리에게는 새삼스러운 일이 아니니 나에게 고맙다고 말할 필요 없어요.” 하고 가볍게 대답했다.

이 말을 들은 우리 둘째 사위는 자기 아내를 마음으로부터 존경하게 되었다고 했다.

그 부모님 또한 마찬가지였다. 평소에 이것저것 야무지게 따지는 둘째 며느리였기에 선뜻 함께 지낸다는 것이 망설여졌지만, 며느리가 조금도 어려워하지 않고 자기들을 집으로 모시고 가서는 아들 방을 비워서 거처를 마련하는 것을 보고, 그 부모님은 이 둘째 며느리를 다시 보게 되었다.

둘째는 음식솜씨가 좋은 시어머님을 부엌으로 모시고 가서는 “어머님 부엌 살림도 이쪽에 차리세요. 그리고 아무 때나 부엌 쓸 일이 있으실 때는 마음대로 쓰세요.”

요즈음 시부모를 모시는 며느리라도 자신의 부엌에 시어머니가 드나드는 것을 싫어하는 며느리들이 있어서 시어머니들이 어려워한다는 사실을 알고 있는데, 이 며느리는 그 사실을 미리 알았는지 처음부터 마음을 편케 해주어서 시어머니는 속으로 놀랐다.

그런데 그 시어머니를 더욱 놀라게 한 것은 그다음 날 며느리가 직장에서 퇴근해 오자마자, 시어머니에게 미주알고주알 회사에서 있던 일을 이야기해주는 것이었다.

시부모를 모시고 사는 며느리라도 대개는 시부모와 이야기 나누기를 어려워하는데 이 자신의 둘째 며느리는 조금도 스스럼없이 마치 자기 친정어머니를 대하듯이 편하게 시어머니에게 이야기를 건네는 것이었다. 이것이 처음 한 번 생색내느라고 그러려니 생각했는데, 다음 날도 그 다음 날도 계속해서 이야기를 건네는 것을 보고 그 시어머니는 그만 감동하고 말았다.

겉으로 보기에는 깍쟁이처럼 깐깐할 것 같았는데, 실제로 살아보니 자신들이 처음 생각했던 까다로운 이미지의 며느리가 아닌 소탈하고 매우 편한 성품의 사람이라는 것을 알고, 드디어 이 둘째 며느리에게 마음의 문을 열게 되었다. 더구나 하나뿐인 딸이 일본 사람에게 시집을 가서 일본에 살고 있기 때문에 평소에 만나고 싶어도 자주 만날 수 없어서 딸을 그리워하고 있었는데, 이 둘째 며느리가 생각지도 않게 쉽사리 이야기 상대가 되어주니, 마치 며느리가 아니라 친딸인 것처럼 생각되어 너무나 기뻤다.

그런데 음식솜씨가 좋은 이 시어머니는 명절 때 제사음식을 스스로 장만하는 것을 자신의 의무로 알고 비록 큰며느리가 모시고 살아도 명절 때 제사음식만은 꼭 자신이 직접 챙겨서 장만하고 있었다.

그래서 그해 추석을 앞두고 시어머니가 제사음식을 준비하는 것을 보고, 우리 둘째 딸은 그 시어머니에게 부탁했다.

"어머님, 저어 우리 친정엄마가 몸이 아파서 명절 음식을 준비하지 못한 지가 벌써 여러 해가 되었어요. 그래서 부탁인데, 어머니 제사음식 준비하실 때 한두 가지만 좀 더 많이 만들어서 저희집에 가져갈 수 있게 해주시겠어요?"

"아뿔싸, 내가 그 생각을 미처 못 했구나. 만들어 주고말고."

그렇게 음식을 만들어서 건네주셨고, 우리 둘째 딸은 명절날 오후에 그 음식을 우리집으로 가져왔다.

그 음식을 받은 나의 아내는 이렇게 마음 써주시는 둘째 딸의 사부인이 너무 고마웠다. 나이도 자신보다 훨씬 많은 연로하신 사부인께서 비록 몸은 아프지만 젊은 사부인을 위해 이렇게 음식을 정성스레 장만해서 며느리에게 들려

보내주시는 성의가 고마워서, 아내는 명절이 지난 며칠 뒤에 둘째딸네 집으로 가서 사부인을 만나 뵙고, 준비해 가지고 간 선물을 전하면서 고맙다는 인사를 건넸다.

그러자 사부인은 "딸을 그렇게 잘 가르쳐서 내 집으로 시집보내주신 것만으로도 고마운 일인데, 내가 음식 좀 마련한 것이 무에 대순가요?" 하면서 도리어 아내에게 고맙다는 인사를 하셨다.

이렇게 해서 두 사부인은 가깝게 지내게 되었다. 그런데 몸져누웠던 그 큰며느리는 3년이 지난 뒤에 몸이 회복되자 곧바로 시부모님을 도로 모시고 갔다. 그러나 그 뒤로도 사부인은 명절만 되면 변함없이 음식을 장만해서 우리 집으로 보내주셨다. 아파서 음식 장만을 못하실 때까지 계속 그렇게 하신 것이다.

그런 사부인이 이렇게 돌아가신 것이었다. 아내는 살아생전 살갑게 지내던 둘째 딸 사부인이 돌아가실 줄을 미리 알고는 내게로 와서 그 사실을 알려 주었던 것이다!

그러고 보면, 영혼의 미리 내다보는 힘은 정말이지 대단한 것 같다. 그런데 아내 영혼의 미리 내다보는 힘은 주로 죽음에 관한 능력인 것 같다. 아마도 영혼의 세계에서는 영혼들이 써두고 간 삶의 서약서에 따라 영혼의 세계로 다시 돌아오는 영혼의 명단을 며칠 앞서, 예를 들어, 일주일 전에 영혼들이 맞이할 준비를 하라고 예시하는지도 모르겠다.

그러니 그것을 보고 아내 영혼이 나에게 그 내용을 알려준 것인지도 모르겠다는 생각이 든다. 그래서 우리나라의 무속인들이 죽을 사람을 예측하는 것이 거의 모두가 맞는다는 사실도 이와 같은 이유 때문일 수 있겠다는 생각이 매우 강하게 든다.

영국의 유명한 시인 바이런은 36살에 발칸반도의 정치에 관심을 갖고, 튀르키예와 싸우고 있는 그리스를 돕기 위해 그리스로 갔으나, 말라리아에 걸려 죽고 말았는데, 그의 죽음은 일찍이 한 점술사가 그의 어머니에게 "당신 아들은 36살에 죽을 것이다."라고 한 예언이 정확하게 맞은 셈이었다.

9. 사람의 예지력

마이클 탤보트의 같은 책의 내용을 다시 살펴보자.

지난날을 마음대로 불러낼 수 있는 힘을 지닌다는 것은 우리를 어지럽게 만들지도 모르지만, 그 정도는 앞날 또한 우주의 홀로그램 속에서 불러낼 수 있다는 생각에 비한다면 아무것도 아니다. 그런데 적어도 부분적이나마 앞날의 사건을 지난날을 보듯 쉽게 볼 수 있다는 사실을 입증하는 엄청난 증거들이 있다.

미리 알아보는 경험이 지니고 있는 홀로그램적인 성질은 앞날을 예언하는 힘이 하나의 홀로그램 현상임을 또다시 증명한다. 참고로 홀로그램 현상이란 다음과 같이 만들어지고, 다음과 같은 특성을 갖는다.

곧, 홀로그램 사진술을 가능케 하는 것 가운데 하나는 파동의 간섭현상이다. 간섭이란, 둘 이상의 파동, 예컨대 물결이 서로 엇갈릴 때 생기는 간섭무늬이다. 예컨대 돌을 연못에 던지면 밖으로 퍼져나가는 동심원 모양의 물결무늬가 생긴다. 연못에 2개의 돌을 던지면 2개의 물결무늬가 서로 가로지르면서 퍼져나가는 것을 볼 수 있을 것이다.

이러한 물결무늬가 서로 부딪치면서 생기는 골과 마루의 복잡한 배열을 간섭무늬라고 한다.

빛이나 전자 물결의 성질을 함께 지닌 모든 현상이 간섭무늬를 만들어낼 수 있다. 레이저 빛줄기는 고도로 순수하고 응집성이 있는 빛이므로 이것은 특히 간섭무늬를 만들기에 좋다. 말하자면 레이저 빛은 완벽한 연못과 돌이 되어주는 것이다. 오늘날 우리가 알고 있는 것과 같은 홀로그램이 만들어질 수 있었던 것도 레이저 빛이 발명된 뒤의 일이다.

홀로그램은 하나의 레이저 빛줄기를 두 갈래로 나누어서 만든다. 첫 번째 빛줄기는 피사체에 되비치게 한다. 그리고 두 번째 빛줄기를 피사체에서 되비친 빛줄기에 부딪치게 한다. 이렇게 되면 그것은 서로 간섭무늬를 만들어내고, 그 간섭무늬는 필름 위에 적힌다.

눈으로 보면 필름에 찍힌 상은 피사체와는 상관이 없어 보인다. 실제로 그것은 연못에 돌을 한 움큼 집어던졌을 때 생기는 무수한 동그라미의 물결들처럼 보인다. 그러나 여기에 또 다른 레이저 빛줄기(또는 그저 흰색 빛줄기)를 비추면 피사체의 3차원 입체상이 다시 나타나는데, 이 입체상은 자주 소름이 끼칠 정도로 진짜 같다.

실제로 당신은 마치 실물을 보듯이 홀로그램 화상의 주변을 돌면서 여러 가지 다른 각도에서 그것을 바라볼 수 있다. 그러나 손을 뻗쳐서 그것을 만져보려고 하면 손은 허공을 지나가고 거기엔 아무 것도 없다는 사실을 깨닫게 될 것이다.

홀로그램의 놀라운 점은 3차원의 입체상만이 아니다. 사과의 입체상을 담고 있는 필름을 반으로 잘라 거기에 레이저 빛줄기를 비출 경우, 각각의 반쪽짜리 필름은 여전히 전체 사과의 입체상을 담고 있음을 알게 된다. 이 각각의 반쪽 필름들을 또 반으로 자른다고 해도 그 작은 조각의 필름들로부터 여전히 사과의 전체상을 되살려낼 수 있다.

필름조각이 작아질수록 상은 점점 희미해지지만. 보통의 사진과는 달리 모든 필름조각들은 필름 전체에 적힌 정보를 담고 있다.

심령가들은 지난날을 내다보는 힘과 마찬가지로 앞날을 미리 내다보는 힘이 보여주는 정보도 3차원의 입체 이미지로 나타난다고 말한다. 쿠바 태생의 심령가인 토니 코데로(Tony Codero)는 자신이 앞날을 볼 때 그것은 마치 마음속의 영화를 보는 것 같다고 말한다.

코데로가 그런 것을 처음 본 것은 어릴 때였는데, 공산당이 쿠바를 지배하는 광경을 보았다고 말한다.

"나는 가족들에게, 쿠바 전역에 붉은 깃발이 꽂힌 것을 보았으며, 우리 가족이 쿠바를 떠날 것이며, 많은 가족들이 총살당할 것이라고 말해주었다. 나는 친척들이 총살당하는 광경을 보았고, 화약 냄새를 맡고 총소리를 들을 수 있었다. 나는 내가 그 상황 속에 들어있는 것처럼 느낀다. 나는 사람들이 이야기하는 소리를 들을 수 있지만, 그들은 내 말이나 모습을 알아차리지 못한다. 그것은 마치 시간이나 뭐 그런 것 속으로 여행하는 것 같다."

(1) 사람 몸의 에너지장

실제로 주파수 현상을 볼 수 있는 힘과 이어져 있는 듯한 한 가지 신비현상은 오라(aura), 곧 사람 몸의 에너지장(energy-field)이다. 사람 몸을 둘러싸고 있는 미묘한 에너지장, 곧 정상적인 사람이 알아볼 수 있는 범위 너머에 후광과 같은 빛의 막이 있다는 생각은 고대의 여러 전통 속에서 찾아볼 수 있다.

인도에서는 5,000년 이상 거슬러 올라가는 경전들 속에 '프라나'라는 생명 에너지에 관해서 말하고 있다. 중국에서는 기원전 3,000년부터 이것을 '기(氣)'라 부르고, 이 에너지가 침술 체계의 경락을 따라 흐른다고 믿어왔다.

기원전 600년에 일어난 유태교의 신비철학인 카발라는 이 생명원리를 '네피시(nefish)'라고 부르고, 모든 사람의 몸을 달걀 모양을 한 무지개 빛깔의 거품이 둘러싸고 있다고 가르친다.

많은 문화권에서 고도로 영적인 사람의 오라는 매우 밝아서 정상적인 사람의 눈에도 보인다고 믿고 있다. 기독교를 믿는 나라들, 중국, 일본, 티베트, 이집트 등의 여러 문화전통에서 그림 속의 성자들이 머리둘레에 후광이나, 다른 원형의 상징물을 지니고 있는 모습으로 그려져 있는 것도 이 때문이다. 그러나 보통의 조건에서 사람 몸의 에너지장은 그것을 볼 수 있는 특별한 능력을 지닌 사람에게만 보인다. 어떤 사람들은 그런 능력을 타고난다.

은비학(隱秘學)적 전통에 따르면, 인간은 보이는 육체와 보이지 않는 네 가지 층의 생명 에너지로 구성되어 있다고 한다. 그 가운데 널리 알려진 바로는 이 에너지층은 육체에 가까운 순서대로 에테르체(ethereal body), 아스트랄체(astral body), 멘탈체(mental body, 정신체), 코잘체(causal body, 원인체)로 불린다.

에테르체는 몸 바로 바깥을 5~8cm 두께로 감싸고 있는 에너지층으로 이곳에 이상이 생기면 곧바로 몸의 병으로 나타난다.

아스트랄체는 에테르체와 가까이 있으며, 육체를 달걀 모양으로 둘러싸고 있다. 사람의 마음 상태에 따라 색깔이 달라진다.

멘탈체는 아스트랄체보다 더 가늘고 촘촘하며 단계가 높은 생체 에너지로서, 사람의 생각에 따라 곧바로 영향을 받는다. 사람의 머리 부분에 나타나는 후광은 의식의 단계가 높아진 사람들에게 나타나는 멘탈체이다.

코잘체는 맨 바깥에 있는 가장 가늘고 촘촘한 에너지층으로 시간과 공간을 넘어 존재하며, 전생 윤회하는 바탕 존재로서 수련단계에 따라 크기가 엄청나게 커지는 에너지층이다.

인도의 요가경전과 많은 심령가들에 따르면, 사람의 몸 안에는 특별한 에너지 중추가 있다고 한다. 이 미묘한 에너지 중추는 몸의 내분비선과 주요 신경중추와 이어져 있지만, 동시에 에너지장 속으로도 퍼져 있다. 이것들을 정면에서 보면 에너지의 소용돌이처럼 보이므로, 요가 문헌에서는 이것을 산스크리트어로 '차크라(chakra)', 곧 '바퀴'라고 하는데 이 말은 오늘날까지도 쓰인다.

머리 꼭대기에서 시작되어 중추까지 이어지는 차크라는 투시가들에 따르면, 에너지장 속에서 소용돌이치는 작은 태풍처럼 보인다고 한다. 사람 몸의 에너지장은 언제나 창백한 푸른색만은 아니고 여러 가지 색깔을 가질 수 있다.

능력 있는 심령가들의 말에 따르면 이 색깔과 농도, 그리고 오라 속에서의 색과 자리 등이 그 사람의 정신적, 정서적 상태, 활동, 건강, 그리고 나뉜 기타 요소들과 관계된다고 한다.

매우 능력 있는 사람들 가운데 한 사람인 바바라 브레넌(Barbara Brennan)은 원래 나사의 고다드 우주비행센터에서 근무한 대기권 물리학자였는데, 뒤에 상담가가 되었다.

그녀는 자신이 심령의 힘을 가졌다는 사실을 처음 알게 된 것은 어릴 적 숲 속에서 눈을 가리고도 손에 느껴지는 나무의 에너지만으로 나무를 피해 다닐 수 있다는 사실을 알고부터였다.

상담가가 된 지 몇 년 뒤, 그녀는 사람들의 머리 주위에서 색깔이 있는 후광을 보기 시작했다. 처음의 충격과 의심을 이긴 뒤 그녀는 자신의 힘을 계발하기 시작했다. 그녀는 차크라와 여러 층, 그 밖의 미묘한 몸의 에너지장을 매우 뚜렷하게 볼 수 있을 뿐 아니라, 자신이 보는 것을 바탕으로 놀라울 정도로 올바른 처방을 내릴 수 있다.

한번은 그녀가 한 여자의 에너지장을 보고 나서 그녀의 자궁에 이상이 있다고 진단했다. 그 여자는 브레넌에게 의사가 이미 같은 문제를 찾아냈으며, 그 때문에 한번 유산을 했다고 말했다.

또 한번은 한 남자가 열두 살 때 꼬리뼈를 다쳤기 때문에 성생활을 할 수 없다고 말했다. 아직도 제자리를 찾지 못한 꼬리뼈가 척추에 무리한 압박을 가하고 있었고, 이것이 그의 성불구의 원인이었다.

몸의 에너지장을 봄으로써 브레넌이 알아낼 수 없는 것은 거의 없어 보인다.

(2) 오라 속의 3차원 이미지

만일 이 매우 미묘한 에너지가 몸의 에너지장을 이루고 있는 것이라면, 이것은 우리와 친숙해져 있는 그런 종류의 에너지와는 다른 성질을 지니고 있음에 틀림없다. 이 가운데 하나는 몸 에너지장의 자리를 넘어선 성질에서 뚜렷이 나타난다.

또 다른, 특히 홀로그램적인 성질은 오라가 에너지의 정형적 형태가 아닌 얼룩무늬로 나타나거나, 가끔은 3차원의 입체상으로 나타나는 힘이다. 힘 있는 심령가들은 흔히 이러한 '홀로그램'이 사람들의 오라 속에 떠있는 것을 본다고 한다. 이런 영상(이미지)은 대개 어떤 물건이나 생각의 영상으로서 그 사람의 생각 속에 중요한 자리를 차지하고 있는 것들이다.

베아트리체 리치(Beatrice Rich)는 이런 심령가들 가운데 한 사람이다. 그녀의 힘은 어릴 때부터 나타났다. 그녀가 어렸을 때 주위의 물체들이 가끔씩 혼자서 움직이곤 했다.

좀 더 컸을 때, 그녀는 자신이 정상적인 방법으로는 알 길이 없는 사람들에 관한 사실들을 알고 있음을 깨달았다. 그녀는 화가가 되었지만, 자신의 꿰뚫어 보는(투시) 능력이 매우 뛰어나다는 것을 깨닫고는 전업 심령가로 나서기로 결심했다.

이제 그녀는 주부에서 기업체 사장에 이르기까지 각계각층 사람들을 위해 자신이 본 것을 설명해 주고 있다. 그녀는 내담자들의 주위에 떠다니거나 맴돌고 있는 이미지들을 자주 본다.

한번은 어떤 남자의 머리 주변에 은숟가락, 은쟁반, 그와 비슷한 물건들의 모습이 떠돌고 있는 것을 보았다. 처음에는 그녀도 자신의 눈에 왜 이런 것들이 보이는지 몰랐다. 하지만 그 사실을 그 남자에게 말해준 뒤에야 그가 바로 그런 물건들을 수출입하는 무역업자임을 알게 되었다.

미국의 심령가 캐럴 드라이어(Carol Dryer)도 이와 비슷한 경험을 했다. 한번은 어떤 여자와 상담하는 동안 그녀의 머리 주위에 여러 개의 감자가 떠돌고 있는 모습을 보았다.

처음에는 그녀도 리치처럼 놀랐지만, 용기를 내어 그 여자에게 감자가 어떤 특별한 뜻이 있는지 물어보았다. 그 여자는 웃음을 터뜨리면서 명함을 건네주었다. 그녀는 아이다호주의 감자작목협회 위원이었다.

(3) 오라 속의 영화

심령가들이 보는 에너지장 속의 영상은 늘 멈추어 있는 것이 아니다. 리치는 내담자의 머리 주위에서 돌아가는 마치 작은 영화 같은 투명한 동영상을 자주 본다고 말한다.

"가끔 나는 사람들의 머리나 어깨 너머로 그들이 일상적인 행위를 하고 있는 줄어든 장면을 봅니다. 나의 고객들은 나의 설명이 아주 똑바르고 구체적이라고 말합니다. 나는 그들의 사무실 모습과 그들의 상사가 어떻게 생겼는지 볼 수 있습니다. 그들이 지난 6개월 동안 무엇을 생각해 왔고, 그들에게 어떤 일이 일어났는지도 알 수 있습니다. 최근에 한 고객에게 그녀의 집이 보이고, 벽에 플룻과 가면이 걸려 있다고 말해주었습니다.”

드라이어는 자신도 사람들의 에너지장 속에서 입체영화 같은 것을 본다고 말한다.

“대개 그것은 색깔이 있지만, 갈색이거나 광택사진처럼 보일 때도 있습니다. 그것은 보통 그 사람에 관한 이야기를 전해주는데, 5분에서 1시간 동안 진행됩니다. 그 영상은 또 믿기 어려울 정도로 상세합니다. 만약 어떤 사람이 방안에 앉아 있는 것을 본다면 그 방안에 화분이 몇 개나 있는지, 화분마다 잎은 몇 개씩 달려있는지, 벽에는 몇 개의 벽돌이 쌓여 있는지까지도 알 수 있습니다.”

드라이어는 자신이 보는 이미지를 홀로그램에 비유하는데, 그녀가 어떤 이미지를 골라서 그것을 지켜보고 있으면 그것은 커져서 방 전체를 채워버린다고 한다.

“내가 만일 어떤 사람의 어깨에 생긴 일, 예컨대 어깨의 부상을 바라보고 있다면, 그 광경은 갑자기 커진다. 이럴 때 나는 그것이 홀로그램이라는 느낌을 갖는데, 왜냐하면 내가 그 속으로 들어가서 그 일부가 될 수 있을 것같이 느껴지기 때문이다. 그것은 나를 온통 둘러싸고 있다. 그것은 마치 내가 그 사람과 함께 입체영화, 곧 홀로그램 영화 속에 들어있는 것과 같다.”

사람 몸의 에너지장 속에서 영상을 꿰뚫어 보는 힘은 새로운 것이 아니다.

거의 300년 전 스웨덴의 신비가인 엠마누엘 스웨든보그(Emanuel Swedenborg)는 자신이 사람들 주위에서 ‘물결 모양의 물질(wave-substance)’을 볼 수 있으며, 그 물질 속에 그 사람의 생각이 ‘그림’으로 나타나 보인다고 보고했다. 그는 다른 사람들이 몸 주위에 있는 이 물결 모양의 물질을 보지 못하는 이유에 대해 이렇게 말했다.

"나는 생각의 단단한 개념이 마치 일종의 물결에 둘러싸여 있는 것 같은 모습을 볼 수 있습니다. 하지만 보통 사람들의 감각에는 한가운데 있는 단단해 보이는 것밖에는 아무것도 느껴지지 않습니다."

그는 자신의 에너지장 속에 있는 그림도 볼 수 있었다.

"내가 아는 사람에 대해 생각하고 있을 때는 그의 모습이 사람의 모습으로 나타나는데 그 주변으로는 내가 어린 시절부터 그에 대해서 생각하고 알아왔던 모든 내용들이 마치 물이 흐르듯이 물결친다."

(4) 지난날 장면을 돌아보는 힘

마이클 텔보트는 또 이런 예를 들어준다.

·········

그가 허공을 바라보고 있는 동안 그가 있던 방은 유령처럼 희미하게 사라지고, 그 자리에 먼 지난날의 장면이 나타났다.

"갑자기 그는 한 궁전의 안뜰에 서 있었고, 그의 앞에는 매우 예쁜 올리브색 피부의 젊은 여인이 서 있었다. 그는 그녀의 목과 팔목과 발목에 걸린 보석 금붙이와 살갗이 비치는 흰색 드레스와 사각형의 높은 관 아래로 기품 있게 땋아 올린 검은 머리를 볼 수 있었다.

그가 그녀를 바라보는 동안 그녀의 생애에 관한 정보들이 물밀듯 그의 마음속으로 들어왔다. 그는 그녀가 이집트 사람이고 파라오의 딸이 아니라, 왕자의 딸이라는 것을 알 수 있었다.

그녀는 결혼했고, 남편은 여윈 몸매로, 여러 가닥으로 가늘게 땋은 머리가 얼굴 양옆으로 흘러내려 있었다.”

그는 이 광경을 앞으로 지나가게 하여 마치 영화를 보듯이 그 여인의 삶의 내력을 훑어볼 수 있었다.

“그는 그녀가 아이를 낳다가 죽는 것을 보았다. 그는 그녀의 시신이 방부 처리되는 복잡하고 지루한 과정과 장례 행렬, 그녀가 석관 속으로 안치될 때 행해진 의식을 보았고, 그 장면이 다 사라지자, 다시 방안의 모습이 시야 속으로 들어왔다.”

………

(5) 예지력 실험

마이클 탤보트가 소개한 예지력에 관한 이런 예도 있다.

………

몬테규 울만은 매모나이드 의료원의 꿈 실험실에서 심리학자 스탠리 크리프너(Stanley Krippner)와 연구원 찰스 아너턴(Charles Honorton)과 함께한 연구 결과, 꿈에서도 정확한 미리 내다보는 정보를 얻어낼 수 있다는 증거를 얻어냈다.

그들의 연구에서 자원자는 잠 실험실에서 연이어 8일 밤을 지냈는데, 그들은 다음 날 마음대로 골라서 그들에게 보여주게 될 그림에 대해 꿈을 꾸도록 애써보라는 요청을 받았다.

울만과 그의 동료들은 이들이 8일 가운데 하루쯤은 성공하리라고 기대했는데, 어떤 실험자는 8일 가운데 5일이나 맞히는 높은 적중률을 보였다. 예컨대, 한 자원자는 잠에서 깬 뒤 꿈에서 ‘환자’가 ‘큰 콘크리트 건물’에서 도망가려고 애쓰는 모습을 보았다고 했다. 그 환자는 의사의 가운 같은 흰옷을 입고 있었고, '아치형 입구까지밖에' 못 왔다고 했다.

꿈을 꾼 다음 날, 임의로 점찍힌 그림은 반 고흐의 '상 레미 병원의 복도'였는데, 이것은 무겁고 썰렁한 복도 끝의 아치형 문 아래를 황급히 빠져나가려고 하는 한 환자의 모습이 그려진 수채화였다.

스탠퍼드 연구소의 푸토트와 타그는 멀리 떨어져서 보는 실험에서 피실험자들은 현재시간에 먼 곳에 있는 관찰자가 보고 있는 장면을 심령적으로 묘사해내는 능력을 보여줄 뿐 아니라 관찰자가 앞으로 방문할 곳을, 그것도 그곳이 정해지기에 '앞서' 묘사해낼 수 있다는 사실을 발견했다.

예컨대, 한번은 직업이 사진사이고 비범한 능력을 보여준 헬라 햄미드(Hella Hammid)라는 피험자에게 앞으로 30분 뒤 푸토트가 가 있게 될 곳을 묘사해 보라고 지시했다.

그녀는 의식을 모으더니

"그가 '쇠로 된 검은색 삼각형' 안에 들어가고 있는 모습이 보인다"고 말했다. 그 삼각형은 '사람 크기보다 컸고' 그것이 똑바로 어떤 물건인지는 모르겠지만, '약 1초에 한 번씩' 규칙적으로 삐걱거리는 소리가 들린다고 했다.

그녀가 이것을 하기 10분 앞서 푸토트는 멘로공원과 팔로알토 지역으로 30분 동안 드라이브하러 나갔다. 30분이 지난 뒤, 또한 햄미드가 검은 삼각형을 본 사실을 적어놓고 나서 충분한 시간이 지난 뒤, 푸토트는 10개의 다른 목표지점이 적힌 종이가 들어 있는 10개의 봉인된 봉투를 꺼냈다.

그는 임의수 산출기를 써서 그 봉투 가운데 하나를 골랐다. 그 속에는 실험실에서 6마일쯤 떨어져 있는 작은 공원의 주소가 적혀 있었다. 그는 그 공원으로 차를 몰았다.

그곳에 도착한 그는 아이들이 쇠로 된 삼각형의 그네를 타고 있는 것을 보고 그네 위에 앉았다. 그가 그네에 앉아 있을 때, 그네는 앞뒤로 흔들리면서 규칙적으로 삐걱거리는 소리를 냈다.

크로이제트(Croiset)가 고안해낸 유명한 실험방법인 이른바 '의자실험'의 결과는 보다 더 극적이다. 먼저, 실험자는 곧 공연이 열릴 큰 연주회장이나 공연장의 자리 가운데서 한 자리를 고른다. 그 공연장은 전 세계 어디에 있든 상관없고 다만 자리가 아직 예약되어 있지 않은 공연만이 실험 대상이 될 수 있다.

그리고는 공연장의 이름이나 위치, 공연의 성격 등을 알려주지 않은 상태에서 실험자는 이 네덜란드 태생의 심령가로 하여금 문제의 공연 날 저녁 어떤 사람이 그 자리에 앉게 될지 알아맞히게 하는 것이다.

크로이제트는 25년 동안 유럽과 북미의 수많은 연구자들로부터 엄밀한 의자실험을 받았는데, 그는 거의 언제나 그 의자에 앉을 사람의 성별, 얼굴 모양, 옷차림새, 직업, 심지어 지난날에 일어난 일까지 정확하고도 상세한 정보를 알아낼 수 있음이 밝혀졌다.

예컨대, 1969년 1월 6일 콜로라도대학교 의과대학 정신과 교수인 줄 아이젠버드(Jule Iisenbud) 박사가 행한 실험에서 크로이제트는 1969년 1월 23일에 있을 한 행사의 자리 가운데 한 의자를 골랐다는 통보를 받았다.

이때 네덜란드의 유트렉트에 있었던 크로이제트는 아이젠버드에게 "그 의자에 앉게 될 사람은 키가 157cm인 남자이고, 검은 머리를 뒤로 곧게 빗어 넘겼고, 아랫니에 금니가 있으며, 엄지발가락에 흉터가 있고, 과학계와 산업계에서 일했으며, 그의 실험복은 가끔 녹색 화학약품으로 얼룩진다."고 말했다.

1969년 1월 23일 콜로라도의 덴버에 있는 공연장의 그 자리에 앉았던 사람은 크로이제트의 묘사와 한 가지만 빼고 정확히 일치했다. 그의 키는 157cm가 아니라 159cm였던 것이다.

·········

(6) 뛰어난 예지력

우리나라의 무녀들 가운데에도 미리 내다보는 힘이 뛰어난 이들이 있었다. 여기에 몇 가지 사례를 소개한다. 여기 나온 사례는 서정범의 책 『한국무속인 열전』의 내용을 정리한 것임을 밝혀둔다.

① 무속인 이복순

서울 서초구 방배동에 사는 이복순(49세) 씨의 아버지는 그녀가 여섯 살 때 돌아가셨다. 5남매나 되는 자식들을 거느린 어머니의 생활은 매우 힘들었다.

아홉 살인가 열 살 때였다. 그때는 시골에 있을 때인데, 검은 구름이 몰려오면 비가 올 테니 어머니가 마당에 넌 벼를 걷으라고 한다.

그러나 그녀가 "비가 안 올 텐데 걷지 않아도 돼요." 하면 정말 비가 오지 않았다.

또 어떤 때는 볕이 나 있어도 "어머니, 비가 올 테니 벼를 걷어요." 하면 어머니는 '미친년!'이라고 했지만, 조금 있다가 그녀의 말대로 소나기가 퍼부었다.

어머니가 점을 볼 때, 그녀는 여덟 살이었다.

손님을 보는 어머니 옆에 앉아서, 어머니가 말하기도 전에 "저 손님은 못살겠다."고 아는 소리를 했다.

또 어떤 때는 "그 사람 죽어! 일해주지 마. 해주고 죽으면 무슨 소용 있어!" 이렇게 아는 소리를 하면, 어머니는 미쳤다고 딸을 때렸다.

어느 날 장구를 메고 춤을 추다가 갑자기 어느 집으로 달려갔다. 그 집에 들어가서 다짜고짜로 부처님을 내놓으라고 했다. 그랬더니 그 집에서는 우리는 예수를 믿기 때문에 부처가 없다고 했다.

"어제 제주도 갔다 온 사람 있잖아?" 하고 반말을 했다.

"네, 있어요. 그렇지만 부처님은 없어요."

그녀는 "이 집의 부처님을 내게 안 주면 큰일 난다."고 했다. 그래도 부처는 없다고 했다.

옆방에서 이 소란을 듣고 있던 그집 아들이 나오며 "엄마, 혹시 이거 아냐?" 하고 제주도에서 사온 돌하루방을 내놓는 것이었다.

그녀는 그것을 보자 "그래, 맞다." 하고 돌하루방을 받아서 품에 안았다. 그리고는 또 "제주도에서 사온 술 내놓아라."고 했다.

그집 아들이 고등학생인데 제주도에 수학여행을 갔다가 돌하루방과 토속주 한 병을 사왔던 것이다.

그녀는 주인아주머니에게 쌀을 담아오라고 해서는, 거기에다 돌하루방을 올려놓고 제주도에서 사온 토속주 석 잔을 따랐다. 그리고, 주인아주머니에게 "어떤 할머니가 손자를 안고 올 것이다. 그 아기가 다 죽게 생겨서 병원에 가려고 돈 30만 원을 꿔달라고 할 것이다. 그러나 그 아기는 절대 죽지 않는다."고 했다.

잠시 뒤에 그녀는 "지금 그 할머니가 왔다. 계단을 올라온다. 이제 곧 문을 열 것이다."라는 말이 떨어지자마자, 어떤 할머니가 손자를 안고 와서 "병원에 가려고 하니 돈 30만 원 꿔달라"고 하는 것이었다.

이런 사실이 너무 잘 맞으니까 주인아주머니도 놀라고, 돈을 꾸러 온 그 할머니도 놀랐다.

그녀는 "쌀 위에 놓은 부처에게 세 번 절하라."고 했다.

주인아주머니와 할머니가 세 번 절했다.

그녀는 그 할머니에게 내일 아침 7시까지 대추와 밤과 꽃을 사오라고 했다.

그러자 그집 주인아주머니는 "우리 어머니 한 번 봐달라."고 했다.

그녀는 "오늘은 안 된다. 그 대신 비밀 이야기를 하겠는데, 내가 제주도 산신 할아버지다."라고 했다.

이 말은 주인아주머니의 아버지가 일본에 가서 생사를 모르고 있었는데, 돌아가셔서 제주도 산신이 된 것이라는 말이었다. 주인아주머니는 제주도 출신이었는데, 곧바로 친정에다 전화를 해서, "아버지가 돌아가셨으니 어서 올라오라"고 말했다. 그리고는 또 자기 어머니를 좀 봐달라고 하니, 그녀는 "내일 아침 7시까지 둥근 상을 마련해주면 봐주겠다."고 했다.

그녀는 돌하루방과 쌀을 꾸려가지고, 자기 집으로 돌아갔다.

다음 날 주인아주머니는 둥근 상과 꽃을 사가지고 아침 7시에 그녀의 집으로 왔다.

이때 이 주인아주머니 친정어미의 점괘가 그녀의 눈에 선하게 보였다. 못자리가 보이고, 집터가 보였다. 묘 안에서 망자가 나오며, 집안 내용을 모두 보여주는 것이었다. 무덤에서 나오는 망자는 죽을 때 입었던 옷을 그대로 입고 있었다.

그리고 며칠 뒤에, 그 할머니가 안고 온 손자의 병이 나았다.

이복순 씨가 점을 보는 것은 아주 특이하다. 손님이 오면 다과상을 내온다. 그녀는 손님과 차를 마시고 과자를 들며 이런저런 이야기를 나누다 보면, 어느 순간에 점사(점괘)가 나온다. 그녀의 눈앞에 영화 필름처럼 점사의 내용이 펼쳐지는 것이다. 그런데 이 점사는 선녀가 하늘에서 내려와 보여준다고 한다.

② 가정주부 김여숙

36살의 김여숙 씨는 1남 2녀의 어머니이며, 남편은 직장에 다니고 부자는 아니지만, 가질 것 다 갖고 사는 가정주부이다. 그녀가 대학 2학년 때인 5월의 첫 토요일 화창한 봄날이었다. 이때 그녀의 집은 서울의 불광동에 있었다. 그녀의 집 맞은편에 꽤 높은 산이 있는데, 그때 산허리에 세워진 침례교회의 십자가가 유난히 눈에 띄었다.

대낮인데, 잠시 주위가 어두워지는 듯하더니 그 십자가에서 전기가 누전될 때 불꽃이 튀듯 십자가에서 빛이 철철 튀었다. 약 30초 동안 그렇게 튀는 것을 바라보자 눈이 부셔서 고개를 숙여 땅을 보고 있었다. 잠시 뒤, 애들 소리가 귀에 들려 정신을 차리고 보니 환한 대낮이었고, 십자가는 아무렇지도 않았다.

이 뒤로 그녀는 친구들에게 "너는 시집가서 잘살게 될 거다." "너는 시집가서 애를 많이 낳을 것이다." "너는 시집은 잘 가지만, 뒤에 못살 거다." 등 아는 소리를 해서 친구들로부터 돌았다는 소리를 듣기도 했다.

그런데 그때 말했던 것이 약 10년이 지난 뒤에 대부분 말 그대로 되었다고 한다. 그래서 그녀는 자신의 예언이 거의 다 맞아간다는 것을 깨닫게 되었다.

그녀는 대학 4년 동안 그 흔한 연애 한번 못 해봤는데, 그 이유는 그녀가 만난 남자들의 지난날의 일들을 훤히 들여다볼 수 있었기 때문이었다. 그러다가 26살에 지금의 남편을 만나 혼인을 했다. 1975년에 그녀의 예언대로 남편이 원목을 사들이기 위해 다니는 회사의 말레이시아 타와우 지점 주재원으로 파견을 나가게 되었다. 이때 가족이 모두 함께 따라갔는데, 애들이 풍토병에 걸려 열이 몹시 났다.

이곳 국립병원에 한국인 의사가 있었는데, 그 부인이 무용과 출신인 대학 선배였다. 우연히 그 선배의 손금을 보고, 남편과 생이별한 경험이 있고, 그 남자와의 사이에서 낳은 아들이 있을 거라고 했다. 이것은 그녀가 손금을 본 첫 번째 사례이고, 손금을 보는 방법을 배운 적도 없었다. 그런데도 손금을 보자 그런 말이 입에서 저절로 나왔던 것이다.

그 선배는 깜짝 놀라며 사실은 처녀로 가장해서 지금 남편과 결혼했다는 것을 실토했다. 이 선배는 그곳에서 무용학원을 차리고 있었는데, 외국인들이 그곳에 많이 드나들어 이곳 사교의 중심지였다. 그래서 거기에 드나드는 사람들의 손금을 봐주었는데, 돈을 받고 직업적으로 한 것이 아니라, 그들과 만나서 이야기를 나누는 동안에 사람도 사귀고 영어 회화도 배울 겸 해서였다. 그런데 손금을 보고 말하면 모두 맞다고 하면서 신기해했다.

그녀는 그곳 타와우에 있으면서 500여 명의 손금을 봐주었는데, 손금만 보면 그 사람에 대한 여러 가지가 컴퓨터 화면에 글자가 나타나듯 착착 눈에 보이는가 하면, 자기도 모르게 그러한 생각이 떠올랐다. 우리나라로 돌아온 뒤에도 한 달에 4, 5통씩 편지를 받고 또 문의도 해오고 있으며, 우편으로 보내온 것으로 손금을 보고 해답을 해주고 있다고 한다.

이런 사실이 친구들을 통해 전해지자, 그녀의 집으로 갑자기 손님들이 몰려오기 시작하여, 지금은 하루에 평균 10여 명의 손금을 봐주고 있다.

손금을 보면서 신기하게 느끼는 것은 예언과 꿈이 거의 현실로 나타나서 이렇게 예언하는 힘이 무엇이냐고 하는 물음이 늘 그녀를 사로잡고 있다. 무엇보다 속상한 것은 길을 걷거나 버스를 타거나 사람들이 그녀의 눈에 들어오면 그 사람에 대한 길흉이 영상으로 나타나거나, 일생이 머리에 떠오르는 것이다.

그녀가 점을 볼 때는 손님의 얼굴을 바라보고 난 다음 손금을 보는데, 이때는 몸에 열이 약간 나는 것 같고, 기침이 난다고 한다. 그러면서 컴퓨터그래픽 같이 파란 판에 흰 글씨로 점의 내용이 나타나 탁탁 넘어가면서 점사를 읽을 수 있게 해준다고 한다.

남편이 해외출장 가서 가졌던 여자와의 관계가 꿈에 보인다. 그것을 적어두었다가 돌아온 다음, 맞춰보면 남편은 모두 맞다고 한다. 어느 때 남편이 인도네시아로 출장 갔을 때 일이다. 하루는 남편이 배에서 떨어지는 꿈을 꾸었다. 며칠 뒤, 남편으로부터 편지가 왔는데 꿈대로 배에서 떨어졌다고 한다.

어떤 때는 머리가 긴 여자가 남편이 묵고 있는 호텔방에 문을 열고 들어가는 게 보였다. 돌아온 다음 확인해 보니 현지 여자와 동침한 날이었다고 한다.

그래서 그녀의 남편은 그녀를 보고 "무당이야, 무당!"이라고 한다.

어떤 때는 다음 날 올 손님이 미리 꿈에 보이기도 한다. 이렇게 꿈이 맞는 것이 자신이 신들린 것인지, 예감이 빠른 것인지 알 수가 없다. 그녀는 결혼한 뒤로 남편과의 관계에서 성적 만족을 한 번도 느껴본 적이 없다고 한다. 무당은 가정을 가질 수 없다고 하는데, 사실 그런가 보다 하는 생각이 들기도 하고, 자식들은 어머니의 이런 성향을 물려받지는 않는지 걱정이 된다고 한다.

어느 사람이든 초점만 맞추면 떠오르는 그 사람의 일생, 왠지 징을 두드리고 빗자루로 쓸면 나갈 듯한 악령, 인생의 재미보다 고생스러운 나날들, 기독교 신자로서 주님 안에 있지 않고 점쟁이가 된 자신의 처지, 생전 처음 본 남자의 아기를 낳고 싶어 하는 부도덕성, 이런 일들을 생각하면 현실을 피하고 싶은 마음뿐이라고 한다. 이제 친구들을 보면 겁이 난다. 그들의 불길, 행운 등의 이야기가 자신도 모르게 입에서 튀어나와 친구들을 당황하게 하고 분위기를 흐려놓기 때문이다.

미국으로 시집간 여동생이 있는데, 미국에서 관상을 보고 토정비결을 뒤적인다고 한다. 그녀의 어머니는 며칠 전에 시댁 피붙이가 와서 너를 당분간 괴롭힐 것이라고 하더니 정말로 며칠 지난 뒤, 시댁 친척이 여섯 달 동안이나 그녀의 집에 와있으면서 그녀를 무척 속상하게 하고 갔다.

그녀의 막내딸도 그녀가 어렸을 때와 같이 해골 그림과 부적을 그리고 있으며, 한마디씩 툭툭 던지는 게 맞아떨어지고 있다. 이렇게 보면 어머니, 자신, 동생, 딸이 모두 점쟁이 노릇을 하고 있는 셈이다.

③ 무속인 이영자

이영자 씨는 올해 나이 56살로 일본 도쿄에서 태어났다. 초등학교 5학년 때

강에 멱감으러 갔다가 몸이 뒤틀려 물에 빠져서 정신을 잃었다. 거의 죽은 것이나 다름없었다.

겨우 의식을 되찾을 때쯤 말문이 터졌다.

"엄마! 우리 집에 어떤 할아버지가 와서 나에게 같이 가자고 하니 어쩌면 좋아요. 할아버지를 따라가지 않으면 살 수가 없대요."

어머니는 신을 떼려고 죽을 끓여 바가지에 담아 입에 물려서 귀신을 쫓으려 했으나 실패했다.

어느 날 갑자기 그녀는 "친척 할머니가 사흘 뒤에 죽을 것이다. 누구네는 도둑이 든다."고 하고, 입에서 나오는 대로 말했는데, 그것이 맞아떨어졌다.

35살 때 말문이 트였다. 어느 날 자고 일어났는데, 수원의 어느 병원에 살려내야 할 사람이 있다는 느낌이 들었다. 빨강, 노랑, 파랑의 삼색 헝겊과 향 한 움큼을 쥐고 수원의 그 병원으로 가서, 다짜고짜로 병실 문을 열고 안으로 들어갔다.

세 사람이 누워 있는데, 한 사람은 산소호흡기를 달고 링거주사를 팔에 꽂고 있었다.

간호하는 부인에게 "당신 남편을 살리려고 성남에서 왔다."고 했다. 향 세 개로 머리에서부터 시작해서 온몸을 훑어내리고 손으로 쓰다듬었다. 삼색 헝겊을 파랑, 노랑, 빨강으로 찢은 다음에 두 손을 합장하고 반야심경 3편을 외우면서 손바닥으로 환자의 두 다리를 세 번 쳤다. 이 병원은 기독교병원이어서 입원하고 있는 환자나 간호하는 사람들이 모두 놀라워했다.

부인이 "이제 간호원이 올 시간이니까 그만 가시라"고 하여, 헝겊을 들고 나와 밖에서 태웠다.

다음 날 다시 병원으로 찾아갔더니, 환자는 산소호흡기를 여전히 달고 있었으나, 열이 내려서 위험한 고비는 넘겼다고 한다. 부인은 너무 고맙다고 하면서 눈물을 글썽거렸다.

전화번호를 묻기에 알려주었다. 그 뒤로 환자는 병이 나아서 퇴원하게 되었다.

이 소문이 퍼지면서 손님들이 그녀에게로 몰려오기 시작했다.

손님이 와서 점을 치게 되면, 손님네 혼령들이 보인다. 좋지 않은 혼령일 때는 처음에는 괴물처럼 크게 보이다가 차츰 이야기를 하는 동안 아주 작아진다. 그 영혼은 손님이 놓은 복채 위에 앉아서 쩌렁쩌렁한 목소리로 이야기를 해준다. 눈을 감고 조심스럽게 종을 흔들면, 오른손에 짜릿한 느낌과 함께 영이 몸 안으로 들어온다. 이때 영에게 웃음을 보내면 영의 이야기가 그녀의 목소리로 나온다. 상대방의 운에 따라서 좋으면 복채를 든 손이 위로 한없이 올라가고, 좋지 않으면 손이 한없이 아래로 내려간다.

몸주는 친할아버지이시다. 신이 몸에 들어올 때는 온몸으로 들어오지만, 특히 팔에서 손끝까지 몰려오는 게 느껴져 힘을 쓸 수가 있다. 두 손을 합장하면 오른손에서 영이 들어오는 것을 느낀다. 손으로 신이 들어올 때는 아주 편하고 기분이 좋은데, 왜냐하면 말할 때 주로 손을 움직이게 되니까 기분이 좋은 것이다. 하지만 신이 가슴으로 들어올 때는 답답함을 느낀다.

한번은 정신을 모두 신에게 맡겼다. 점을 다 보고 난 뒤에 온몸의 힘이 쭉 빠져서 쓰러진 일이 있었다. 신을 부를 때 손님 집안의 여러 영들이 들어오면 온몸에 힘이 다 빠진다.

점을 칠 때 인연이 있는 집은 손님과 아주 작은 영이 함께 들어오는 것이 눈에 보인다. 영들은 손님의 어깨, 머리, 코 등에 앉아 있다. 그 영들을 보면 그 집안의 사정을 훤히 알게 된다. 영은 3cm 정도의 작은 크기이고, 나이는 사람에 따라 다르게 나타난다. 다시 사람으로 태어날 영은 아주 어리게 보이고, 그렇지 않은 영은 늙어 보인다.

처음 점을 칠 때 영이 보였는데, 최근에 와서는 눈에는 보이지 않고 귀에 소리를 들려준다고 한다.

이영자 씨의 본산은 후지산이다. 일본에서 태어났기 때문이다. 내림굿을 했어도 굿은 안 하고, 치성만 드린다. 천신의 제자이기 때문에 굿 대신 치성으로 그 구실을 한다고 한다.

④ 무속인 처녀보살

서울 아현동의 처녀보살(34살)은 죽음에 관해 미리 내다보는 힘이 뛰어났다. 꿈에 어느 단골손님네 집 앞을 지나가는데, 그 문에 상가를 알리는 등이 달려 있었다. 다음 날 아침에 그 집에 전화로 상을 당할 것이라고 알려주었다. 그러면 보통은 닷새 안에 상이 일어나고, 늦어야 일주일 안에 틀림없이 상을 당한다고 한다.

한번은 이웃집 할머니와 손을 잡고 저승에 갔다. 저승에 가니 사방이 어두컴컴하고, 초가가 달랑 한 채 썰렁하게 서 있다.

할머니는 초가로 들어가면서 "난 우리 집에 왔으니 너는 얼른 가라"고 해서, 도로 나왔다.

사흘째 되는 날 그 할머니는 갑자기 돌아가셨다.

어느 날 꿈에 마을 아저씨네 집 앞을 지나가는데, 그 집 앞에서 차가 홀랑 뒤집혔다. 다음 날 그 집 앞에서 교통사고가 나서 그 집주인이 죽었다.

서정범 교수는 무속인들이 예언을 하고, 병을 고치는 힘이 제3의 힘이 아니라 사람의 힘이라고 생각하며, 그 능력을 기(氣)라고 한다. 무속인의 기는 무속인 자신의 잠재의식이나 손님에게 입력된 정보가 무속인의 눈에 현실과 같이 보이게 하고, 또 눈앞에 나타나게 하는가 하면, 그의 말소리가 귀에 들리고, 그렇지 않으면 머리에 떠오르게 해준다. 이렇게 잠재의식이 현실로 활성화되는 사람은 예언가가 될 수 있다고 본다.

동물의 세계에서, 박쥐는 지진이 일어나기 며칠 앞서 동굴에서 모두 나오고, 또 바다에서 지진이 일어날 때 문어들이 모래밭으로 나온다고 한다. 그대로 있다가는 몰살당할 것을 초능력으로 느껴 살아남을 수 있게 된다.

이렇듯 사람도 다른 짐승들과 대결하고 천재지변을 겪으면서 살아남으려면 짐승과 같은 초능력을 지녀야 했다. 원시인들은 천재지변이 일어날 것을 미리 예측하지 못한다면 몰살당할 위험이 크고, 따라서 그들은 시각, 후각, 촉각, 영감 등이 뛰어나지 않고서는 살아남기가 어려웠다.

그래서 오늘날의 시각으로 보면 원시인들은 모두가 초능력자들이었다고 생각한다. 그러나 사람들이 말과 글을 쓰고, 정보를 서로 주고받으면서, 문화와 문명이 발전함에 따라 원시인들이 갖고 있던 초능력은 점차 퇴화되었다고 여겨진다.

지금도 무속인들은 다음 날 올 손님이 꿈에 나타나며 아침에 정화수를 갈아놓을 때 알게 된다.

나라에 큰 변이 있을 때도 예언을 한다. 그것은 생존에 필요하기 때문에 예지력이 곧 생명을 보존하는 수단인 것이다.

⑤ 나의 예지력

그리고 보니 우리는 영혼에 관해 너무나 아는 것이 없다는 사실을 알겠다. 한편, 내게도 이와 비슷한 일이 오래전에 일어났던 것을 기억해 냈다.

제5공화국의 전두환 정권이 들어선 다음 해의 일이라고 기억된다. 그해에 우리 KBS에서는 '특별생방송' 연속 프로그램들 가운데 하나인 「특별생방송·청

정해역 다도해」의 생방송 계획을 세웠다. 나는 이 프로그램의 시작 부분을 맡아 진행할 연출자로 지정되어서, 방송 전날 내가 맡아서 방송할 곳인 통영으로 향했다.

그곳에서 나와 같이 방송을 진행할 아나운서, 카메라맨, 기술감독과 함께 배를 타고 방송할 곳들을 찾아서 항구 안을 두루 돌아본 다음, 배를 돌려서 나오려는데, 내게 갑자기 '이거 생방송인데 잘못하면 불의의 사고가 생길지도 모르니, 사고를 메우기 위한 시간벌기용 방송거리를 몇 가지 더 준비해 놓는 것이 좋겠다'는 생각이 불현듯 들어서, 다시 배를 돌려서 항구 안을 한 바퀴 더 돌다 보니, 마침 해양대학교 실습선이 항구 안에 정박하고 있는 게 보였다. 그 배에 가까이 다가가서 배 위에 나와 있는 사관 몇 사람을 만났는데, 그들 가운데 마침 교수가 한 분 있어서 그분과 이야기를 나누었다.

그의 이야기에 따르면, 그 배는 해양대학교의 실습선으로 그해 졸업 예정자들을 태우고 실습을 나왔다고 하며, 이튿날 오후에 통영항을 떠난다고 했다. 그래서 나는 다음 날 아침에 우리가 생방송을 하기로 되었다는 사실을 말하고, 어쩌면 이 배에 관해 인터뷰를 할지도 모르니 아침에 준비해 주기를 부탁했다.

이어서 조금 더 가다 보니 해녀들이 자맥질하고 있는 것이 보였다. 그곳에서는 해녀 5명이 미역이랑 소라, 전복 등의 해산물을 채집하고 있었다. 이들에게도 같은 부탁을 하고, 또 조금 더 가다 보니 이번에는 뗏목 같은 것 위에서 진주 양식을 하고 있는 사람들이 보였다. 그래서 그들에게도 같은 부탁을 하고 숙소로 돌아왔다.

흩어지기 전에 잠시 모여서 오늘 돌아본 내용을 검토하고 내일 방송진행에 관해 의견을 나눈 다음, 각자의 방으로 들어가서 휴식을 취했다.

다음 날 방송을 위해서 저녁 일찍 잠자리에 들었다가 새벽에 누가 글 읽는 소리에 잠이 깨어서 가만히 들어보니, 나와 한 방을 쓰는 아나운서가 먼저 일어나서 화장실에서 그날 방송할 원고를 가지고 연습하고 있었다. 자세히 들어보니 미리 준비된 원고 말고도 어제 낮에 따로 준비한 세 가지 예비소재에 관한 원고도 스스로 작성해서 연습하고 있는 소리를 듣고 나는 놀랐다.

아나운서들이 이렇게 방송을 철저히 준비하는 줄을 나는 미처 몰랐다는 것을 알고는 이 세상에 거저 되는 일은 하나도 없다는 사실을 새삼 깨닫게 되었다.

다음 날 아침, 예정대로 생방송이 진행되어 우리가 준비한 내용을 모두 마치고 카메라는 다음 방송할 곳인 한산섬으로 넘어갔다. 그러나 넘어갔던 카메라가 금방 우리 쪽으로 되돌아왔다. 그쪽에 무슨 사고가 생겼는지 방송을 시작하지 못했기 때문이었다. 곧바로 서울 본사에서 급하게 내게로 연락이 왔다. 한산섬에 이상이 있어 방송에 참여할 수 없으니, 우리가 그쪽 배정시간 20분을 대신 메꿔달라는 부탁이었다.

그래서 나는 급히 배를 돌려 해양대학교 실습선으로 향했다. 어제 낮에 준비한 대로 방송을 진행시켜 세 가지 소재를 모두 처리하고 나니 꼭 20분이 채워졌다. 모두 신기해했다.

만약의 경우를 대비해서 준비했던 것이 그대로 실현된 것이 너무나도 믿기지 않는 것 같았다. 어쨌든 미리 준비한 덕택에 허둥대지 않고 차분하게 한산섬의 빈 시간을 메울 수 있어서 좋았다.

그때는 방송생활을 오래 한 나의 경험이 이런 대비를 할 수 있었던 것으로 생각했으나, 지금 다시 생각해 보니, 그보다는 그때까지 나의 무의식 속에 잠자고 있던 예지력이 순간적으로 발현된 것이라는 믿음이 더 강하게 들었는데, 왜냐하면 내가 생방송할 때마다 예비물을 준비하지는 않았기 때문이다.

10. 기 치료

한편, 무속인들의 예지력과 병을 고치는 힘은 그들의 기가 환자에게 전달 되기 때문이라고 하는데, 사람에 따라 그 효과는 다르다고 한다. 그러면 병을 낫게 하는 힘은 어떻게 생길까?

원시인들에게는 약이라고 하는 것이 없었다. 약은 인류의 문화가 어느 정 도 발전한 뒤에 경험을 통해 얻어진 것이다.

치료 방법이 없는 원시인들은 초능력을 빌릴 수밖에 없었다. 요즘 말하는 '기'밖에는 치료할 방법이 없었던 것이다. 무속인들이 기가 많은 것은 기로써 예언하고, 병도 치유하기 위해서였다고 하겠다. 한자의 '氣'를 풀어보면 하늘에 뜬 것을 말하며, '米'는 쌀의 뜻으로, 쌀을 삶으면 그 위에 뜬 것이 '氣'가 된다. 글 자로 보면 '기'는 에너지가 된다고 하겠다.

'용기, 기운, 분위기, 기분, 패기, 향기, 생기, 활기' 등의 말들에서 보면, '氣'는 '힘, 생명, 핵심'의 뜻을 지닌다. '기가 죽었다, 기가 살았다, 기가 팔팔하다' 등에 '氣'가 쓰이고, '끼가 있다'의 '끼'는 '氣'의 된소리가 된다.

'氣'의 우리말은 '김'이다. 문헌에는 '내친 김에, 화난 김에'의 '김'이 '氣'의 뜻 으로 쓰인다. 입김, 콧김 등이 있고, '내친 김에, 화난 김에'의 '김'이 '기세'의 뜻을 지니고 있다.

'김빠진 맥주'하면 맥주의 맛을 잃었다는 뜻이 되며, 알맹이가 빠진 것을 뜻 한다. '김 새다'는 속어로 일이 안 되었다, 맥이 빠져 싱겁게 되었다는 뜻이다.

'겨레의 얼'의 '얼'이 오늘날 정신의 뜻으로 쓰이고 있으나, 본디는 '氣'의 또 하나의 옛말인 것이다. '얼빠진 사람', '얼떨떨하다'의 '얼'은 '氣'의 뜻을 지닌다.

여진말 얼거(elge)는 '氣'의 뜻이고, 만주말에서는 얼건(elgen)이 '숨(息)'의 뜻이다. 춤을 출 때 내는 '얼쑤, 얼쑤'의 '얼'이 '氣'의 뜻이다. 몸에서 기가 부풀어 오를 때 기분이 좋고, 춤이 저절로 추어지는 것이다.

춤의 명인들은 거의 기가 많은 사람들이다. 무용가 김백봉 씨는 기가 센 분이고, 예언력도 있다. 무속인들도 굿에서 기가 가장 크게 부풀어 오를 때, 모듬발로 뛴다. 작두에 올라탔을 때, 그들은 붕 떠 있는 기분이고, 그때 황홀감을 느낀다고 한다. 이때가 기가 가장 부풀었을 때이다.

서정범의 같은 책 5권에는 이런 사례가 적혀 있다.

기 치유사 강경순과 김상유 부부가 텔레비전에 출연하여 이름이 널리 알려짐에 따라, 그들이 운영하는 '태극의 집'에는 하루에 1백여 명의 환자들이 모여들었는데, 하루는 목발을 짚은 남자와 머리가 헝클어진 여자 부부가 여섯 살 아이를 업고 와서는, 그 부인이 "제 꿈 이야기를 좀 들어봐 주세요" 하고 매달리다시피 애원하기에, 말을 해보라고 하자 "강경순 씨가 꿈에 나타나서 '네 딸을 내가 고쳐줄 테니 사흘 뒤에 빨간 운동화를 사가지고 오라'고 하더라는 것이다. 그래서 사흘 동안을 기다렸으니 오늘 만져주면 틀림없이 나을 것"이라고 했다.

이들의 딸은 선천성 소아마비여서 여섯 살이 되기까지 서지도 못했다. 강경순 씨가 한 3~4분가량 기를 주니까 서게 되고, 가져온 빨간 운동화를 신고 걷는 것이었다.

이렇게 딸 어머니의 꿈에 강경순 씨가 나타나서 예언한 것이 그대로 맞아떨어진 것이다.

대천 시에 '보령' 유리 가게가 있다. 하루는 그 가게에 거울을 사러 강경순 씨의 남편이 갔다. 남자 주인과는 안면이 있어 알지만, 그의 부인은 한 번도 본 적이 없었다.

가게에 들어서자, 그 부인이 "어머! 희한한 일이 다 있어요" 하면서 꿈 이야기를 꺼내는 것이었다. 꿈에 강경순 씨가 흰옷을 입고 나타나서 "내가 당신의 가슴을 만져주면, 협심증이 나을 것이다"라고 말했다.

그녀는 오랫동안 협심증으로 고통받고 있었는데, 강경순 씨가 가슴에 손을 대니까, 아파서 쩔쩔매다가 잠을 깼다. 한참 만에 다시 잠이 들었다가 아침에 일어나니, 그게 말끔히 나았다는 것이다.

그런데 그 부인은 강경순 씨를 전혀 본 일이 없고, 단지 텔레비전에서만 한 번 본 적이 있다고 한다. 그런데도 그녀의 꿈에 강경순 씨가 나타나서 치료를 해주었는데, 그 꿈의 치료로 협심증이 나았으니 희한하지 않으냐는 것이었다.

우리나라 성악의 최고봉이라 할 수 있는 판소리는 기와 영의 소리라 해도 무방하다. 조선시대 굿을 하지 못하게 했을 때 박수들이 그 한을 판소리에 담아서 풀었던 것이다. 한을 푸는 힘, 그것이 기력이다. 판소리를 처음 불렀던 이는 거의 무속인이었다. 우리나라 고전무용인 칼춤, 북춤, 부채춤, 장구춤 등은 모두 무당의 굿에 그 기원을 둔다.

'신난다', '신바람'이라고 말할 때 '신'은 곧 한자인 '神'으로, 무당이 굿을 할 때 몸에 신이 올라서 춤을 추고, 노래한다는 데서 비롯된 말이다. 요즈음 우리나라에서 한창 인기를 끌고 있는 사물놀이는 그야말로 신바람이라고 부르면 딱 맞는다. 이러한 신바람은 선사시대로 거슬러 올라간다.

일본의 신화에 따르면 일본의 원주민인 아이누족을 몰아내고 나라를 연 이자나기 노미코토와 그의 부인 이자나미 노미코토는 우리나라에서 건너간 박수와 무녀였으며, 이즈모 신화의 주인공 스사 노오노미코토는 신라에서 건너간 박수이고, 일본 천황의 시조라고 일컫는 아마테라스 오미카미는 백제에서 건너간 무녀라는 설이 있다.

이러한 일들은 기가 많은 사람이 할 수 있는 일이라 하겠으며, 설령 설화라 하더라도 우리 조상들의 개척정신과 진취성과 모험심을 보여주는 한 예라 볼 수 있겠다.

서양에서 건너온 외래종교가 그 본원지에서 쇠퇴하거나 형식화, 제도화하고 있는데 반해, 우리나라에서는 성황을 이루고 엄청난 부흥을 이루어 한국이 그 종교의 성지라고 여겨지고 있는 것도 우리 민족의 기가 세다는 것을 단적으로 보여주는 것이 아닐까.

불교의 그릇에 담긴 우리나라 무속의 비중 또한 크다. 절에 산신각, 칠성각, 국사당이 있는 것이 바로 이를 뒷받침한다. 서양 종교에 담긴 우리 무속의 비중 또한 크다. 경전을 복음이라고 한다든지, 교회에서 복을 달라고 비는 따위는 곧 무속이 그 종교의 그릇에 담기고 있음을 보여준다고 하겠다. 이렇게 외래종교가 들어올 때는 그것이 우리의 고유한 무속을 담는 그릇이 되는 것이다.

나는 어느 날 북한의 텔레비전 방송을 보고 깜짝 놀란 적이 있다. 김일성의 생일행사에 군중들이 환호하는 장면이 나오는데, 모둠발로 껑충껑충 뛰는 장면이 나오는 것이었다!

무당이 신이 오르면 모둠발로 뛴다. 세습무는 춤을 출 때 모둠발로 뛰지 못하고, 이른바 강신무일 때만 모둠발로 뛰는 것이다. 김일성 생일에 북한 주민들이 모둠발로 뛰는 것을 보고 '공산주의라고 하는 그릇에 무속이 담겨 있구나' 하는 생각이 들었다.

무속에는 죽은 사람이 실리고 산 사람은 실리지 않는데, 북한에서는 산 사람도 실리는 셈이다. 북한에서는 공산주의라는 그릇에 우리나라의 무속(샤머니즘)을 담고 있다고 하겠다.

강경순, 김상유 부부와 최헌정 씨는 현대의학에서 손을 델 수 없는 난치병을 치유하는 초능력을 발휘하고 있다. 그들은 에이즈도 고칠 수 있다고 자신한다. 기는 백혈구와 항체를 증가시키는 구실을 하고 있다는 연구 보고가 있다.

(1) 기(氣)- 영혼의 힘

나는 기란 다름아닌 영혼의 힘이라고 생각하는데, 그 이유는 나도 이런 종류의 경험을 했기 때문이다. 내가 극동대학교 교수직에서 정년퇴직을 한 다음부터 방송에 관한 책을 쓰기 시작했는데, 내가 교수생활을 하면서 느낀 것은 방송을 학생들에게 가르칠 변변한 교재가 없다는 사실이었다. 그래서 내가 경험한 것들을 기초로 해서 간단한 교재를 임시로 만들어서 학생들을 가르쳐왔는데, 퇴직을 하고보니, 그 임시 노트들이 쌓여서 거의 몇 권의 책을 만들 분량이 되어 있었다.

퇴직한 뒤라 시간도 있고 해서 본격적으로 교재를 써나갔다. 책을 쓰는 것이 처음이라 예상 밖으로 힘들었다. 그래서 첫 책을 다 쓰는데, 무려 3년 반이 걸렸다. 그러나 그다음 책들을 쓰는 데는 그리 힘이 들지 않아서 대체로 2년 정도에 한 권씩 써나갔다.

그런데 「방송 프로그램 기획」을 한 1/3가량 쓰고 났을 때, 그다음 쓸 것이 전혀 생각이 나지 않았다. 그도 그럴 것이 방송기획이란 구체적으로 드러나는 기법이 아니어서 아무도 그 과정에 대해 설명한 일이 없었기 때문에 참고할 만한 자료도 전혀 찾을 수 없었다.

참고로 방송 프로듀서가 프로그램을 만드는 과정은 대체로 프로그램을 기획한 다음, 이것을 연출이라는 프로듀서 고유의 기법으로 소리와 그림으로 바꾸어서 구체적인 프로그램으로 만들고, 이것을 편집해서 완성된 프로그램을 마지막으로 방송하는 것이다.

그러므로 프로그램 기획은 프로그램을 만드는 첫 과정이자 이것이 제대로 되어야, 제대로 된 프로그램이 만들어지는 가장 중요한 과정인 것이다! 다른 말로 표현하면, 기획이야말로 프로듀서의 자질을 결정짓는 첫 번째 요소라고 할 수 있다. 그런데 프로그램을 제작하고, 편집하는 과정은 구체적으로 드러나 있고, 그에 관한 기법들은 잘 알려진 편이라 쓰기가 쉬운 데 반해서, 기획과정은 프로듀서의 머릿속에서 진행되는 추상적인 과정이어서 설명하기가 매우 어렵다. 아마도 그래서 이제까지 기획과정을 설명한 자료는 하나도 없었던 것이리라.

나는 이 기획과정을 나름대로 정리해서 이론으로 만들기로 작정하고 연구하기 시작했다. 그래서 책을 쓰는 것을 멈추고 긴 시간의 생각 속으로 들어갔다. 이렇게 생각해 보고, 저렇게도 생각하면서 생각을 계속해 나갔으나, 구체적인 아이디어는 떠오르지 않았다. 이렇게 고민하면서 시간을 보내는 동안 어느덧 한 달이라는 시간이 지나갔다. 그때쯤 나는 거의 절망적인 상태에 빠져들었다. 책 쓰는 것을 그만둘까 하는 마음이 들 정도로 앞이 보이지 않았다.

나는 대학을 퇴직한 뒤로 점심을 먹고 나서 집 가까이 있는 야산을 오르는 것을 습관으로 하고 있어서, 그날도 산으로 올라갔다. 산을 오르는 동안 오로지 기획과정만이 내 머리를 가득 채우고 있었다. 마음을 이렇게 딴 데에 쓰느라고 정작 발밑을 제대로 보지 않고 걷다가, 정상에 오른 다음 내려오다가 내리막에서 발을 헛디뎌서 그만 미끄러져서 굴렀다.

그 순간, 내 머리에서는 기획과정의 아이디어가 글자로 바뀌어서 마치 필름처럼 줄줄이 이어져서 내 눈앞으로 지나가는 것이 보였다. 나는 굴러떨어져서 다친 아픔을 느낄 새도 없이 너무나 놀랍고 기뻐서 어찌할 바를 몰랐다!

나는 일어서는 대로 나는 듯이 집으로 달려왔다. 등산복을 벗을 새도 없이 바로 책상 앞에 앉아 떠오른 글자들을 컴퓨터에 옮겨적기 시작했다. 미친 듯이 써서 11페이지를 단숨에 써내려 갔다. 평소에 내가 쓰는 원고의 분량은 대개 2~3페이지 정도였는데. 이날은 그것의 3배가 넘는 분량이었다. 이어서 다음 날은 7페이지, 그다음 날은 5페이지, 그다음 날은 3페이지 정도로 점차 정상 분량대로 써나갔다.

산에서 굴러떨어지는 순간, 그동안 끙끙대며 생각했던 것들이 나란히 정리되며 한 가닥의 이론 체계로 이어진 것이다. 그런데 이것은 내 의식이 한 일이 아니었다. 그러면 누가 이 일을 했단 말인가? 의식의 뒤에서 의식을 뒷받침하고 있던 내 존재의 가장 핵심요소인 영혼이 의식을 대신해서 이 일을 해주었다고 생각한다.

그렇다, 의식이 못하는 일을 영혼이 할 수 있었던 것이다!

미국의 발명왕 에디슨은 천재를 가리켜, "99%의 땀과 1%의 영감으로 이루어진다."고 말했는데, 나는 이 1%의 영감이 바로 영혼의 힘이라고 생각한다.

(2) 다이애나 신비의 약손

영국의 왕세자비 (고) 다이애나가 신비의 약손을 지니고 있어 화제가 되고 있다는 소식이 외신기사에 실렸었다. 영국 왕실의 심령술사 베티 파코가 밝힌 바에 따르면, "다이애나는 신이 내린 현대판 나이팅게일"이라고 했다.

그녀는 중병을 앓고 있는 노인과 어린이들을 극비리에 방문하여 손끝 하나로 이들을 낫게 해주고 있다고 미국의 내셔널 이그재미너 지가 보도했다. 이 주간지에 따르면, 다이애나의 의술활동은 몇 달 동안의 눈물과 고통 끝에 얻어진 새로운 정신적인 산물이라고 하면서 "그녀는 하늘로부터 이 일을 하라는 계시를 받았다."고 했다.

한편, 다이애나는 "어느 날 나는 내 손가락에 주어진 신의 힘을 느꼈다. 내가 눈을 떴을 때, 집 밖에 구름같이 몰려든 환자들의 줄이 있어도 나는 절대 놀라지 않을 것"이라고 말했다고 한다.

(3) 초능력자 예수

한편, 성경에 따르면 예수님도 초능력의 소유자였던 것 같다. 마태복음 제8장에는 다음의 사례들이 소개되어 있다.

"주께서 산에서 내려오시니 큰 무리가 주를 따르더라. 그런데, 보라, 한 문둥병자가 나아와서 주께 경배드리며 말씀드리기를 '주여, 주께서 원하시면 저를 깨끗하게 하실 수 있나이다.'라고 하니, 예수께서 손을 내밀어 그를 만지시며, 말씀하시기를 '내가 원하노니 깨끗해지라'고 하시니, 즉시 그의 문둥병이 깨끗해지더라.

예수께서 카퍼나움으로 들어가시니 한 백부장이 그에게 나아와 간구하여 말씀드리기를 '주여, 내 종이 중풍으로 집에 누워 몹시 고통 중에 있나이다.'라고 하자, 예수께서 그에게 말씀하시기를 '내가 가서 그를 고쳐주리라.'고 하시니, 그 백부장이 대답하여 말씀드리기를

'주여, 주께서 내 지붕 아래로 오시는 것을 내가 감당할 수 없사오니 오직 말씀만 하옵소서, 그러면 내 종이 나을 것이옵니다.'

예수께서 그 백부장에게 말씀하시기를 '가라, 네가 믿은 대로 네게 이루어지리라'고 하시니, 그의 종이 바로 그 시각에 나으니라.

또, 예수께서 베드로의 집에 오셔서 그의 아내의 모친이 열병으로 누워 있

는 것을 보시고, 그 여인의 손을 만지시니, 열병이 떠나가고 여인이 일어나 그들을 섬기더라.

저녁이 되었을 때에, 사람들이 주께로 마귀들에 사로잡힌 자들을 많이 데려왔으나, 주께서 주의 말씀으로 그 영들을 쫓아내시고 병든 자들을 모두 고쳐주시니라."

또한, 마태복음 제9장에는 다음의 사례들이 소개되어 있다.

"보라, 어떤 관원이 그에게 와서 경배하며 말하기를 '제 딸이 방금 죽었나이다. 그러나 오셔서 그 아이에게 안수하여 주소서. 그러면 그 아이가 살아나겠나이다.'라고 하더라.

예수께서 일어나 그를 따라가시니, 제자들도 따라가더라.

보라, 십이 년 동안 유출병을 앓던 한 여인이 주의 뒤로 와서 겉옷단을 만지니라.

이는 그 여인이 속으로 말하기를 '내가 그분의 옷을 만지기만 하여도 낫게 되리라.'고 함이라.

예수께서 돌아서서 그녀를 보시고, 말씀하시기를 '딸아, 안심하라. 네 믿음이 너를 낫게 하였도다.'고 하시니, 그 여인이 그 시각부터 낫게 되니라.

예수께서 그 관원의 집에 오셔서 악사들과 떠들썩한 무리를 보시고, 그들에게 말씀하시기를 '물러가라. 그 소녀가 죽은 것이 아니라 자고 있느니라.'고 하시니, 그들이 비웃더라.

그러나 무리를 내보내신 뒤에, 주께서 들어가 그 소녀의 손을 잡으시니, 소녀가 일어나는지라. 이 명성이 온 땅에 퍼지더라.

그 후, 주께서 그곳을 떠나가실 때, 두 소경이 따라오며 소리 질러 말하기를 '다윗의 아들이여, 우리를 불쌍히 여기소서.'라고 하더라.

주께서 집에 들어가시니 그 소경들이 주께 오더라.

예수께서 그들에게 말씀하시기를 '너희는 내가 이 일을 할 수 있다고 믿느냐?'고 하시니, 그들이 주께 말씀드리기를 '주여, 그러하옵니다.'라고 하더라.

그때 주께서 그들의 눈을 만져주시며 말씀하시기를 '너희 믿음대로 되라'고 하시니, 그들의 눈이 뜨이더라.

주와 그 일행이 떠나갈 때에, 보라, 사람들이 마귀에게 사로잡힌 벙어리 한 사람을 그에게 데려오니라. 그 마귀가 쫓겨나자 그 벙어리가 말을 하더라.

무리가 놀라며 말하기를 '일찍이 이스라엘에서 이런 일을 본 적이 없도다.'라고 하더라.”

다음의 사례는 최준식의 책 『무교』의 내용에서 참고한 것이다.

(4) 무녀들의 작두타기

우리나라의 신내림을 받은 무녀는 굿을 할 때 작두를 타야 한다. 그래야 비로소 무녀로서의 자격이 갖추어지는 것이다. 그러므로 거의 모든 무녀들은 신내림을 받고 굿을 할 때 작두타기를 한다. 무녀들이 작두를 타기에 앞서 기를 증폭시키는 굿을 하여 무중력 상태가 되면 작두를 타는 것이다. 기가 증폭되면 무중력 상태가 되어서 몸이 붕 떠 있는 것 같은 황홀한 느낌을 느낀다고 한다.

보통사람들이 기를 받고 나면 “나 떠 있는데, 내려달라”고 한다.

땅 위를 걷는 것이 아니라 공중을 걷는 것이라 불안하기 때문에 내려달라고 하는데, 발은 땅에 닿아 있으면서 떠 있다고 느끼는 것이다.

작두타기는 그래도 아주 어려운 일은 아니라고 생각한다. 작두의 날이 예리하지만, 그 위에 올라가서 몸무게를 잘 나누면 서 있는 것이 불가능하지는 않을 것이다. 그러나 정작 작두날에 올라가는 무당은 작두를 탈 때 혹시라도 있을 사고 때문에 긴장이 많이 된다고 한다. 그리고 실제로 간혹 사고가 나기도 한다.

(5) 삼지창에 돼지 세우기

그런데 이보다 더 신기한 일은 돼지를 얹은 삼지창을 세우는 것이다. 이것은 신도들이 바친 정성을 신령이 받아들였는지 아닌지를 알아내기 위한 순서이다.

주발 같은 데에 소금을 넣고, 그 위에 돼지 한 마리를 얹어서 삼지창의 중심을 잡는데, 이 일은 암만 생각해도 쉬운 일이 아닐 것이다. 그런데 신기한 일은 이렇게 무거운 삼지창이 바로 선다는 것이다.

어느 때 신촌 네거리 가까이에서 마포 부군당 굿을 볼 때였다. 삼지창을 세우는 순서가 되자, 공연히 내가 긴장되었다. 혹시나 서지 않으면 어떻게 하나 하는 노파심 때문이었다.

이윽고 삼지창에 돼지를 얹은 다음, 무당은 중심을 잡으려고 이리저리 재고 있었다. 그런데 삼지창이 설 기미가 보이지 않았다. 돼지가 있어 무거운 창이 자꾸 옆으로 기울어져 아무래도 성공할 것 같지 않았다. 그럴 수밖에 없는 것이 처음에 삼지창 위에 돼지를 얹을 때 이리저리 잰 다음에 놓는 것이 아니라 대충 그냥 얹어놓기 때문이었다.

그러자 무당이 고함을 쳤다.

"신령님께 정성이 부족하니 어서 정성을 보이라"

이 말에 신도들이 우루루 나오더니 만 원짜리 지폐를 돼지의 등 여기저기에다 붙여놓았다. 그렇게 하기를 몇 분, 거짓말같이 삼지창이 섰다. 그리고는 무당이 돼지 등을 탁탁 쳐도 더 이상 흔들리지 않았다.

신령이 신도들의 정성에 감응한 것인지 어떤지는 잘 모르겠지만, 이 사건은 참으로 기이한 일이었다.

(6) 의지로 드러내는 믿음

우리나라의 무녀들이 몸속의 기를 크게 부풀려서 몸을 가볍게 한 다음, 작두를 타듯이, 어떤 사람들은 마음의 믿음을 크게 부풀려서 몸에 가해지는 위해를 견뎌내는 놀라운 능력을 발휘한다고 한다.

마이클 탤보트는 같은 책에서 이런 사례를 소개한다.

1970년대에 네덜란드 태생의 작가이며 강연가인 잭 슈바르츠(Jack Schwarz)는 의지로 자기 몸의 생리작용을 제어함으로써 미국 전 지역 연구소의 학자들을 놀라게 했다.

맨닝거 재단과 캘리포니아 대학의 랭글리 포터 신경정신의학 연구소를 비롯한 그 밖의 다른 기관에서 행한 조사에서 슈바르츠는 6인치짜리 그물용의 큰 바늘을 피도 흘리지 않고, 눈 하나 깜박하지 않고, 통증을 느낄 때 생기는 뇌파인 베타파도 내지 않고, 팔 속에 완전히 찔러넣어서 의사들을 놀라게 했다.

바늘을 뺐을 때도 슈바르츠는 피를 흘리지 않았고, 바늘구멍은 꼭 닫혀 있었다. 게다가 슈바르츠는 의지로써 뇌파 리듬을 바꾸며, 불붙은 담배를 살갗에 대고도 끄떡없었으며, 벌겋게 타는 석탄을 손에 들고 있기도 했다.

그는 누구든지 자신의 몸을 자율적으로 제어하는 방법을 배움으로써 자신의 건강을 책임질 수 있다고 믿는다.

기이하게도 1947년에는 또 다른 네덜란드 사람이 이와 비슷한 능력을 시범해 보였다. 이 사나이의 이름은 미린 다조(Mirin Dajo)였다. 그는 취리히에 있는 코그소극장에서 행한 대중 시범에서 관중들을 놀라게 했다. 그는 드러난 자리에서 조수를 시켜 펜싱 칼이 분명히 생명에 지장이 있는 자기 몸의 내장들을 완전히 꿰뚫고 지나가게 했지만, 아무런 상처도 입지 않고, 통증도 느끼지 않았다. 다조는 슈바르츠와 마찬가지로 칼을 뺐을 때 피를 흘리지 않았고, 단지 희미한 붉은 줄만 칼이 들어가서 뚫고 나온 자리를 알려줄 뿐이었다.

스위스 의사 한스 네겔리-오스조드(Hans Naegeli-Osjord)가 다조의 능력에 대한 소문을 듣고 그에게 과학적 검증을 받아볼 의사가 있는지 타진해왔다. 다조는 이에 호응했고, 1947년 5월 31일 그는 취리히 주립병원에 도착했다. 이 자리에는 네겔리-오스조드 박사 말고도 이 병원의 외과과장인 베르너 브루너(Werner Brunner) 박사와 다른 의사들, 학생들, 기자들 등이 참석했다.

다조는 가슴을 드러내고 정신을 모은 뒤, 이들이 지켜보는 가운데 조수에게 칼로 몸을 찌르게 했다. 늘 그랬던 것처럼 피도 나지 않았고, 다조는 완전한 평정상태를 지켰다.

하지만 거기서 미소를 띠고 있는 사람은 그뿐이었다. 나머지 사람들은 놀라서 바위처럼 굳어버렸다. 분명히 다조의 내장기관은 치명적인 손상을 입어야만 했다. 그런데도 겉으로 보아 아무 이상이 없는 그의 상태는 의사들의 눈으로는 믿기 힘든 일이었다.

의심에 가득 찬 그들은 다조에게 X선을 찍어볼 수 있느냐고 물었다. 그는 이에 동의했고, 배에 여전히 칼을 꽂은 채 아무렇지도 않게 그들과 함께 계단을 올라 X선실로 걸어갔다.

X선 사진이 나왔고, 그 결과는 더 이상 부인할 수 없었다. 다조는 정말 칼에 찔려있었다. 칼을 꽂은 지 똑바로 20분 뒤에, 그는 마침내 칼을 빼냈다. 단지 2개의 희미한 자국만 남긴 채. 그 뒤 다조는 바젤에서 과학자의 조사를 받았고, 심지어 의사들에게 직접 칼을 찔러보도록 하였다.

네겔리-오스즈드 박사는 뒷날 이 이야기를 독일의 물리학자 알프레드 슈텔터(Alfred Stelter)에게 들려주었고, 슈텔터는 그 내용을 그의 저서 『초상적 치유(Psi-Healing)』에 실었다.

이같은 상식을 뛰어넘는 묘기는 네덜란드에서만 있었던 것은 아니었다. 1960년대 미국의 국립지리학회 회장인 길버트 그로스베너(Gilbert Grosvenor)와 그의 아내 도나(Donna), 그리고 「내셔널 지오그래픽」지의 촬영팀은 모호티라는 이름의 이상한 능력을 가진 사람이 보여주는 기적을 보기 위해 실론의 한 마을에 왔다.

모호티는 소년시절에 카타라가마(Kataragama)라는 실론 지방의 신에게 기도를 올리면서 아버지가 살인자의 혐의를 벗어나게만 해준다면, 카타라가마 신에게 해마다 올리는 의식에서 고행을 하겠노라고 기도했다. 모호티의 아버지는 혐의에서 벗어났고, 그는 자신의 맹세를 지켜서 해마다 벌어지는 의식에서 고행을 했다.

그 고행이란 뜨거운 석탄과 불 속을 걷고, 나사 모양의 쇠꼬챙이로 뺨을 찌르고, 어깨에서 팔목까지 꿰뚫어 집어넣고, 등에 커다란 갈고리를 박아넣고, 그 갈고리에 밧줄을 매어서 엄청나게 큰 수레를 끌고 마당을 도는 등의 일이었다.

뒷날 그로스베너가 보고한 바에 따르면, 모호티의 등에 박힌 갈고리는 살을 매우 세게 잡아당기고 있었지만, 피 한 방울 나오지 않았다고 한다. 고행을 마치고 갈고리를 뺀 뒤에는 상처의 흔적조차도 남아 있지 않았다.

「내셔널 지오그래픽」 팀은 이 소름끼치는 광경을 찍어서 1966년 4월호에
관련기사를 실었다.

11. 영혼의 모습

네 번째 꿈을 꾼 뒤로 서너 달이 지나도록 아내가 꿈에 나를 찾아오지 않아서, 어느 날 벽제에 있는 예원추모관으로 가서 아내 사진을 보며 말했다.

"여보, 지난번 꿈에서 당신을 본 뒤로 몇 달이 지나도록 소식이 없어 궁금하니 한 번 다녀가요." 하고 부탁했더니, 이틀이 지난 뒤 꿈에 나타났다.

내가 아침에 평소대로 거실에 앉아서 신문을 보고 있으려니, 아내가 밖에서 들어오면서 "여보, 나 왔어." 하고 인사를 하기에, 내가 반가워서 얼른 일어나 아내의 두 손을 붙잡으니, 살아 있을 때와는 달리 아내의 살이 잡히지 않고 내 두 손이 서로 맞잡아지는 것이었다.

놀라서 손을 놓으니, 아내는 그길로 안방으로 들어가는데, 평소처럼 방문의 손잡이를 비틀어 열지 않고, 그대로 몸이 문짝 속으로 빨려 들어가는 것이었다. 나도 부지런히 아내 뒤를 따라 방문을 열고 안방으로 들어가니, 아내는 어디로 갔는지 보이지 않은 채로 꿈은 끝나고 말았다.

아마도 아내는 자신은 특별한 용건이 없이, 다만 내 부탁대로 나를 찾아와서 얼굴만 보이고는 그대로 떠나버린 것 같았다. 그렇더라도, 와주었다는 사실만으로도 너무 고맙고 놀라울 따름이었다.

(1) 살아 있을 때의 모습으로 보이는 영혼

그런데 내가 이 꿈을 꾸고 난 뒤 알게 된 한 가지 사실은 꿈에서 만나는 아내는 이승에서와 마찬가지로 사람의 모습을 하고 옷도 입고 있지만, 실제로는 몸이 없이 모습만 사람처럼 보일 뿐이라는 사실이었다. 그래서 내가 아내 손을 붙잡았을 때 손이 잡히지 않고 그대로 아내의 몸을 지나서 내 손끼리 마주쳤던 것이고, 또한 아내는 몸이 없기 때문에, 방문을 열지 않고서도 문을 그대로 지나서 빠져나갈 수 있었던 것 같다.

그런데 어째서 영혼뿐인 아내가 사람의 모습으로 보일까? 그것은 아무래도 사람이 죽으면 그의 영혼이 몸을 빠져나간다고 하는데, 그렇다면 우리의 영혼도 우리가 잉태될 때 생명의 한 형태로 함께 생겨나는 것은 아닐까? 그러므로 영혼은 사람이 죽을 때 연기처럼 사라지는 것이 아니라, 어떤 생명물질의 형태로 우리 몸을 빠져나간 다음, 저세상으로 가서 새로운 삶을 시작하지 않을까?

그렇다면 그 물질에는 우리가 살면서 보고 듣고, 느끼고 생각하며, 경험한 모든 것들이 마치 우리 몸 세포 안의 DNA처럼 저장되어 있지 않을까? 그래서 저세상에 가서 살더라도, 우리의 영혼은 이승에서의 삶의 기억을 고스란히 간직하고 영혼으로서의 새로운 삶을 살아가지 않을까? 그리고 겉으로 보이게 사람 몸의 형체를 하고 평소에 입던 옷을 걸친 것처럼 보이게 할 수 있지 않을까?

아무튼 우리가 영혼에 관해 알아야 할 사실들이 너무 많다는 것을 나는 비로소 깨닫게 되었다.

그런데 성경에는 이 사건과는 현상이 조금 다른 이야기가 있다.

요한복음 21장 19절 말씀이다.

"그리하여 그 주의 첫날, 그날 저녁에 제자들이 모인 곳에 유대인들을 두려워하여 문들이 잠겨 있었는데, 예수께서 오셔서 그 가운데 서서 그들에게 말씀하시기를 '너희에게 평강이 있으라'고 하시더라.

이 말씀을 하신 후 주께서 그들에게 손과 옆구리를 보여주시니, 제자들이 주를 보고 기뻐하더라.

그러나 열둘 가운데 하나로 디두모라 불리는 도마는 예수께서 오셨을 때 그들과 함께 있지 아니하였더라.

그러므로 다른 제자들이 그에게 말하기를 '우리가 주를 보았다'고 하나 그가 그들에게 말하기를 '내가 주의 손에 있는 못 자국을 보고, 또 내 손가락으로 그 못 자국에 대어보고, 나의 손으로 주의 옆구리에 넣어보기 전에는 결코 믿지 않겠노라'고 하더라.

팔일 후에 제자들이 다시 집 안에 있었는데, 도마도 그들과 함께 있더라. 문이 잠겼는데, 예수께서 오셔서 한가운데 서서 말씀하시기를 '너희에게 평강이 있으라' 하시고, 도마에게 말씀하시기를 '네 손을 이리 내밀어 나의 손을 보고 너의 손을 내밀어 내 옆구리에 넣어보라. 그리하여 믿음 없는 자가 되지 말고, 믿는 자가 되라' 하시니, 도마가 대답하여 주께 말씀드리기를 '나의 주, 나의 하느님이여'라고 하니, 예수께서 그에게 말씀하시기를 '도마야, 네가 나를 보았으므로 믿는구나. 보지 않고 믿은 자들은 복이 있도다.'고 하시니라."

여기에서, 예수께서 문이 잠긴 방에 들어오셨다는 것은 영의 상태로 오셨다는 것을 뜻한다. 그런데 몸을 보이며 도마에게 손을 내밀어 옆구리에 넣어보라고 하실 때의 몸 상태는 사람의 상태이다. 그러므로, 예수께서는 영의 상태로 방에 들어오셔서 곧바로 사람의 몸 상태로 변신하셨다는 말인데, 이것은 오늘날의 과학상식으로는 이해하기 어렵다. 좀더 두고 연구해봐야 할 과제인 것 같다.

(2) 그림자 모습의 영혼

일곱 번째 꿈을 꾸고 나서 일 년쯤 지나도록 아내가 나타나지 않아서 하루는 아내가 모셔져 있는 추모관으로 가서, 아내에게 "여보 당신 요즈음 보이지 않아서 궁금하고, 또 보고 싶어요. 그러니 한 번 왔다 가요." 하고 부탁했더니, 사흘 뒤 꿈에 나타났다.

내가 평소처럼 거실에 앉아 있는데, 어쩐 일인지 불이 들어오지 않아서 거실은 캄캄했다. 그러자 아내가 밖에서 들어오면서 말했다. "여보, 나 왔어. 그런데 집이 왜 이렇게 어두워? 불 좀 켜요." 하기에 고개를 들고 아내를 쳐다보니, 사람은 보이지 않고 그림자처럼 희미한 사람의 형체만 어른거렸다.

나는 속으로 '불이 없어 잘 보이지 않아 그렇겠지'라고 생각하고는 얼른 일어나서 거실의 불을 켜는 스위치를 더듬어 찾으니, 스위치가 만져지지 않았다. "이상하네, 스위치가 여기 있어야 하는데, 왜 없지?" 하면서 투덜대니까 "여보, 성질부터 내지 말고 천천히 찾아봐요." 하기에 마음을 고쳐잡고 다시 스위치를 더듬었으나 여전히 만져지지 않았다.

그러자 언뜻 내 등 뒤로 휙하고 그림자가 지나가는 기척이 있어 뒤를 돌아보니, 어느새 아내는 사라지고 없었다.

이때 처음으로 아내는 사람의 형체가 아닌 그림자의 형체로 나타났다 사라진 것이다. 그러고 보면 그림자가 사실은 영혼의 참모습인지도 모르겠다. 육체가 없는 영혼은 형체조차 없어야 하겠지만, 그러면 사람인 내가 전혀 알아보지 못할 것이기 때문에 사람의 형체를 가진 그림자로 나타난 것인지도 모르겠다. 아무튼 영혼은 여전히 내겐 풀어야 할 수수께끼나 마찬가지였다.

프란체쏘의 책『영혼들의 땅』에는 이런 사례를 적고 있다.

19세기 이탈리아의 귀족 출신이며 화가인 프란체쏘는 사후에 직접 경험한 영계의 실상을 A. 파네즈라는 영매에게 전했고, 파네즈는 그의 이야기를 받아 적어서 1896년에 『영계의 방랑자(*A Wanderer in the Spirit Land*)』라는 책을 출간했다. 파네즈는 프란체쏘의 물질화된 모습을 여러 번 보았고, 살아 있는 그의 친구들로부터 그가 맞다는 것을 거듭 확인했다고 한다.

이 죽어서 영계로 간 영혼인 프란체쏘가 보내온 보고 가운데에는 이런 구절이 있다.

"... 또 다른 특이한 것이 있다면 우리의 옷을 들 수 있습니다. 결코 닳지도 않고, 불가사의한 방법으로 새 옷으로 계속 바뀝니다. 평소에는 짙은 청색 옷에 황색 허리띠를 차는데, 왼쪽 소매에는 황색 닻이 수놓아져 있고, 그 밑에 '희망은 영원하다'란 문구가 새겨져 있습니다.

속옷 또한 짙은 청색으로 몸에 꼭 맞도록 되어 있지요. 길고 헐거운 겉옷은 지상의 수도승이나 참회자가 입는 바로 그 옷인데, 어깨에 두건이 달려 있어서 얼굴이나 머리를 감춰야 할 때 덮어씁니다. 실제로 두건을 쓰고 다닐 때가 있습니다.

고뇌와 회한으로 몸 상태가 안 좋아져서 사람들의 눈길로부터 얼굴을 가리고 싶을 때가 있습니다. 움푹 팬 눈, 홀쭉해진 뺨, 지치고 구부정한 몸, 얼굴 깊이 패인 고뇌의 주름 등은 그 사람에게 무슨 일이 있었는지를 잘 말해주기 때문에 남들의 눈길을 피하기 위해 얼굴을 감추게 됩니다."

하여, 영혼들도 지상의 사람들과 마찬가지로 옷을 입지만, 그 옷의 성질은 매우 다르다고 한다.

....

사람은 불멸의 존재라 물질계에서든 영계에서든 몸을 지니고 있다. 영계도 물질계의 일종이지만, 진동수가 서로 달라 물질계의 사람에게는 보이거나 만져지지 않을 뿐이다.

물질계에서는 죽음을 맞은 사람은 거친 육체의 몸을 벗고 좀 더 영묘한 차원의 몸을 지니는데, 이를 스피릿(spirit, 정신)이라 한다. 반면에 소울(soul)은 물질과 대비되는 정신적이고 비물질적인 요소로서의 영혼을 뜻한다.

영계의 사람 영혼들도 그 몸 안에 신으로부터 받은 생명의 본질인 소울을 갖고 있다. 그러므로 물질계의 사람은 몸과 스피릿, 소울을 모두 갖고 있으며, 영계의 사람 영혼들은 몸을 제외한 스피릿과 소울만 갖고 있다.

한편, 영매이자 투시가인 리사 윌리엄스에 따르면 이런 이야기도 있다.

"어느 금요일 날 저녁에 친구 한 사람이 우리 집에 와 있었다. 이때 다섯 살이었던 찰리는 엄마 침대에서 자고 싶어 했다. 새벽 2시 무렵 내 친구가 떠날 준비를 하고 있을 때, 우리는 찰리가 큰소리로 비명을 지르는 소리를 들었다.

나는 2층으로 뛰어 올라가서 찰리가 침대 위에 꼿꼿이 앉아서 창문 위 벽의 한곳을 뚫어져라 쳐다보고 있는 것을 보았다. 그곳에는 한 남자의 그림자가 드리워져 있었는데, 마치 커다란 칼을 휘두르며 내 아들을 공격하는 것 같은 모습이었다.

아들이 부들부들 떨고 있었기 때문에 나는 아이를 꼭 끌어안고서 그 그림자의 주인공을 찾으려고 방안을 둘러보았다. 하지만 내가 다시 보았을 때, 그 그림자는 아무것도 없는 빈 벽만 남겨놓고 사라져 버렸다. 아들을 안고 아래층으로 내려가자, 내 친구는 거실 소파에 앉은 채 끔찍한 충격에 떨고 있었다.

그녀는 '방금 어두운 안개 같은 것이 계단을 내려와서 바로 내 앞을 지나서 부엌을 향해 뛰어가는 것을 보았다.'고 했다."

　이 장면에서도 영혼은 그림자 모습으로 나타났다 사라진 것으로 보인다. 그러므로 영혼의 그림자 모습은 어쩌면 영계에서 영혼의 일상적인 모습인지도 모르겠다.

12. 유체이탈

유체이탈은 영혼이 우리 몸을 떠나서 바깥 세계로 여행하는 현상을 말한다. 그런데 임사체험을 하는 영혼은 죽은 영혼인데, 이 유체이탈을 하는 영혼은 살아 있는 영혼이라는 점이 다르다. 전형적인 유체이탈은 대개 자발적으로 일어나며, 잠, 명상, 마취, 병, 충격적인 고통 등의 순간에 가장 흔히 일어난다.

어떤 사람이 갑자기 자신의 의식이 자신의 몸 위에 떠 있는 것을 발견한다. 그리고 다른 곳으로 날아갈 수도 있다는 사실도 깨닫는다. 몸을 빠져나와서 자신의 몸을 내려다보고 있는 기분은 어떨까?

(1) 친구 아내의 죽음

여덟 번째 꿈을 꾸고 나서 또 한 일 년쯤 지난 뒤에 내 친한 친구의 아내가 세상을 떠났다. 이 친구의 아내도 나의 아내와 마찬가지로 오랫동안 병을 앓다가 갔다.

이 친구는 나의 아내가 내 동창 친구의 죽음을 알리러 왔을 때, 그 꿈에서 죽은 친구를 향해 총을 쏘았던 바로 그 친구였다. 이 친구와 나는 차를 살 때 비슷한 시기에 같이 사서, 부부 동반으로 함께 전국을 누비며 여행을 같이 다니기도 했다. 그러다 보니 그 친구의 아내와 나의 아내도 서로 친하게 지내게 되었다.

이 친구 아내의 장례를 치르고 나서 두어 달이 지난 뒤에 어느 날 내가 꿈을 꾸었다.

그날도 내가 거실에 앉아서 신문을 보고 있는데, 아내가 거실로 들어오는데 보니 이상하게 생긴 오토바이를 타고 있었다. 아내는 나를 보더니, 대뜸 "여보, 이리 와서 내 뒤에 타요." 하면서 자기가 타고 온 오토바이의 뒷자리를 가리키는데, 보니 그 오토바이는 보통의 오토바이와는 너무도 다르게 생겨서 이게 정말로 오토바이가 맞는가 하는 의심이 들었으나, 아내가 타기를 재촉하기에 하는 수 없이 일어나서 엉거주춤 오토바이의 뒷자리에 엉덩이를 붙였다.

오토바이는 어느새 공중으로 날아올라 어디론지 달려가는 것이었다. 그러고 보니 이것은 땅 위를 달리는 오토바이가 아니라 하늘을 나는 비행기였다. 그렇게 한참을 날아가더니 어느 아파트 건물 앞에 내려서는데 보니까 그 친구가 살고 있는 아파트 건물의 입구였다.

그러자 조금 뒤에 그 친구가 아파트 입구에서 걸어 나오더니 나를 보고 손짓을 하며 아는 체를 하는 것이었다. 그런데 그 친구의 옆에는 평소대로라면 있어야 할 그의 아내가 그때는 보이지 않았는데, 두 달 전에 이미 운명을 달리했기 때문에 없는 것이 당연했다.

그런데 여기에서 꿈은 사라지고 말았다.

다음 날 아침에 꿈을 깨고 나서도 아내가 무엇 때문에 그 꿈에 나타나서 그 친구의 집으로 나를 데려갔는지 영문을 알 수가 없었다. 그래서 한참을 생각해 본 뒤, 그 친구에게 전화를 했다. 그 친구가 전화를 받기에, 내가 어젯밤에 꾼 꿈 이야기를 하고 나서 그에게 물었다.

"친구야, 우리 집사람이 왜 나를 데리고 자네 집으로 갔을까? 이유가 될 만한 일이 너에게 일어났나?"

그 친구는 의외라는 듯이 "아니, 특별한 일은 전혀 없어. 너에게는 없어?" 하고 도리어 내게 반문하는 것이었다.

그래서 내가 생각한 바를 그에게 말해주었다.

"내 생각에 아마도 우리 집사람이 하늘나라에서 자네 집사람을 만났다는 말을 내게 해주러 온 것이 아닐까? 이에 대해서 너는 어떻게 생각하나?"

"응, 듣고 보니 그럴 듯하구먼. 그것밖에 달리 생각할 이유가 없지 않나?"라고 답했다.

그렇게 전화를 끊고 약 한 달이 지난 어느 날, 나는 다시 아내의 꿈을 꾸었다.

이번에는 아내가 나를 찾아온 것이 아니라, 내가 아내의 방에 들어가 앉아 있는데, 방 안에서는 이미 아내와 그 친구의 아내가 마주 보고 앉아서 이야기를 나누고 있었다. 그러고 보니 여기는 아내와 친구의 아내가 사는 영혼들의 세계였다.

친구의 아내가 말했다.

"내가 여기에 오기 전에 어미 없는 손녀딸을 하나 돌보고 있었는데, 이제 내가 그 아이를 혼자 두고 여기에 왔으니, 누가 나 대신 그 아이를 돌봐줄까? 돌봐줄 사람이 아무도 없어. 그 아이를 생각하면 불쌍해 죽겠어." 하면서 눈물을 흘리는 것이었다.

나의 아내는 이 말에 아무 대꾸도 하지 않고 그냥 듣고만 있었다.

그런데 나는 속으로 "아니 저 아줌마가 있지도 않은 손녀딸을 돌봤다고 하니 어처구니가 없군. 도대체 누구를 두고 하는 말인가?" 하고 생각했다.

그러다가 꿈은 사라졌다.

다음 날 아침에 깨어서 생각해 보니, 이번에 꾼 꿈은 지금까지의 꿈들과는 그 성격이 달랐다. 이제까지의 꿈들에서는 아내가 나를 만나러 왔는데, 이 꿈에서는 내가 아내를 만나러 간 것이었다. 그런데 내가 어떻게 거기로 갔는지에 대해서는 전혀 알 수가 없다. 아마도 아내의 영이 나의 영을 불러들였는지도 모르겠다.

하지만, 내가 아내의 방에 앉아 있다는 것은, 어찌 됐건 내가 거기로 갔다는 것이고, 그리고 내가 그 자리에서 본 것은 나의 아내와 친구의 아내가 하늘나라 아내의 방에서 만나서 서로 이야기를 나누는 장면이었다.

그런데 여기에서 또 하나 처음으로 알게 된 사실은 죽은 영혼들끼리도 이렇게 하늘나라에서 서로 만나고 있는 것이었다. 그리고 살아 있는 나도 그 자리에 있었는데, 이것은 너무나도 놀라운 일이 아닌가! 죽은 자와 산 자의 영혼이 이렇게 만나서 이야기를 나누다니!

현실에서는 상상도 할 수 없는 일임에 틀림 없었다.

다음 날 나는 다시 그 친구에게 전화해서 나의 꿈 이야기를 해주고 물었다.

"자네 집사람이 손녀딸 얘기를 하던데 너는 어떻게 생각해?"

"그 사람도 참 뜬금없구먼. 있지도 않은 손녀딸 얘기를 하다니..." 하며 어이없어했다.

그래서 내가 다시 물었다.

"자네 집사람이 혹시라도 다른 뜻으로 얘기한 게 아닐까? 무슨 짚이는 일이라도 없나?"

하지만 그 친구는 전혀 아는 바가 없다는 것이었다.

그래서 내가 다시 내 생각을 말해주었다.

"그렇다면 내 생각에 자네 집사람이 살아생전에 자네를 돌봐주고 있었는데, 이제 자네가 혼자 살아가야 할 것을 생각하니 불쌍해서 울고 있는 것이 아닐까?"

그제야 그 친구는 "글쎄, 그럴지도 모르지." 하면서 수긍하는 눈치였다.

내가 다시 물었다.

"그런데 친구야, 너는 그동안 자네 집사람 꿈을 꾼 적이 있나?"

그런데 친구는 전혀 없다고 하는 게 아닌가? 내가 그 친구 아내의 꿈을 두 번이나 꾼 것은 참으로 엉뚱한 일이지만, 어쨌든 이 일은 아마도 나의 아내가 내게 자기가 그 친구의 부인을 만났다는 사실을 알려주기 위해서 이렇게 내 꿈에서 한 번은 만났다는 사실을, 두 번째는 만나고 있는 장면을 보여준 것인지도 모르겠다.

마이클 탤보트는 이렇게 말한다.

사후세계로 찾아가기 위해서 꼭 죽어야만 하는 것은 아니다. 사후세계는 유체이탈로도 갈 수 있다는 증거가 있다. 유체이탈이란 사람의 의식이 몸으로부터 떨어져나가 다른 곳으로 여행하는 현상을 말한다. 유체이탈로 더욱 능숙하게 죽은 사람들의 땅을 찾아갈 수 있었던 사람은 스웨덴의 신비가 스웨든보그였다.

1968년 태어난 그는 그 시대의 다 빈치였다. 그는 젊었을 때 과학을 공부했다. 그는 스웨덴의 뛰어난 수학자였고, 아홉 가지 다른 나라 말들을 할 수 있었으며, 조각가이자 정치인, 천문학자이자 사업가였고, 취미로 시계와 현미경을 만들었으며, 야금술과 색채이론, 상업과 경제, 물리학, 화학, 광업, 해부학 등에 관한 책을 썼으며, 비행기와 잠수함을 위한 표준을 고안해냈다.

이 모든 일을 하는 가운데서도 그는 규칙적으로 명상을 했으며, 중년에 이르자 그는 깊은 초월상태에 들어갈 수 있는 능력이 생겼고, 그 상태에서 그는 몸을 벗어나 그에게는 천국으로 느껴지는 곳으로 가서 '천사'와 '신령'들과 이야기를 나누었다. 스웨든보그가 이 여행을 하는 동안 뭔가 깊은 경험을 하고 있었음은 의심의 여지가 없다.

그의 이런 능력이 널리 알려지게 되어서 스웨덴 여왕이, 자신이 죽은 오빠에게 오빠가 죽기 전에 보낸 편지에 대해 그가 답장을 하지 않은 이유를 알아달라고 부탁해왔다. 스웨든보그는 그것을 그에게 물어보겠노라고 약속했고, 다음 날 돌아와서, 오직 그녀와 오빠만이 알고 있는 메시지를 전해주었다.

그는 도움을 청하는 여러 사람들에게 이런 식의 심부름을 해주었는데, 또 한번은 과부에게 죽은 남편의 책상에 달린 비밀서랍이 있는 곳을 가르쳐주어서, 그 속에 있던 중요한 서류를 찾을 수 있게 해주었다.

이 일화에 관한 소문은 너무나 널리 퍼져서, 독일의 철학자 이마누엘 칸트가 스웨든보그에 관한 『신령을 보는 자의 꿈(Dreams of a Spirit Seer)』이라는 책을 쓰게 했다.

(2) 저승에 다녀온 사람들

우리나라 무녀들 가운데 저승에 다녀온 사람들이 많은데, 이것은 유체이탈 현상의 전형적인 예라고 할 수 있다. 사람이 죽으면 그의(또는 그녀의) 영혼은 사후세계, 곧 저승으로 간다. 저승은 영혼들이 사는 세계(영계)로, 이곳을 일러 영혼들의 고향이라고도 한다. 모든 죽은 사람의 영혼들은 이 영혼의 세계에 모여서 산다고 한다. 그러므로 이곳은 산 사람들이 사는 이승과는 또 다른 세상, 곧 저승이다.

저승에 다녀왔다는 무녀들의 말을 들어보면, 몸이 몹시 아파서 죽지 않을까 하는 두려운 생각과, 이 세상이 괴롭고, 몸이 아프니, 죽고 싶다는 생각이 들 때, 저승에 갔다 온다고 한다.

그런데 무녀들은 죽어서 영혼이 저승으로 가는 것이 아니라, 살아 있는 영혼이 잠시 몸을 벗어나서 저승으로 다녀오기 때문에 이것은 임사체험이 아니라, 유체이탈 현상이다.

서정범 교수의 『한국무속인 열전(제4권)』에는 다음의 사례들이 있다.

① 이정연

서울 낙원동에 사는 무녀 이정연(58살) 씨는 일곱 살과 스물일곱 살 때 두 번이나 저승을 다녀왔다고 한다. 일곱 살 때였다. 아버지는 일찍 돌아가셔서 얼굴도 모르고 어머니와도 떨어져 있을 때이다. 그때 몸이 매우 좋지 않았다. 어린 마음에도 이렇게 외롭고 아플 바에야 차라리 죽는 것이 낫지 않을까 하고 생각했다.

그러자 몸이 날아서 산을 넘고 바다 위를 낮게 떠서 날아간다. 몸이 물에 찰랑찰랑 젖을 정도로 얕게 날아간다. 바다를 건너자, 아름다운 꽃밭이 펼쳐진다. 큰 기와집이 보였다. 그 앞에서 멎었다. 태극기가 있고 세 개의 색색 깃발이 보였다.

저 안에 들어가면 돌아가신 아버지가 계신다고 했다. 수없이 많은 문을 열고 들어갔다. 문을 열고 들어갈 때마다 옆에는 아름다운 꽃밭이 있었다. 또 양쪽 옆에는 공부하는 방이 있어서 글 읽는 소리가 들렸다. 쭉 들어가니까 어떤 할아버지가 갓을 쓰고 앉아 있었다.

그러면서 "너의 아버지는 두 개의 문을 더 열고 들어가면 계신다"고 했다.

두 개의 문을 더 열고 안으로 들어가니, 아버지는 명주 바지저고리를 입고, 방 안에 앉아 계셨다. 이때 심부름하는 사람들이 밥상을 아버지 앞에 갖다 놓으며, "따님이 왔습니다. 어린 딸이 왔습니다. 그리워하는 딸이 왔습니다."라고 아버지께 말씀드리는 것이었다.

아버지는 "어서 이리 와 밥먹어라."라고 하시는 것이었다.

나는 "밥을 먹고 왔으니, 안 먹겠어요" 하고 말했다.

아버지는 "이 아빠는 너를 낳았을 때 좋아했느니라. 너는 나를 모를 것이다. 나는 할아버지를 모시고 도를 닦았느니라. 내가 네 집에 갈 것이니라."라고 말씀하시더니 담뱃대로 종아리를 때리며 "어서 나가라"고 하셨다.

들어갈 때는 그냥 날아서 갔는데, 나올 때는 두 어깨에 날개가 달려 있었다. 이렇게 날개가 달려 있어서 큰일 났다고 울다가 깨어났다.

스물일곱 살 때에는 남편이 교통사고로 크게 다쳐 7년 동안이나 해군병원에 입원해 있었는데, 저승에 가는 날은 남편이 큰 수술을 받는 날로 생사를 가름하는 날이기도 했다. 해군병원 입원실, 남편의 맞은편 침대에서 잠이 들었다. 이즈음 그녀는 여러 번 자살을 시도했으나, 실패했었다.

어느덧 그녀는 망망한 바다 위를 날아간다. 물 위에 떨어질 것 같으면서도 떨어지지 않고 날아간다. 옷은 젖지 않았다. 바다를 건너자, 아름다운 꽃밭이 펼쳐진다. 이 세상에서 보지 못한 아름다운 꽃들이 피어 있고, 한쪽에는 폭포수가 있고, 맑은 물이 흐른다. 물가에는 물새들이 있고, 갖가지 아름다운 새들이 지저귀며 날아다닌다.

다른 한쪽에는 복숭아, 모과, 배, 사과 등 갖가지 과일들이 탐스럽게 열려 있고, 조그맣고 빨간 열매들이 보석같이 빛나고 있어 매우 아름다워 보였다.

큰 기와집이 있고, 문 가까이에 흰곰이 한 마리 앉아 있는데, 그 곰은 무척 예쁘고 순해 보였으며, 그녀를 보고 잘 왔다고 반겨주는 듯했다. 꽃과 새들도 그녀를 반겨주는 듯했다.

그 집 대문을 열고 안으로 들어가니, 꽃밭이나 정원이나 오붓한 길옆에는 꽃들이 피어 있었다. 클로버꽃이 보이고, 할미꽃도 보였다.

또 한 문을 더 열고 들어가니 "내 손녀야, 잘 왔다. 나는 너의 칠 대조 할아버지니라."

할아버지 옆에는 아름다운 시녀들이 서 있었다. 할아버지는 "네가 앞으로 공명을 얻을 것이니, 내가 주는 이 책으로 공부하라." 하고, 책 세 권을 주시면서 "네가 받은 이 책들은 죽은 사람 살리는 책이니라."라고 말씀하신다.

이어서 할아버지께서는 "두 대문을 더 들어가거라. 그러면 너의 아버지가 기다릴 것이니라."라고 말씀하셨다.

한 대문을 열고 또 꽃밭을 지나 두 번째 대문을 열고 들어가니, 아버지가 계셨다. 일곱 살 때 보았을 때는 바지저고리만 입고 있었는데, 그 위로 덧옷을 입어서 더 젊어지셨다는 생각이 들었다. 이윽고 진수성찬을 차린 밥상이 들어왔다.

시녀가 "어서 앉아서 아버님과 식사를 하라"고 권한다.

나는 "안 먹겠어요." 하니, 아버지가 "밥을 먹어도 되느니라" 하여 함께 먹었다. 반찬은 주로 산채인데, 기름으로 튀긴 것이 많았다. 밥은 쌀밥인데 찰기가 있었다. 입에 넣으면 모든 음식이 사르르 녹았다. 약간 달콤하고 고소한 맛이 났다. 숟가락과 젓가락은 빛이 나는 아름다운 것들이었다. 배불리 먹었다. 식사가 끝나자, 상을 물리고 책 세 권을 주시면서, 아버지는 "이 책은 천수경과 반야심경과 역사책이니라. 이 책으로 공부하라. 나는 여기서 도를 닦았는데, 너는 왜 나를 모시지 않느냐? 나를 너의 집에 모셔라. 너한테 밥을 얻어먹고 싶다. 너의 대주(남편)를 살려주리라" 하며 "어서 나가라" 하고, 선물을 주셨다.

하나는 꽃 세 송이씩을 묶은 것, 그리고 빨간 열매가 달린 나뭇가지 셋을 주시며, "어서 이것을 가지고 빨리 나가라. 여기는 오래 있을 곳이 못 되니, 어서 가라"고 하셨다.

대문 밖을 나서니 폭이 1m 정도, 길이가 100m쯤 되는 길이 나왔다. 길에 나서자, 발이 닿는 듯 마는 듯 나는 기분으로 100m쯤 나아갔다. 그러자 앞에는 망망한 물이 나타났다. 여기서부터는 붕 날아서 물을 건너고 깨어났다. 두 어깨에 새같이 날개가 돋아 있었다.

② 최선자

서울 강서구 길동에 사는 무녀 최선자(47살) 씨는 꿈에 저승에 가본 적이 있는데, 부뚜막에 올라가다가 정신을 잃었다.

이때 두 팔에 날개가 달리면서 날아서 물 위를 스쳐 가는데 물 위를 달리는 작은 버스가 있어, 그 위에 올라탔다. 한참을 달리다가 버스에서 내려서 보니 물이 아니고, 땅이었다.

버스에서 내려오자, 날개가 없어졌다.

사방을 둘러보니 채찍으로 사람을 치는 장면이 보이는가 하면, 한편에서는 큰 칼을 숫돌에 갈고 있었다. 어떤 이가 다가와서 돈 3백 원을 달라고 했다. 돈을 주고 돌아서니까, 다른 할머니가 "너, 여기는 왜 왔느냐? 아직은 이르니 그냥 돌아가라"고 했다.

나는 "그냥 구경 왔는데요. 여기는 무엇을 하는 곳인가요?" 하고 묻자, 그 할머니는 "자네는 몰라서 그러네. 우리나라가 남한, 북한으로 갈라지듯이 이 동네와 저 동네가 다르네."

그래서 나는 "할머니, 나는 여기가 좋아요. 씨 뿌리고 농사짓는 여기가 좋아요. 여기서 살까 봐요." 그러자, 할머니는 "자네는 그냥 가서 좋은 일 많이 하면, 언젠가는 여기 오게 되네. 뒤돌아보지 말고 나가게. 3백 원 준 것 잘됐네. 자네 돈 안 가져왔으면 큰일 날 뻔했네. 3백 원은 잘 줬네." 하였다.

"그래, 꼭 나가야 하나요?" 하고 물으니, 할머니는 "돌아가라!"는 것이었다.

꿈을 깨니, 머리를 부딪친 기둥에 기대어 있었다.

대개 무녀들이 저승에 다녀올 때는 건강이 안 좋을 때, 죽고 싶다는 충동과 죽지 않을까 하는 두려운 생각을 하고 있을 때 나타나는 현상으로 내세에 대한 잠재의식이 드러난 것이라 하겠다.

③ 처녀보살

서울 아현동에 처녀보살이라는 옥호를 가진 처녀 무녀(34살)가 있다. 그녀의 어머니가 무녀였다. 9살 때부터 아는 소리를 했다.

11살에 느닷없이 말문이 열리며, "계룡산 숫용추를 찾아가라. 명기를 받아오라. 서기 받아오라"는 공수가 내렸다.

그날 밤 꿈에는 숫용추의 모습이 보였다. 한 번도 가본 적 없고, 들어본 적도 없는 곳이었다. 그때가 정월, 아주 추울 때였다. 그녀는 어머니와 함께 열차를 타고 대전역에서 내렸다.

택시 기사에게 "계룡산 숫용추를 아느냐?"고 물었더니, 마침 그 기사가 계룡산 주변에서 살았기 때문에 잘 안다면서 숫용추까지 데려다 주었다.

숫용추 폭포 밑에 이르러 무릎을 꿇고 앉으니, 갑자기 몸에 신이 내렸다.

"불쌍한 내 손녀야, 너를 살려주려고 왔다. 내가 누구인 줄 아느냐? 계룡산 산신령이다. 네 친할아버지가 산신령으로 왔느니라. 널 살려주려고 왔다."는 공수가 내렸다.

한참 기도를 드리고 있는데, 또 공수가 내렸다.

"하탕 밑에 밥해주는 집이 있느니라. 근처에 장군담이 있는데 그 아래 흙 속을 파보아라."

추운 겨울이어서 흙이 얼어 있었다. 쇠꼬챙이로 흙을 파니, 그 안에서 방울 7개와 엽전 3개가 나왔다. 이것들을 두 손에 들자, "명기 받고 서기 받아 만 중생 구제하려고 내가 왔다. 나는 산신령이다. 네 할아버지니라."

이리하여 열한 살에 말문이 터서, 나이 어린 무녀가 된 것이다. 애기무당이 소문이 나서 손님들이 줄을 이었다.

한번은 이웃집 할머니와 손을 잡고 저승에 갔다. 저승에 가니 어두컴컴하고 초가가 한 채 썰렁하게 서 있다.

할머니는 초가로 들어가면서 "난 우리 집에 왔으니 너는 얼른 가라"고 해서 도로 나왔다.

사흘째 되는 날 그 할머니는 갑자기 돌아가셨다.

사람이 죽어서 좋은 곳에 갈 때는 저승에 꽃이 아름답게 피어 있고, 새가 지저귀고 햇빛이 환하다고 한다. 저승에 갈 때는 긴 강을 건너게 되는데, 사공도 없는 자그마한 나무배를 타고 건넌다고 한다. 새소리, 물소리가 아름답고, 갖가지 꽃들이 피어 있고, 나비가 춤을 추는 그런 아름다운 곳이다.

저승의 입구에는 문지기 세 사람이 칼을 들고 서 있는데, 다른 사람들만 들여보내고 처녀보살은 아직 올 때가 아니니 나가라고 해서 나온다.

처녀보살은 다음에 올 손님이 전날 밤 꿈에서나, 그날 아침에 목욕하는 동안 떠오른다고 한다. 아침에 목욕할 때 소복을 한 여인이 쑥 들어서는 것이 보일 때에는 여자가 죽어서 오는 손님이고, 남자가 두건을 쓰고 있는 것이 보이면, 남자가 죽어서 오는 손님이다. 환자 때문에 오는 손님이라면 몸에 전이가 되어 손님의 아픈 부위가 자기도 아프다.

서정범 교수는 저승에 관해 다음과 같이 말한다.

"무속인들이 저승에 다녀온 이야기들은 매우 흥미롭다. 저승에 갈 때는 건강이 안 좋아 생명의 위협을 받거나, 또는 연탄가스에 중독되었을 때, 또는 갈등과 괴로움을 이기지 못하고 죽고 싶다는 생각에 자살을 기도했다든가, 높은 벼랑에서 떨어져 가사상태가 되었을 때이다. 저승에 갈 때는 직접 가는 경우도 있고, 몸은 현실에 있으면서 또 하나의 자기가 저승에 가는 경우가 있다. 이른바 탈혼해서 영혼이 저승을 다녀오는 경우이다. 저승에 들어가는 입구는 대개 어두운 곳으로 상징되며, 굴을 통하거나 좁은 길을 거쳐서 간다. 저승에 갈 때는 안내자가 있는 경우가 있고, 안내자가 없이 혼자 가는 경우도 있다. 안내자는 검은 옷을 입은 저승사자 두 사람이거나, 또는 선녀가 길을 안내해 주기도 한다.

저승에 들어갈 때는 문을 거치는 경우가 있고, 문이 없이 곧바로 저승세계가 펼쳐지는 경우도 있다.

저승 가는 길이나 저승에 들어가게 되면 아름다운 꽃들이 피어 있고, 아름다운 새들이 노래하고, 맛있는 과일이 열려 있고, 아름다운 호수, 샘과 강물이 흐르고 있다.

저승에는 높은 산은 없지만, 야트막한 야산은 있다.

저승에서 만나는 사람 가운데는 돌아가신 조상들이 있다. 물론 옥황상제나 동자, 선녀, 신선 등을 만날 수가 있고, 그들과 이야기를 나누기도 한다.

저승에 갈 때 물속으로 들어가거나, 바다가 갈라져서 그 갈라진 길로 들어가기도 한다. 이렇게 저승이 물속에 있는 경우가 있고, 하늘로 올라가는 경우도 있다. 하늘로 올라가도 지상과 같은 무대가 펼쳐진다.

건물은 우리나라의 전통적인 기와집과 초가집 등이 있고, 현대식 건물인 빌딩이나 아파트는 없다.

저승의 세계는 둘로 나뉜다. 하나는 아름답고 좋은 세계와 또 하나는 좋지 않은 세계인데, 좋지 않은 세계는 불이 이글이글 타고, 뱀이 우글거리고, 가시밭길과 같은 험한 곳이다. 좋지 않은 세계는 이승에 있을 때 나쁜 짓을 한 사람들이 가는 곳이고, 좋은 일을 한 사람은 죽어서 좋은 곳으로 간다고 하겠다.

저승에 가서는 대개 이 세상에서는 볼 수 없는 아름다운 경치를 구경하고, 융숭한 대접을 받기도 하고, 음식을 먹기도 한다. 때로는 보물이나 증표 같은 선물을 받아오기도 한다.

이승으로 돌아올 때 "너는 아직 올 때가 아니다, 이승에 나가 더 좋은 일을 해라. 너는 무녀가 되어라." 등의 사명을 받는다.

이승으로 돌아올 때 안내자가 있지만 때로는 개가 안내하기도 한다. 그런데 개의 얼굴이 돌아가신 본인 아버지의 얼굴로 나타나는 경우가 있다.

꿈에서 깨어날 때도 물에 빠지거나 다리가 끊어져 떨어지거나 하며 놀라서 깨는 경우가 있다.

저승에 갈 때의 어두운 길, 굴, 좁은 길은 사람이 자궁에서 태어나듯 모태회귀 현상의 전형적인 예라 하겠다. 더구나 저승에 갈 때 물을 건너가거나, 물속이나 물 옆을 지나가거나 하는데, 저승에 물이 있다는 것은 태내에 있을 때 양수의 상징으로, 저승이란 모태로 돌아간다는 강력한 표현이다.

저승에 가는 길이나 저승에 가면, 꽃, 물, 새, 과일, 산 등이 있다는 것은 공통적으로 보이는 현상이다. 무녀들의 취향을 조사해본 적이 있는데, 꽃, 물, 새, 과일, 산 등을 좋아하고 있었다. 그런데 이러한 다섯 가지가 저승에도 있다는 사실과, 더욱 놀라운 것은 저승에 갈 때 타고 가는 꽃상여도 그 다섯 가지와 모두 이어져 있다는 사실이다. 꽃상여니까 꽃은 물론 있고, 물의 신인 용이 있고, 상여 위에 새와 복숭아가 있고, 이 상여는 산으로 간다고 하겠다.

무녀들의 취향과 상여와 저승의 세계가 공통된다고 하는 사실은 무엇을 뜻하는가?

꽃, 물, 새, 산이 상징하고 있는 것은 무엇일까?

무녀들은 꽃을 제일 좋아한다. 무녀들 신당에 꽃 없는 집은 거의 없다. 생화는 별로 없다. 생화는 곧 시드니까 시들지 않는 조화를 놓는다. 무녀들은 꽃에서 향기를 맡으며 나비가 날아드는 것을 환시로 보고 있으며, 신당에 차려놓은 조화에 죽은 애기가 예쁘게 나타나 노는 장면을 보기도 한다. 이 애기를 명주, 태주 또는 동자라고 한다.

무녀가 좋아했던 사람, 곧 남편이거나 짝사랑했던 남자가 죽어서 꽃에 나타나 이야기를 나누기도 하고, 그 꽃을 만질 때, 이성적인 육감이나 오르가즘을 느끼기도 하는데, 이러한 예들은 꽃이라는 대상에서 사랑을 보상받는다는 사실을 말해준다고 하겠다.

어느 초능력자의 체질을 조사해 봤더니 쌀과 물, 그리고 꽃만 좋은 것으로 나타나고, 그 밖의 것들은 좋지 않은 것으로 나타났는데, 여기서 물과 쌀은 몸의 생명을 유지시켜 주며, 꽃은 사랑을 상징하므로, 정신적으로는 사랑만 있으면 살 수 있다는 사실을 가리키고 있다.

심청전에서, 심청이 인당수에 빠져 꽃이 되고, 그 꽃에서 다시 태어난다. 왕비가 되어서 아버지의 눈을 뜨게 한다. 심청전에서 꽃의 뜻은 다시 태어났으니, 부활의 뜻이 있고, 왕비가 되어 사랑을 얻었으니 사랑의 뜻이 있다고 하겠으며, 뒤에 아버지의 눈을 뜨게 했으니, 소망의 뜻이 있다고 하겠다. 그래서 꽃에는 부활, 사랑, 소망의 뜻이 있다.

무녀가 왜 되느냐를 한마디로 말하기는 어렵지만, 필자의 생각으로는 '사랑이 모자라서'라고 본다. 그러니까 모자라는 사랑을 꽃에서 보상받는다고 하겠다. 꽃에 나타나는 애기나 사람은 모두 죽은 사람이지 산 사람이 아니다. 꽃에 나타나는 사람은 모두 예쁘고 아름답고 사랑하는 사람이지, 생전에 밉거나 싫었던 사람은 전혀 나타나지 않는다.

이러한 현상은 무녀들은 몸은 현실에 있지만, 정신은 저승에 가 있기 때문이다. 죽은 사람은 현실에서 만날 수 없지 않은가? 꽃상여나 저승에 꽃이 있다는 것은 현실적인 사랑의 결핍을 저승에서 누리고자 하는 욕망의 표현이라 하겠으며, 저승은 현실이 될 수 없는, 이상의 세계가 된다.

심청전의 물은 심청의 갈등과 아픔을 모두 해체하고, 생명까지도 해체해 버리는 뜻이 있다. 사람의 모든 아픔과 갈등과 생명까지 해체하고, 이것을 극복하고 승화한 새로운 생명이 태어나는 매개가 곧 물이 되는 것이다. 무녀들이 즐겨 하는 일 가운데 하나는 물에 몸을 담그거나 씻는 것이고, 신당에 의례 날마다 물을 갈아놓고 냉수를 마시는 것인데, 이는 현실의 아픔과 고통을 승화시키고자 하는 강력한 표현이다.

저승의 물속에서 아름다운 고기들이 노니는 것을 보게 되는데, 꿈에서의 물고기는 전형적으로 남성, 게다가 잘생긴 미남자를 상징한다. 현실을 떠나, 새로운 세계에서 새로운 사랑을 갈구하는 표현이라 하겠다.

새는 높이 자유롭게 날아다닌다. 무녀들이 현실의 속박에서 벗어나 새와 같이 자유로워지기를 바라는 표현이다. 그들은 꿈에 날고 있다. 날아서 주로 산에 간다. 산에는 무덤이 있고, 상여가 가고, 시체가 묻히는 곳이다. 무녀들에게 저승이 어디 있느냐고 물으면, 산에 있을 것이라고 대답하는 사람이 약 50%가 된다. 무녀들은 산을 보면서 마음의 평정을 얻는다.

과일은 한마디로 사랑의 결실이다. 꽃은 향기롭고, 거기에는 달콤한 꿀이 있다. 이렇게 아름답고, 향기롭고, 달콤한 것은 열매를 맺게 하기 위해 나비와 벌을 향한 유혹의 몸짓이다. 그러니까 저승이란 이승에서 못다 한 사랑을 누리고자 하는 바람에서 생겨난 곳이라 하겠다.

저승에 다녀왔다고 하는 사람들은 보통 사람은 아니고, 이른바 신기가 있는 사람들이라 할 수 있다. 기가 많은 사람은 연탄가스를 마시거나, 독약을 먹거나 해도 그리 쉽게 숨이 끊어지지 않는다. 다만 의식을 잃고 가사상태에 이를 뿐인데, 이렇게 가사상태에 있을 때, 저승을 경험하게 된다. 그래서 이렇게 기가 많은 사람들은 죽고 싶다는 생각이 간절할 때에는 가사상태에 빠져든다. 죽어서는 저승에 갈 것이라는 입력된 정보가 가사상태의 사람을 저승으로 이끈다고 하겠다.

무녀들은 어떤 때는 대낮인데도 창을 천으로 가리고, 방안을 캄캄하게 한다. 그리고 실오라기 하나도 걸치지 않은 알몸뚱이가 된다. 그리고 어머니 뱃

속에 있을 때의 태아 모습과 같이 쪼그리고 앉아서 열 시간이나 그대로 있기도
한다. 이렇게 쪼그리고 앉아 있을 때는 아무 생각 없이 평안하다는 느낌만 들
뿐이고, 황홀감마저 느끼기도 한다. 이는 그녀가 죽고 싶다는 생각이 모태회귀
현상을 일으켜 자기도 모르게 캄캄한 방에서 태내의 모습으로 쪼그리고 앉아
있고 싶은 것이다.

무녀들의 죽고 싶다는 생각은 결국 발가숭이가 된 태아의 모습과 같이 가
사상태에 이르게 된다고 하겠다. 이렇게 가사상태에 이를 때 저승에 이를 것이
라는 생각이 저승 경험을 하게 한다. 저승사자나 염라대왕이 있다는 입력된 정
보가 저승에 가면 저승사자나 염라대왕을 만나게 된다.

결국 저승세계란 입력된 정보의 재현이다. 저승에서 꽃, 물, 새, 과일, 산 등
을 볼 수 있었다는 것은 바로 입력된 정보가 모습을 바꾼 것이다. 아울러 저승
세계도 사람들의 집단 무의식의 표현에 다름 아니다. 이런 저승에 관한 사고는
고대인들의 삶의 지혜라 하겠다.

그것은 현실에서 악의 요소를 제거하여 사회의 균형을 유지하려는 뜻이 있
다고 하겠다. 뿐더러 인생에 생명이 끝나는 현실을 보게 된다면 얼마나 생의
허무와 좌절과 비애를 느끼겠는가? 현실에서는 어렵고 고통스럽지만, 저승에
서는 낙을 누릴 수 있다는 생각은 내일을 위해 오늘을 살아가는 힘이 된다고
하겠다."

이상의 내용으로 보아, 서정범 교수는 저승은 이승에서 죽은 사람의 몸을
떠난 영혼들이 실제로 가는 영혼의 세계가 아니라, 무녀들이 그녀들의 염원으
로 만들어낸 상상의 세계라는 독특한 이론을 제시하고 있다.

그러면 실제로 무녀들이 죽었을 때, 그들의 영혼은 어디로 가는가, 그들의
저승은 실제로 어디에 있다는 말인가?

그런데 무녀들이 묘사하는 저승은 마이클 텔보트가 쓴 『홀로그램 우주』에 죽었다가 다시 살아난 뒤 그동안 몸을 떠나 사후세계를 방문했던 사람들의 이야기 내용과 비슷한 점이 많다는 것이다.

그 내용을 다시 한번 보자.

....

어떤 사람이 죽어가고 있다가 갑자기 자신이 공중에 떠서 그의 죽음 주위에서 일어나고 있는 일들을 내려다보고 있음을 깨닫는다. 잠시 뒤 그는 어둠, 또는 터널 속을 굉장히 빠르게 지나간다. 그는 눈부시게 빛나는 곳으로 들어가고, 최근에 죽은 친구와 친척들로부터 따뜻한 영접을 받는다.

보통 뭐라고 말로 나타낼 수 없을 정도로 아름다운 음악소리가 들리고, 지상에서 본 어떤 것보다도 아름다운 광경―구릉진 목장, 꽃이 만발한 계곡, 반짝이는 시냇물 등―을 본다. 이 빛으로 가득한 세계에서 그는 아무런 고통도 두려움도 느끼지 않으며, 밀려오는 환희와 사랑과 평화의 느낌에 휩싸인다.

그는 무한한 자비의 느낌을 내뿜는 '빛의 존재(또는 존재들)'를 만난다. 그 존재는 그에게 자신의 지난 삶이 파노라마처럼 다시 펼쳐지는 '인생 복습(life review)'을 경험하게 한다. 그는 이 넓고 큰 현실의 경험에 압도되어 그곳에 한없이 머무르고 싶어진다.

그러나 그 존재는 그에게 아직은 때가 아니라고 말하고 다시 몸으로 들어가 지상의 삶으로 돌아가게 한다.

....

이븐 알렉산더 박사가 경험한 천국과도 너무나 많이 닮아 있다.

"빛의 한가운데에서 나타난 열려 있는 구멍을 지나서 완전히 새로운 세상에 놓이게 된다. 그곳은 내가 지금껏 보지 못했던 가장 이상하고, 가장 아름다운 세상이었다.

찬란하게 빛나고, 생기가 넘치고, 황홀하고, 너무나 아름다운... 이 세계가 어떻게 보이고 어떻게 느껴지는지를 설명하기 위해 온갖 형용사들을 다 늘어놓는다 해도 결코 그것에 미치지 못할 것이다.

나는 날고 있었다. 나무들, 들판, 시냇물, 폭포, 그리고 여기저기에 사람들이 보였다. 웃고 노는 아이들도 있었다. 사람들은 둥글게 모여서 노래하고 춤췄고, 그들만큼이나 즐거워 보이는 개가 깡충깡충 뛰어다녔다. 그들은 단순하면서도 아름다운 옷을 입고 있었는데, 주변에 만발한 꽃과 나무들이 지닌 따뜻한 생명력이 옷 색깔에서도 똑같이 느껴지는 듯했다.

믿을 수 없을 만큼 아름다운 꿈의 세상... 그런데 꿈이 아니었다. 나는 내가 어디에 있는지, 심지어는 내가 무엇인지도 몰랐지만 한 가지만은 확실했다. 내가 갑자기 놓인 이곳은 실제 현실이었다.

... 깜깜하고 한이 없지만, 나는 여전히 한없이 편안하고 커다란 텅 빈 곳으로 들어가게 되었다. 칠흑같이 캄캄했는데도 빛이 넘쳐흘렀다. 이 빛은 내 가까이에 있는 것 같은, 황홀하도록 눈부신 공에서 나오는 듯했다.

앞에서 천사 같은 존재들이 불렀던 노래처럼, 공은 살아 있는 듯하면서도 고체같이 단단하기도 했다. 이상하게도 이때 처한 상황은 자궁 속에 태아가 있는 것과 비슷했다. 태아는 말없이 영양을 보내주는 태반과 더불어 자궁 속을 떠다니는데, 태반이 이어주는 어머니는 사방에 있으면서도 그 모습은 보이지 않는다.

여기서 '어머니'는 하느님, 창조주, 우주 만물을 있게 한 근원에 해당한다. 이 존재는 참으로 가까이에 있어서, 나와 근원 사이에 한 몸으로서 틈이 없다고 느껴질 정도였다. 그러면서도 나는 창조주의 한없이 크심과, 그에 비해 내가 얼마나 하잘것없이 작은지를 느낄 수 있었다."

우리나라 무녀들이 경험한 저승은 이븐 알렉산더 박사가 가보았다는 천국
과도 닮은 점들이 많다. 무녀들의 유체이탈한 영혼들은 어두운 길이나 좁은 골
목을 지나 아름다운 경치가 있는 곳으로 간다. 그곳에는 아름다운 꽃들이 피어
있고, 새들이 즐겁게 노래한다.

무녀들은 그곳에서 안내인이나 가족들을 만나기도 한다. 또 무녀들이 간
저승에서는 이븐 알렉산더 박사가 경험하지 못한 일도 있는데, 그곳의 사람들
이 무녀들에게 맛있는 음식을 융숭하게 대접하기도 한다.

그러므로 무녀들의 영혼은 사후세계로 가서 이븐 알렉산더 박사가 보았다
는 그 천국을 마찬가지로 보고 왔다고 생각된다. 그런데 이븐 알렉산더 박사는
중심 근원에 가까이 갔으며, 중심근원을 느꼈다고 하는데, 우리나라의 무녀들
은 살아 있는 영혼으로 유체이탈하여 천국으로 갔으면서도 하느님을 뵈었다
는 사람은 한 사람도 없는데, 이것은 아마도 그들이 하느님을 믿지 않기 때문에
하느님에 대한 개념이 없어서 그분을 뵙고도 알아보지 못했거나, 아니면 집안
의 먼 조상으로 착각하지 않았나 하는 생각이 든다.

아무튼 서정범 교수가 무녀들이 다녀왔다는 저승을 무녀들이 상상으로 만
들어낸 이상세계의 표현이라고 한 것은 약간 초점을 벗어난 해석이라고 생각
된다.

한편, 성경에 보면 이런 구절이 있다.

"너희는 마음에 근심하지 말라. 너희가 하느님을 믿으니 또한 나를 믿으라.
내 아버지 집에는 많은 저택들이 있느니라. 그렇지 아니하면 내가 너희에게 말
하였으리라.

나는 너희를 위하여 처소를 마련하러 가노라. 내가 가서 너희를 위하여 처
소를 마련하면 다시 와서 너희를 내게로 영접하여 내가 있는 그곳에 너희도 있

게 하리라. 내가 어디로 가는지 너희가 알고 또 그 길도 너희가 아노라”(요한복음, 제14장 1절~4절)

이 성경 구절에 따르면, 내가 사고를 당해서 하늘나라로 갔을 때 아내가 살고 있는 집으로 들어갔는데, 그곳은 바로 저승이었던 셈이다. 그런데 아내가 저세상으로 가서 지옥 불 속이 아니라, 천당의 하느님 집에서 살고 있으며, 그곳에서 나를 기다리고 있다는 사실이다.

그러므로 나는 언젠가는 죽더라도 어디로 멀리 사라져 버리는 것이 아니라, 아내가 살고 있는 그곳으로 가리라고 믿는데, 왜냐하면 우리는 이승에서 부부의 인연을 맺었으니까 죽어서도 함께 있어야 하는 것이 당연하지 않겠는가? 아내가 이승에서와 똑같은 아파트를 갖고 있다는 사실은 죽어서도 우리가 같이 살 집으로 마련했다는 뜻이리라.

점술인의 말을 그대로 믿을 수는 없지만, 아무튼 내가 교통사고를 당해서 죽었다가 다시 살아났다는 사실과 아내가 저세상에서 새로운 삶의 터전을 마련해서 살고 있으며, 언젠가 내가 그곳으로 올 것을 기다리고 있다는 사실을 알고 나니, 이제 나는 죽음이 더 이상 두렵지 않게 되었다.

내가 앞으로 얼마나 더 오래 살다가 저세상으로 갈지는 모르지만, 저세상에서 아내가 나를 기다리고 있다는 사실과, 나도 죽으면, 틀림없이 아내를 만나게 될 것이라는 사실을 알았기 때문이다. 그러므로 이 성경 말씀에 따라, 나의 아내는 예수님의 인도를 받아 천당의 하느님 집에 있는 많은 저택들 가운데 하나를 받았는지도 모르겠다는 생각이 든다.

(3) 살아 계신 하느님과의 두 번째 만남

나는 또 다른 유체이탈을 경험했다. 아내가 저세상으로 간 뒤 한 5년쯤 뒤(아마도 2015년)의 어느 해였을 것이었다. 나의 딸들은 내가 혼자 지내는 것이 보기에 딱했던지 해외여행을 권했다. 아내가 살아 있을 때 미국 서부와 캐나다 서부를 같이 여행한 적이 있었는데, 아내는 그 여행이 좋았던지 다음에는 미국 동부와 캐나다 동부도 마저 여행하자고 했었는데, 병이 나는 바람에 실행하지 못했다.

이 사실을 아는 딸들은 나에게 이 여행을 권했고, 이때 별다른 할 일이 없었던 나는 두말없이 그 요청에 응해서 여행을 떠나게 되었다. 미국 뉴욕공항에 도착한 후 여행사가 준비한 관광버스를 타고 뉴욕 도심 한복판에 있는 센트럴공원으로 가서 그곳을 한 바퀴 둘러보고 나오다가 길가에 있는 서점 한 곳을 발견하고, 평소의 습관대로 무심결에 그 서점 안으로 들어갔다.

마침 예수님의 생애에 관한 흥미로운 책 『열심당원, 나자렛 예수의 삶과 시대(*Zealot, The life and Times of Jesus of Nazareth*)』가 있어서, 그 책을 사가지고 나왔다.

그날의 여정을 모두 마치고 호텔의 잠자리에 들어서 이 책을 읽기 시작하다가, 나도 모르게 잠이 들어버린 모양이었다.

그러고는 꿈을 꾸었다.

꿈에서 나는 차를 몰고 어디론가 가고 있었다. 그런데 별안간 앞쪽에서 검은색 승용차가 한 대 달려오더니 내 차를 들이받는 것이었다.

아차! 하는 순간, '꽝' 하고 부딪쳤다. 피할 틈이 없었다.

이 충돌사고로 내 차는 박살이 났고, 나는 어느 순간 차로부터 솟아올라 하늘 위에 붕 떠 있었다. 아래로 내려다보니 내가 운전대에 엎어져 있었다.

순간 나는 내가 죽었다는 사실을 알았다.

그러고는 어느새 나(내 영혼)는 어두컴컴한 굴속으로 들어가고 있었다. 한동안 굴속을 지나가니 마침내, 눈앞이 환하게 밝아지면서, 아름다운 광경이 펼쳐졌다. 아름드리 푸른 나무들이 무성하게 숲을 이루고 있었고, 그 사이사이에 아름다운 꽃들이 다투며 피어 있고, 그 위로는 수많은 새들이 아름다운 소리로 지저귀고 있었다.

'아, 여기가 천국인가 보다' 하는 생각이 들었다.

나무들 사이로 난 길을 따라 걸어가니, 별안간 눈앞에 금빛 찬란한 궁전 같은 아름다운 건물이 나타났다. 건물 앞으로 다가가서 보니, 건물의 현관에 있는 출입문이 열려 있었다.

그 문을 지나 안으로 들어가니 넓은 홀이 나오고 그 안쪽에는 커다란 거실이 있었으며, 거기에는 황금빛 의자에 한 할아버지가 앉아 계셨다.

하느님이셨다!

처음으로 나에게 나타나셨을 때와 같은 그 인자한 얼굴에 빙그레 웃음을 띠며 나를 알아보셨다. 나는 하느님이 나를 알아보신다는 사실에 너무 기뻤다.

나는 앞으로 나아가 허리를 깊이 숙이며 인사했다.

"하느님, 저 왔습니다."

하느님은 가볍게 머리를 끄덕이시며 내 인사를 받아주셨다.

그러자 바로 옆에서 웬 목소리가 들렸다.

"기야, 너 여기 웬일이냐?" 나는 두리번거렸다.

그 소리의 주인공은 다름아닌 40여 년 전에 하늘나라로 간 나의 형이었다. 모습은 없었지만, 나는 소리로 형임을 알 수 있었다. 그런데 소리는 우리가 생각하는 물리적인 소리가 아니라 텔레파시에 의한 소리였다.

나는 하느님께 나의 형을 소개해 드렸다.

"하느님, 저의 형입니다."

하느님은 또 고개를 끄떡이셨다.

그러고서 나와 나의 형은 한동안 이야기를 주고받았는데, 이야기 내용은 하나도 기억나지 않았다. 그때 우리 주위에는 많은 영혼들이 무리를 이루고 있었는데, 내가 아는 영혼은 한 사람도 없었다.

잠시 뒤에 '오빠!' 하고 부르는 나의 큰 여동생 소리에 뒤돌아보는 순간, 눈앞이 캄캄해지면서 이 장면은 끝나고 말았다.

그런데 나의 이 큰 여동생은 아직도 살아 있으므로, 이때 들리는 목소리는 영혼의 세계에서 들리는 소리가 아니라 이승의 내 꿈속에서 들리는 소리임이 분명했다. 곧 이 소리의 충격에 나의 영혼은 내 몸속으로 돌아왔고, 이때 잠자고 있던 내 몸의 상태 때문에 내 영혼도 잠 속에 빠져서 눈앞이 캄캄해진 것으로 생각된다.

아침에 잠이 깨어서 내 잠자리 주위를 둘러보니, 엊저녁 잠자기 전에 들고 보던 책이 침대 아래에 떨어져 있는 것이 보였는데, 생각해 보니, 책을 보다 잠이 들면서 책을 손에서 떨어뜨렸는데, 이때 책이 떨어지며 내는 '쿵!' 하는 소리에, 내 영혼이 그 충격으로 내 몸에서 튕겨 나갔으리라는 생각이 들었다.

어쨌든 이 사건으로 나는 다시 한번 살아 계신 하느님을 뵙는 영광을 갖게 된 것이었다(내가 처음으로 살아 계신 하느님을 뵌 사건은 나의 아직 출간하지 못한 또 다른 작품인 『나는 하느님을 뵈었다, 살아 계신 하느님을』의 원고에서 자세히 묘사하고 있다).

이때 뵈온 하느님 또한 내 의식이 만들어낸 허상의 하느님이 아니라, 내 영혼이 직접 만나 뵌 영으로 살아 계신 하느님이신 것이었다!

나는 앞서 임사체험 때는 죽은 영혼으로 사후세계(영혼들의 세계)로 갔기 때문에 하느님을 뵙지 못했으나(그곳에는 하느님이 계시지 않는 것 같다), 이번에는 살아 있는 영혼으로 유체이탈해서 천국으로 갔기 때문에, 하느님을 뵐 수 있었던 것 같다.

나는 이렇게 해서 살아 계신 하느님을 두 번이나 뵙는 영광을 누리게 되었다. 예수님의 시대 이래 하느님을 뵈었다는 사람들은 셀 수도 없이 많이 있었지만(그러나 객관적으로 인정받은 사람은 한 사람도 없다), 게다가 두 번 이상 살아 계신 하느님을 뵈었다는 사람은 내가 과문한 탓인지는 몰라도, 한 사람도 없어 보인다.

그런데 내가 이렇게 두 번씩이나 하느님을 뵙게 되었으니, 이는 나에게는 어마어마한 영광이고, 도무지 믿기지 않는 일이지만, 한편으로 이 사실을 세상 사람들에게 말해봤자 믿을 사람도 거의 없을 것 같다.

성경에 따르면, 하느님을 대면한 사람은 모세밖에 없다. 다음 성경 구절을 보자.

"여호와께서 그가 보려고 돌이켜 오는 것을 보신 지라 하나님이 떨기나무 가운데서 그를 불러 이르시되 모세야 모세야 하시매 그가 이르되 내가 여기 있나이다

하나님이 이르시되 이리로 가까이 오지 말라 네가 선 곳은 거룩한 땅이니 네 발에서 신을 벗으라

또 이르시되 나는 네 조상의 하나님이니 아브라함의 하나님, 이삭의 하나님, 야곱의 하나님이니라 모세가 하나님 뵈옵기를 두려워하여 얼굴을 가리매"
(출애굽기 3장 4~6절)

"준비하게 하여 셋째 날을 기다리게 하라 이는 셋째 날에 나 여호와가 온 백성의 목전에서 시내산에 강림할 것임이니 너는 백성을 위하여 주위에 경계를 정하고 이르기를 너희는 삼가 산에 오르거나 그 경계를 침범하지 말지니 산을 침범하는 자는 반드시 죽임을 당할 것이라

그런 자에게는 손을 대지 말고 돌로 쳐죽이거나 화살로 쏘아 죽여야 하리니 짐승이나 사람을 막론하고 살아남지 못하리라 하고 나팔을 길게 불거든 산 앞에 이를 것이니라 하라"(출애굽기 19장 11~13절)

이 성경 구절들로 보아서 사람은 하느님을 보통 사람이 사람을 보듯이 마주볼 수 없는데 왜냐하면, 하느님과 마주보면 반드시 죽임을 당하기 때문이다. 그러므로 모세도 하느님 쳐다보기를 두려워해서 목소리만 들었을 뿐이다.

그러므로 요한복음 제1장 18절에 '아무도 어느 때나 하느님을 본 사람이 없지만...'이라고 하므로, 모세도 하느님을 직접 뵙지는 못했다는 것을 알 수 있다.

한편, 마태복음 제5장 8절에 '마음이 순결한 자들은 복이 있나니, 그들이 하느님을 볼 것임이요'라고 적혀 있는데, 이는 하느님을 볼 수 있는 사람이 있다는 뜻이다.

그러나 위의 성경 구절들로 보아, 사람들이 하느님을 볼 수 있는 방법은 오직 영으로서 영의 하느님을 볼 수 있을 뿐이겠다. 그러나 보통 사람들이 영으로서 영의 하느님을 볼 수는 거의 없다고 해야 할 것이다. 오직 영적 능력이 뛰어난 사람들만이 볼 수 있을 뿐일 것이다.

그런데 영으로서 하느님을 보는 것과 꿈으로 하느님을 보는 것은 거의 비슷한 현상이지만, 본질적으로 다르다. 영으로서 하느님을 볼 때의 하느님은 살아 계신 하느님이시지만, 꿈에서 보는 하느님은 사람의 의식이 만들어내는 하

느님의 허상이기 때문이다. 그러나 이 두 현상을 구별하기는 쉽지 않다.

다만, 영으로서 보는 영의 하느님이 현실의 삶에 드러나는 기적을 행하시고, 그 기적의 증거가 남아 있어야 그분이 살아 계신 하느님이라고 믿을 수 있을 것이다. 하지만, 예수님의 시대로부터 지금에 이르기까지 이런 사례가 한 번도 입증된 일이 없기에, 지금까지 살아 계신 하느님은 입증되지 않고 있다.

그래서 금세기 영국의 진화생물학자이며 세계적으로 유명한 무신론자인 리처드 도킨스(Richard Dawkins) 교수는 그의 저서 『만들어진 신(*The made God*)』에서 "하느님은 처음부터 존재하지 않았으며, 다만 사람들이 필요해서 만들어 내었을 뿐"이라고 주장했다.

한편, 기독교계에서는 그의 이 말을 맹렬히 공격하고 하느님은 살아 계신다고 거듭 주장했으나, 실제로 살아 계신 하느님을 증거하지는 못하고 있다.

우리나라의 기독교계에서는 수많은 사람들이 하느님을 보았다는 간증을 하고 있으며, 어느 출판사에서는 이런 사례들을 모아 『나는 하느님을 보았다』라는 제목의 책을 세 권이나 시리즈로 출간한 바 있다. 그러나 이 가운데에서 살아 계신 하느님을 증거하는 사례가 사회적으로 인정받은 것은 아직까지 한 건도 보고된 바 없어 보인다.

그런데 내가 50년 전(내 나이 30살)에 만나 뵌 하느님은 살아 계신 하느님이라고 나는 믿는데, 그 이유는 그 하느님이 이때 나의 불치병인 간암을 하룻밤 새에 고쳐주시고, 그 증거인 초음파 검사는 물론 엑스레이 촬영 필름도 함께 바꿔주셨기 때문이다.

처음에 이 초음파 영상을 본 세 사람의 부산의과대학 교수의사들은 그 영상에 세 개의 점이 뚜렷이 나타난 것을 보고, 이것은 간암의 증상이라고 판독하고 이 사실을 나의 회사 부장님에게 통보한 바 있으나, 사흘 뒤, 다른 네 사람의 교수 의사들과 함께 다시 그 영상을 보았을 때는 간암이 다 나은 흔적이라고 다르게 판독하고, 나를 퇴원시켰다.

이와 같이 판독결과가 달라진 것에 대해 영문을 알 수 없었던 처음의 세 교수의사들은 자신들이 영상을 잘못 봤다고밖에 생각할 수 없었는데, 왜냐하면 그들은 그 사이에 하느님이 개입하셔서 나의 간암을 치유해 주시고, 따라서 영상도 치유된 흔적으로 바꾸신 사실을 몰랐기 때문이다.

한두 사람은 잘못 볼 수 있으나, 세 사람이 다 잘못 볼 수는 없다! 세 사람의 교수의사들은 정확하게 보았다고 생각해야 한다. 게다가 어느 누구도 이 영상을 고칠 수 있는 사람은 없다. 그러므로, 하느님께서 이와 같은 기적을 행하신 것이라고 볼 수밖에는 이 현상을 달리 설명할 방법이 없다. 오직 전지전능하신 하느님의 권능으로 자연스럽게 영상을 바꾸신 것이다.

따라서 이 하느님은 살아 계신 하느님이신 것이다!

그러면 하느님은 왜 이 영상을 고치셨을까? 그 이유는 하느님이 이미 나의 간암을 치유하셨는데도 그 영상을 간암 상태 그대로 두면, 의사들은 그 영상에 따라 간암을 치료하려고 할 것이다. 약물을 투여하든지, 수술을 하든지 할 것이다.

그러나 이미 하느님이 나의 간암을 치유하셨으므로, 의사들이 또다시 치료할 필요가 없게 영상까지 완벽하게 바꿔놓으심으로써, 의사들이 바뀐 영상을 보고 환자를 퇴원시키도록 이끄신 것이다. 이때의 나는 이 사건이 얼마나 중요한 사건인지 모르고 지금까지 지내다가, 내 나이 70살에 기독교에 입교하고 나서야 비로소 이 사건이 매우 중요하다는 것을 알게 되었다.

이와 같이, 내가 첫 번째로 살아 계신 하느님을 뵈었을 때는 객관적인 증거가 있었지만, 이 두 번째 경우에는 객관적인 증거가 없다. 하지만 그럼에도 불구하고, 이렇게 주장할 수 있는 것은 내 의식이 꿈에서 허상의 하느님을 뵌 것이 아니라 내 영혼이 유체이탈을 해서 영이신 하느님을 뵈었으므로, 나는 틀림없이 살아 계신 하느님을 뵈었다고 주장할 수 있다.

내가 두 번째로 살아 계신 하느님을 만나 뵌 것은 내가 내 맘대로 하늘나라로 가서 하느님을 찾아뵌 것이 아니다. 왜냐하면 내가 아무리 하느님을 찾아뵙고자 하더라도 나는 하느님이 하늘나라 어디에 계신지도 모르고, 어떻게 찾아가야 하는지도 모르며, 또 설사 내가 찾아갔다고 하더라도 하느님께서 나를 만나주실지도 알 수 없는 일인 것이다.

그러므로 이것은 내 뜻이 아니라 하느님께서 나를 부르셨기에 그분의 인도로 하늘나라에 계신 하느님을 찾아뵐 수 있었다고 봐야 한다. 하느님께서 나를 처음 만났을 때 아무 말씀도 없으셨기 때문에 알 수는 없지만, 하느님께서 나를 바라보시는 표정에서 무언가 나에게 명령하고 계시다는 느낌을 받았다.

그래서 나는 생각했다. "하느님께서 내게 무엇을 명령하셨을까?" 하고 이리저리 생각하다, 마침 한 가지 사실에 정신이 번쩍하고 들었다.

그렇다! 내 나이 30살에 간암에 걸렸을 때 하느님께서 내게 나타나시어 간암을 치료해 주시고, 간암임을 증명하는 영상을 간암이 다 나은 흔적으로 바꾸심으로써 하느님이 살아 계심을 객관적으로 증거할 수 있게 해주셨던 그 사건이다.

이제까지 수많은 사람이 하느님을 뵈었다고 주장하지만, 그 주장들을 뒷받침할 객관적 증거는 이제까지 한 건도 없었다. 그러나 이제 나에게는 그 증거가 있는 것이다. 그러므로 하느님께서는 객관적 증거를 남겨주신 나를 부르시어, 나에게 하느님이 살아 계심을 증거하도록 명령하신 것에 틀림이 없다!

그런데 왜 하느님께서는 나와 같이 아무 뛰어난 점도 없고, 특별할 것도 없는 하찮은 존재에게 이런 명령을 하시는 것일까?

여기에는 하느님의 피조물인 우리 같은 인간에게는 알 수 없는 하느님만의 섭리가 있다고 보는데, 그것은 곧, 하느님은 예수님이나 부처님, 공자님 같은 위대한 인물들뿐 아니라, 이 세상 어디에서나 볼 수 있는 나 같은 보통사람들 또한 하느님의 관심과 사랑의 대상이라는 사실을 말없이 알리고자 하는 그분만의 속 깊은 배려라는 생각이 들었다.

그러므로 나는 하느님의 명령에 따라 이제부터 나의 남아 있는 삶을 살아 계신 하느님을 증거하는 일에 바치고자 한다. 그리고 그 첫 번째가 이 책을 쓰는 일이었다!

(4) 유체이탈이 부른 오해

그러고 보니 지난날 내게 이런 경험들이 있었다. 내가 몸담고 일해오던 TBC가 KBS에 통폐합 되고 나서 나는 KBS 부산국에서 서울 본사로 발령을 받아 서울에서 가까운 인천의 한 아파트를 구해서 살고 있었는데, 나와 함께 TBC 부산국에서 근무하던 동료 한 사람도 나와 같이 서울 본사에 발령이 나서 나와 같은 아파트의 이웃 동에 살고 있었다.

그런데 어느 추운 겨울날 밤 자정이 넘은 시간에 이 동료의 집 난방장치가 고장 나서 집안이 냉동실이 되어버렸다. 잠을 잘 수 없었던 이 동료는 아내와 딸을 데리고 우리집으로 찾아와서 문을 두드렸는데, 10분이나 넘게 두드려도 내가 잠에서 깨어 일어날 기척이 보이지 않자, 그는 결국 단념하고 집으로 돌아갈 수밖에 없었고, 요와 이불을 모조리 꺼내 깔고 덮어서 그날 밤을 간신히 넘겼다고 한다.

그런데 이 동료는 생각할수록 그날 밤 선배인 나의 처사가 괘씸하게 생각되었다. 엄동설한에 가족을 데리고 하룻밤 신세 지는 것이 무엇이 그리 부담스럽다고 추운 겨울밤 한데서 10분 넘게 문을 두드려도 못 들은 척하고 문을 열어주지 않을 수 있을까 하며 도저히 인간적으로 용서할 수 없는 부도덕한 짓이라고 생각했다.

그래서 한동안 이 동료는 나를 피해 다녔다고 한다. 그러다가 한 달쯤 지난 어느 날 업무관계로 만남 김에 비로소 그 이야기를 하면서 내게 불편한 감정을 털어놓는 것이었다.

나는 깜짝 놀랐다. 내가 못 들어서 그렇지 들었다면 결코 모른 체하지 않을 것이었고, 우리 집에서 자도록 해주었을 것이라고 설명했다.

"손형, 하늘을 두고 맹세컨대 결코 내가 듣고서도 모른 체하지 않았어. 손형네 가족이 하룻밤 우리집에서 잔다고 우리가 불편할 것이 무엇이 있나?"

"선배, 아무리 그래도 그렇지. 내가 밖에서 문이 부서져라 10분도 넘게 두드리는데도 못 들었다니 그게 말이나 됩니까?"

그는 그렇게 말하면서 여전히 불쾌한 표정을 감추지 않았다.

듣고 보니 그 말도 일리가 있었다.

"왜 나도, 우리 집사람도 똑같이 그 소리를 듣지 못했을까?"라고 했지만 아무리 변명해봐야 이 동료는 내 말을 곧이곧대로 믿으려 하지 않는다는 것을 알고는 입을 다물 수밖에 없었다. 그날 저녁 집에 돌아와서 아내에게 물었더니, 아내도 깜짝 놀라면서 "여보, 그런 일이 있었어요? 나도 듣지 못했는데…" 하는 것이었다.

아무튼 이 일로 우리의 관계가 극도로 나빠지지는 않았지만, 나는 억울함을 풀 길이 없어 답답한 채로 시간이 지나면서 이 일을 잊어갔다.

그러다가 한 2년쯤 뒤 내가 제주방송국으로 발령받아 제주에서 근무하게 되었는데, 이곳에서 근무한 지 한 1년쯤 지난 어느 일요일, 마침 가을철이어서 방송국의 온 직원이 가족들과 함께 야유회를 갔다. 가까운 어느 공원에서 운동

경기도 하고 여러 가지 놀이도 하며 즐겁게 놀았다. 점심때가 되자, 준비해 온 음식을 한 자리에 벌려놓고 모두 함께 둘러앉아 서로 나눠 먹고는 재미있는 이야기들을 주고받으며 시간을 보낸 후, 오후에 돌아왔다.

그런데 그날 밤 방송국에서 방송사고가 났다. 그래서 국장은 부랴부랴 부장들을 소집했는데, 다른 부장들은 모두 다 모였으나, 정작 주무부장인 내가 나타나지 않았다. 화가 난 국장은 자신의 관용차 기사를 내가 세들어 살고 있는 집으로 보내어서 나를 깨워서 데리고 오도록 지시했다.

당시 나는 큰딸이 다음 해에 중학교 입학을 앞두고 있어서 함께 내려와서 2년 동안 같이 살던 가족들을 인천으로 올려보내고 나만 셋방을 하나 얻어서 따로 살고 있었다.

국장 차의 기사는 걸어서 5분밖에 걸리지 않는 가까운 나의 셋집으로 달려와서 방문을 두드렸다. 그래도 아무 기척이 없자 화가 나서 문짝을 주먹으로 힘껏 두드리며 큰 소리로 "부장님, 부장님!" 하고 불렀으나 아무런 기척이 없었고 그도 질려서 '아마도 일어나기 싫어서 못 들은 척하고 있음에 틀림없어'라고 생각하고 되돌아가서 국장에게 그대로 사실을 전했다.

국장도 화가 났지만 어쩔 수 없어 그날 밤 회의를 취소하고 부장들을 도로 돌려보내고 말았다. 다음 날 아침, 나는 회사로 출근해서 아침회의에 참석하러 국장실에 들어갔더니 국장이 대뜸 물었다.

"어젯밤에는 왜 회의에 참석하지 않았소?"

나는 깜짝 놀라서 말했다.

"아니, 엊저녁에 무슨 회의가 있었나요? 저는 전혀 연락을 받지 못했는데요?"

"무슨 말을 하는 거요? 어젯밤에 내 기사가 찾아가서 10분도 넘게 문을 두드렸는데도, 못 들은 척하고 일어나지 않았다는데요?"

국장은 불편한 마음을 감추려 하지 않았다.

참 황당하고 민망했으나, 나는 전혀 나를 깨우는 소리를 듣지 못했다.

"국장님, 제가 들었다면 왜 일어나지 않았겠어요? 미안하지만 저는 결코 듣지 못했어요." 하니 국장은 "그만둡시다." 하고 말을 끊었다.

그날 밤 나는 집에 돌아와서 한참을 생각했다. 그러고 보니 이번뿐만 아니라 지난번 인천에서도 이런 일이 있었는데, 똑같은 일이 이번에도 내게 일어난 것이다.

그런데 내가 평소에 잠귀가 어두운 사람인가 하면 전혀 그와 반대였다! 오히려 예민한 편이었는데, 그 유래는 이렇다.

우리 어머니는 잠귀가 매우 밝으셨다. 그래서 부산의 부촌인 동대신동에서도 가장 큰 집에 살면서 한 번도 도둑을 맞은 일이 없었다. 당시 아버지는 큰 회사의 사장이었기에 우리집은 동네에서도 제일 큰 집일 뿐 아니라 앞뒤로 넓은 정원이 있어서 도둑이 숨어들기가 매우 쉬운 구조였다. 실제로 여러 차례 도둑들이 우리집으로 숨어 들어오곤 했지만, 그때마다 잠귀가 밝은 어머니가 깨어나서 "도둑이야!" 하고 큰 소리로 외쳐서 도둑들을 쫓아내곤 했던 것이다.

그런데 우리 7남매 가운데서도 이런 어머니의 체질을 이어받은 자식이 바로 나였다. 그래서 내 나이가 여남은 살이 되면서부터 나도 잠귀가 밝아져서 어느 날 밤, 도둑이 들어오는 기척을 알고는 일어나서 고함을 쳐서 도둑을 쫓아낸 적이 있었다.

그리고 나의 이런 체질을 나의 둘째 딸도 물려받아서, 이 아이는 아무리 깊이 잠들어도 저의 이름을 부르면 언제나 "예!" 하고 대답하는 것이었다. 물론 잠을 자면서 하는 대답이어서 그대로 일어나지는 않으나, 계속해서 두세 번을 부르면 반드시 깨어나는 것이었다.

이렇게 잠귀가 밝은 우리 어머니의 체질을 물려받은 내가 10분이나 깨워도 일어나지 않은 경우가 한 번이 아니라 두 번이나 있게 되니, 도무지 이해가 되지 않는 것이었다. 그러나 그때만 해도 그 이유를 알 수가 없어 그 정도에서 생각을 멈추어야 했다.

그 뒤, 세월이 한참이나 지나서 아내가 저세상으로 가고, 내가 아내의 영혼과 만나게 되면서 비로소 깨닫게 된 것은 내가 밤에 잠잘 때 내 영혼이 내 몸을 벗어나서 자유롭게 아내의 영혼과 만날 수 있었을 것이라는 생각이 드는 것이었다.

그런데 나는 그때까지는 모르고 있었지만, 내가 아내의 영혼을 만나기 훨씬 이전부터 나의 영혼은 내가 잠자는 동안 나도 모르는 사이에 내 몸을 벗어나서 자유롭게 활동하고 있었는지도 모른다는 생각이 드는 것이었다. 그래서 나의 영혼이 이렇게 몸 밖으로 나간 사이에 나의 동료가 밤에 내 집으로 와서 문을 두드리거나, 제주에서 방송국장의 기사가 와서 방문을 두드려도 알아듣지 못했는지도 모른다는 확신이 들었다.

'그렇다. 그랬는지도 모르겠다.' 만일 그렇다면 그 이상한 현상은 설명이 되는 것이다.

그 밖의 다른 방법으로는 설명할 수 없기 때문이다.

그 뒤에 인천에서 같이 살았던 그 동료 후배를 만났을 때 이 이야기를 해주었더니, 그 친구도 놀라면서 "선배, 듣고 보니 그럴 수도 있겠네요. 사실은 나도 그와 비슷한 경험을 한 적이 있어요." 하면서 자기 이야기를 하는 것이었다.

"한 10여 년 전에 꿈을 꾸었는데, 오래전에 돌아가신 어머니가 "애야, 내 방에 물이 들어온다. 방을 옮겨다오."라고 하셨어요. 깨어난 저는 참 이상한 꿈이라고 생각했지만 시간이 흐르면서 그냥 잊어버렸죠. 그런데 그런 꿈을 잇달아 두 번이나 더 꾸게 된 거예요. 그래서 집안 어른들께 여쭈니 "그런 꿈은 결코 범상한 꿈이 아니다. 반드시 이유가 있을 것이니 일단 묏자리를 옮겨야 한다."라고 하셨어요.

그래서 인부들을 고용해서 묏자리를 파봤거든요. 그랬더니 놀랍게도 묏자리에 물이 흥건히 고여 있는 게 아니겠어요? 그래서 그 공원묘지 안에 있는 다른 자리를 골라서 어머니 묘를 옮겼어요. 그 이후 이런 생각이 들더라고요. '어머니가 꿈에 나타나셨다는 것은 단지 꿈이 아니라, 어머니의 영혼이 내 영혼을 찾아오신 것이 틀림없다.'

선배님이 돌아가신 사모님과 영혼으로 만나신다니, 선배님의 영혼은 틀림없이 활발하게 활동하고 있는 거라고 봐요. 저는 이제 선배님의 설명을 어느 정도 믿을 수 있을 것 같아요."

밤에 우리가 잠자는 동안 영혼이 우리 몸을 나와서 활동한다는 생각이 합리적이라는 점은 인정하는 것 같았다. 아무튼 이것은 내가 앞으로 더 알아봐야 할 과제라는 생각이 들었다.

그리고 보니 나의 아내도 한번 잠들면 누가 업어가도 모를 만큼 깊이 잠이 들어서 내 후배 동료가 와서 문을 두드려도 나와 마찬가지로 못 들었다고 하는데, 그렇다면 아내의 영혼도 나의 영혼과 마찬가지로 그녀가 잠자는 사이에 나와서 활동하는지도 모른다는 생각이 들었다.

그래서 저세상으로 간 뒤에도 나에게 찾아올 수 있었는지도 모르겠다.

그런데 이상한 것은 이렇게 내 영혼이 유체이탈을 해서 밖으로 나다니면서 무엇을 했는지에 관해서는 아무런 기억이 없다. 그런데 바로 이 책에 그 대답이 나와 있다.

영매이자 투시가인 리사 윌리엄스가 쓴 책 『죽음 이후의 또 다른 삶』에 따르면, 잠잘 때 영혼이 몸 밖으로 나가서 돌아다니는 현상을 아스트랄 여행(유체이탈)이라고 하며, 이것은 지상의 삶을 사는 동안에 영혼과 몸이 나뉘는 현상이라고 한다. 일단 영혼과 몸이 나뉘고 나면 영혼은 물질계의 구속을 받지 않고 여행할 수 있으며, 이 경험은 마치 허공을 나는 것처럼 느껴진다.

사람들 대부분이 잠자는 동안에 아스트랄 여행을 하지만, 여행하는 동안, 또는 하고 나서도 그 사실을 알지 못한다. 사람이 잠이 들면 잠재의식이 주도적으로 활동하여 물질계와의 끈이 약해진다. 동시에 사람의 몸 안에 있는 전자기파의 진동수가 올라가면서 영계와 이어지는 것이 수월해진다.

영혼이 몸 밖으로 나돌아다닌 뒤, 몸 안으로 다시 빨려 들어갈 때면 뱃속에서 이상한 느낌이 느껴지곤 했던 것이 이른바 은빛 코드(silver cord)를 감지하고 있었기 때문이었음을 알 수 있다. 이것은 우리가 살아 있는 동안 영혼을 몸과 이어주는 연결고리이며, 가슴뼈 아래쪽으로 3cm 안 되는 곳에 있다.

이 코드는 우리가 사후세계로 건너갈 시간이 올 때까지 끊어지지 않는다. 이것은 우리 모두가 갖고 있는 생명 에너지이다. 이것은 근원으로부터 나와서 우리를 지구상에 있도록 꼭 붙들어 매어주는 역할을 한다.

(5) 유체이탈의 홀로그램적 특성

한편, 마이클 탤보트가 쓴 책 『홀로그램 우주』에서는 유체이탈 현상을 다음과 같이 설명한다.

………

홀로그램 우주에서는 시간만이 단 하나의 환영이 아니다. 공간 또한 우리가 느껴서 아는 것으로 봐야 한다. 이것이 사실이라는 한 가지 강력한 증거는 유체이탈 현상, 곧 사람의 의식이 몸으로부터 떨어져 나가 다른 곳으로 여행하는 것으로 보이는 경험이다.

우리는 우리가 머리로 '생각한다'고 배웠지만, 이것이 언제나 사실은 아니다. 알맞은 조건에서는 우리의 의식은 몸으로부터 떨어져 나와 자신이 바라는 어떤 곳에나 있을 수 있다.

현재의 과학이론으로는 이 현상을 설명할 수가 없다. 하지만 홀로그램적 사고로서는 이것도 훨씬 더 알기가 쉬워진다. 홀로그램 우주에서는 공간이라는 것 자체가 하나의 환영이라는 사실을 명심하라. 사과의 이미지가 홀로그램 필름 위에서는 어떤 특정한 자리도 갖고 있지 않은 것과 마찬가지로, 홀로그램 방식으로 조직된 우주에서는 사물 또한 어떤 자리를 갖고 있지 않다.

의식을 포함하여 모든 것이 궁극적으로는 공간을 넘어서 있다. 그러므로 우리의 의식이 머릿속에 있는 것 같아도 어떤 조건에서는 아무 어려움 없이 방 안의 천장 한 구석에 떠 있거나, 잔디밭 위를 떠다니거나, 또는 건물 3층의 창턱에 놓인 테니스화의 신발 끈에 코를 갖다 대고 있을 수도 있는 것이다.

유체이탈 체험의 놀랍도록 홀로그램적인 또 다른 성질은, 몸을 떠난 뒤 그 사람이 갖는 몸의 모습이 유연하다는 것이다. 몸에서 떨어져 나온 뒤 유체이탈한 영혼은 가끔 자신이 정확히 몸 같은 형태로 생긴 마치 유령과 같은 몸속에 있는 것을 발견한다. 우리의 영혼은 몸 안에 있는 것에 너무나 습관이 되어 있기 때문에, 유체이탈 때에도 같은 형체를 만들어내는 경향이 있다는 것이다.

유체이탈 경험은 모든 방면의 사람들이 보고하고 있다. 올더스 학슬리, 괴테, D. H. 로렌스, 아우구스트 스트린트버그, 잭 런던 등이 모두 유체이탈 경험을 보고했다.

인류학자 에리카 보귀농은 온 세계 488개 사회들—알려진 모든 사회의 약 57%—을 살펴보고, 이 가운데 437개, 곧 89%의 사회가 적어도 유체이탈 경험과 관련된 전통을 지니고 있음을 발견했다.

또한 옥스퍼드대학교 정신물리학 연구소 소장인 실리아 그린이 사우스앰

프턴대학교의 학생 115명을 조사하여 이 가운데 15%가 유체이탈 체험을 한 적이 있음을 알아냈다.

………

13. 아내와의 삶

나는 아내와의 신혼살림을 시작했으나, 삶이 그렇게 녹록지는 않았다. 결혼 이후 내 월급으로 두 집 살림을 살아야 했다. 아내는 결혼과 동시에 직장을 그만두었는데, 그때는 어느 직장이든 여직원들은 결혼하면 직장을 그만두는 것이 관례였다. 그래서 날마다의 삶은 빠듯했지만, 그래도 우리는 함께할 수 있어 좋았고, 삶에서 오는 어려움을 견뎌낼 수 있었다.

아내는 결혼하자 곧바로 임신했고, 다음 해 6월이 될 무렵, 제법 배가 불러오기 시작했다. 그래서 우리는 저녁을 먹고 나면, 운동 삼아 밖으로 산책을 나섰다. 어느 날 저녁, 그날도 저녁을 먹고 산책을 나서서 어느 골목길 모퉁이를 도는데, 그 모퉁이에 작은 가게가 있었고, 그 진열대에는 날씨가 더워지기 시작해서인지 찬 음료들이 입구에 진열되어 있었다.

아내는 그것들을 들여다보더니, "여보, 나 찬 게 먹고 싶어."라고 말하고는 내 손을 잡고 가게 안으로 들어가서는 이것저것 살펴보더니, 그때 막 첫선을 보인 '비비빅(아이스바)'을 하나 집어 들었다.

"여보, 나 이것 먹을래"라고 하기에, 가게주인에게 "이거 얼마인가요?" 하고 물었다. "150원이요" 하기에, 주머니에 손을 넣어서 동전을 끄집어내니, 100원짜리 한 개밖에 없었다. 그래서 급히 아내에게 말했다. "여보, 미안. 100원짜리 한 개밖에 없어." 아내는 시무룩해하더니 집었던 비비빅을 내려놓고, 가게 밖으로 나갔다.

나는 이때 속으로 아내가 토라져서 이런 한마디를 할 줄 알았다.

"나도 눈이 삐었지. 재벌 집에 시집갔더라면, 이런 일은 겪지 않았을 텐데."

그러나 아내는 아무 일이 없었던 듯 "여보, 내일은 미리 돈을 준비해서 나와요." 하기에 나는 한숨을 돌릴 수 있었다.

그도 그럴 것이, 당시 나는 회사에 출근할 때마다 아내에게 500원짜리 동전하나를 받아서, 올 때와 갈 때 차비로 200원씩 쓰고 나면, 내 주머니에는 100원짜리 동전이 하나밖에 남지 않는 줄 아내도 알고 있었던 것이다.

아내와 살면서 차차 알게 되었지만, 아내는 자기가 내린 결정에 대해서 후회하는 일이 없었다. 자기 나름대로 가장 좋다고 생각하고 내린 결정이 뒤에 잘못되었다고 해서 그것이 전부 자기책임은 아니라고 생각하는데, 외부의 여러 가지 일들이 자기결정에 미치는 영향을 자기가 다 알 수 없는 것은 어쩔 수 없는 일이라고 생각하기 때문이었다.

나도 아내의 이 생각에는 동의한다. 이 점에서 우리 두 사람은 서로 닮았다. 나도 내가 내린 결정을 후회해본 일이 없다.

당시 아내의 배 속에 있던 큰딸이 커서 시집가게 되었을 때, 아내는 딸에게 그때의 일을 말했다.

"나는 그때 돈 50원이 얼마나 큰돈인가를 알고, 그 뒤부터는 10원짜리 동전한 푼이라도 아끼며 살았다. 너도 시집가면 남편이 벌어오는 돈, 10원 한푼이라도 함부로 쓰지 말고, 아끼며 살아라."

나는 아내가 이렇게 속 깊은 여자인 줄 미처 몰랐던 것을 알고, 아내에게 부끄러웠다.

그 일과 관련해 또 다른 일이 생각난다. 아내의 올케뻘 되는 어떤 친척이 보험 일을 하고 있었는데, 우리 막내딸이 초등학교에 들어갔을 때, 아내에게 아이 대학 입학금 마련을 위한 보험에 들기를 권해왔다. 아내는 그 친척을 도와주려는 마음으로 그 보험에 들었고, 시간이 지나면서 그 사실을 잊고 지냈다.

그런데 우리 막내딸이 대학입시에 합격하고서 며칠이 지난 어느 날, 그 친척에게서 전화가 와서 딸아이의 입학금이 나왔다는 사실을 알려주었다. 마침 그때 아내는 막내딸이 대학에 합격했으니, 입학금을 마련해야겠다는 생각이 들었지만, 지난날 보험 든 사실은 까맣게 잊고 있었는데, 그 전화를 받고 보니, 너무나 기뻤다. 그래서 곧 막내딸을 불러서 그 사실을 알려주니, 막내딸도 좋아서 어쩔 줄 몰라 했다.

마침내 두 모녀는 거실 한가운데에서, 손을 마주 잡고 펄쩍펄쩍 뛰면서 좋아하는 것이었다.

나는 옆에서 이 광경을 지켜보면서 생각했다.

'저 사람이 만약 재벌가에 시집갔더라도, 저 전화를 받고 저렇게 기뻤을까? 결코 그렇지 않았을 거야. 거저 씨익 한번 웃고 말았겠지. 몇억 단위의 돈을 가진 사람이 몇백만 원에 저렇게 좋아할 리가 없지.'

돈이 사람의 행복을 결정하지는 않는다는 사실을, 나는 그때 새삼 깨닫게 되었다.

우리 가족들은 내가 퇴근하는 시간을 알고 있기 때문에 내가 현관문을 들어서면, 우리 딸 넷이 큰애부터 차례로 달려 나와서 나를 안아주며 "아빠, 어서 오세요."라고 말하며 내 뺨에 뽀뽀를 해준다.

그 순간, 내 마음은 행복한 느낌으로 가득 차오른다. 나는 그 순간을 다른 무엇과도 바꿀 수 없다. 그런데 내가 바깥에서 술 마시느라 어정거리다가 아이들이 잠자리에 들고난 후에 귀가하면 이 행복한 순간을 영영 놓치고 만다. 그 때문에라도 나는 결코 밖에서 허투루 시간을 보내지 않으려 한다.

내가 집에 돌아오면 아내는 저녁상을 차린다. 그러면 식구들이 둘러앉아 함께 저녁을 먹는다.

내가 아내에게 청혼할 때 아내는 내게 한 가지 조건을 내세웠다. 자기는 늦

잠을 자기에 아침밥을 차려줄 수 없다는 것. 나는 그러겠다고 했고 결혼 후 아내는 한 가지 조건을 더 말했다.

"그 대신, 특별한 일이 없는 한, 저녁은 집에서 나와 함께 먹어요. 가족이라면 적어도 하루에 한 끼는 같이 밥을 먹어야지요."

이것이 우리 집의 규칙이 되어 그때까지도 지켜지고 있었다.

아내와 나는 함께 저녁상을 치우고 설거지를 마치면, 커피를 끓여서 한 잔씩 들고는 소파로 가서 앉는다.

그러면 아내는 나에게 묻는다.

"여보, 오늘은 회사에서 무슨 일이 있었어요?"

"응, 오늘은…" 하고 나는 그날 있었던 일을 간단히 말해준다.

날마다 이렇게 이야기를 나누다 보니, 아내는 어제 내게 무슨 일이 있었는지 알기에 오늘 얘기를 들으면, 그 일들이 어떻게 발전했는지를 알 수 있고 그러면 자기 생각을 말하기도 한다.

"여보, 그 일은 하루아침에 끝날 일이 아니잖아요. 한동안 내버려두고 잊어버리세요. 그러면 시간이 해결해 줄 거예요."

그런데 이렇게 무심코 던지는 한마디가 별것 아닌 것 같으면서도, 어떤 때는 내 마음을 편케 해주는데, 실은 나도 그렇게 생각하고 있었는데, 아내가 그렇게 말해주니 '집사람도 나와 같은 생각이구나' 싶으면서 '역시 아내는 내 편'이라는 기쁜 마음이 드는 것이었다.

아내도 그날 하루 자기에게 있었던 일들을 이것저것 말해준다. 이웃집 부인과 장보러 간 일, 친구와 전화했는데, 친구의 딸이 시험성적이 올랐다면서 자랑한다는 이야기 등을 끝낼 때쯤이면, 우리 앞에 둘러서서는 우리가 하는 얘기를 듣고 있던 딸 넷이 큰딸부터 이야기를 시작한다.

"엄마, 아빠, 있잖아. 오늘 학교에서 선생님이 나보고 숙제 잘했다고 칭찬하셨어.”

다음에는 둘째가 “엄마, 아빠, 있잖아...” 이어서 셋째와 넷째까지 무어라고 저들 나름대로 열심히 그날 일어난 일들을 얘기하면서 모두 웃고 떠들어댄다.

그럴 때면 곁에 있던 강아지도 빠짐없이 아이들이 둘러서 있는 사이로 비집고 들어와서는 저도 한마디 한다고 “컹, 컹” 하고 짖어대어서, 아이들을 모두 깔깔거리며 웃게 만든다.

우리 식구들은 이렇게 날마다 자기에게 일어났던 일들을 함께 이야기하는 가운데 서로의 경험을 나눠 가지면서 알게 모르게 평생토록 간직하게 되는 '가족공동체 정신'을 키워갔다.

이렇게 한바탕 웃고 떠들고 나면, 작은애들은 거실에 남아서 놀고, 큰애들은 방으로 들어가 숙제를 하거나, 내일의 과제물들을 챙기고 나서 잠잘 준비를 한다.

아내는 텔레비전을 켜고 평소에 보는 연속극을 보고, 나는 언제나 곁에 두는 책을 집어서 어제 읽다가 접어둔 곳을 찾아서 다시 읽기 시작한다.

10시가 되면 아내는 일어나서 아이들을 잠자리에 재우고, 방의 불을 꺼주고 나와서, 거실에서 딸아이들 찢어진 옷들을 꿰매거나, 무엇을 고치거나 하다가, 11시가 되면 불을 끄고 우리도 잠자리에 든다.

나는 이렇게 아내와 함께 자식들을 낳아 기르면서 비교적 행복하게 살았지만, 지난날을 돌이켜보면, 나에게는 총각 시절에 처녀들을 만나 데이트하면서 사랑을 키워간 과정이 없었다.

25살에 TBC에 입사해서 35살에 아내와 만나 결혼하기까지 10년의 세월은 부모와 형제들을 부양하느라 결혼할 상황이 아니라 판단했고, 그래서 내 나이 또래 젊은 처녀들과의 접촉은 될 수 있는 대로 피했다.

행여나 누가 조금이라도 내게 관심을 보이면 가슴이 철렁하고 내려앉았다. 일부러 무관심한 척했고, 그래서 도도하고 오만하다는 오해도 더러 받았다. 그러는 동안 사람들은 나의 사정을 차츰 알게 되었고, 따라서 오해는 받지 않게 되었으나, 그녀들은 더 이상 나에게 관심을 갖지 않게 되었고, 이렇게 10년 세월을 덧없이 흘러보내고 말았다.

그러는 가운데 방송을 계기로 나는 아내를 만나게 되었으며, 이때 아내는 내가 나이도 비교적 많고 사회 경험도 자기보다 더 오래 했다고 생각해서인지 직장에서 생활하는 동안 모르는 것이 있으면 가끔 시내 언론사에 볼 일이 있을 때 나에게 잠깐 들러서 묻곤 했으나, 나를 전혀 이성으로 대하지는 않았다.

그런데 내가 차장 승진 예정자 연수에 참여해서 일 등을 하고, 이사로 추천되었다는 사실을 알면서 그녀는 나에게 관심을 갖기 시작해서 점차 호감을 갖게 되었으며, 마침내 어느 날 그녀는 나와 장래를 함께할 결심을 굳히고 부모님을 설득하여 나와 결혼하게 되었던 것이다.

나는 아내와 결혼하고 나서야 한 여자가 한 남자에게 얼마나 사랑스럽고 소중한 존재인지를 알게 되면서 아내의 매력에 푹 빠지고 말았다.

직장에서 일을 마치고 집으로 돌아올 때는 마치 총각이 처녀를 만나러 갈 때처럼 마음이 설레고 발걸음이 빨라지는 것이었다. 지난 10년 동안 두텁게 쌓였던 마음의 벽이 어느새 눈처럼 녹아버리고, 그 눈이 홍수가 되어 콸콸 흐르고 있는 것을 느낄 수 있었다.

그래서 나는 일요일이나 휴일이 되면 어김없이 아내를 데리고 바깥으로 나들이를 갔다. 주로 극장에 가서 영화를 보고 나서, 저녁은 근처의 식당에서 맛있는 음식을 사 먹고 들어왔다. 때로는 미술전람회나 음악회에 가기도 하고, 날씨 좋은 날에는 야외로 나가기도 했다.

어느 일요일에는 마침 비가 내리자, 아내가 "여보, 오늘은 비가 오니 밖에 나가지 말고, 그냥 집에서 쉬어요." 하길래, 나는 "여보 아니야, 당신은 일주일 내내 집 안에서 일만 했는데, 일요일에도 집에 그대로 있으면, 몸과 마음이 더 피로해져요. 밖에서 맑고 깨끗한 공기를 마시면 기분이 상쾌해질 거야."라고 말하면서 억지로 아내를 밖으로 데리고 나왔다.

우리는 우산을 받쳐 들고 가랑비 내리는 거리를 천천히 걸었다.

아내는 내 팔짱을 끼고 내게 기대어 걸으면서 말했다. "빗속에서도 이렇게 걸으니 무드 나네. 여보, 나오기를 잘했어." 아내는 밝은 표정을 지었다.

그런데 아이들이 하나둘 태어나면서 사정이 달라졌다. 우리 부부는 일요일 대신, 토요일 오후에 시간을 따로 갖고(그때는 YWCA의 가사도우미를 불러서 아이들을 맡겼다), 일요일에는 아이들을 데리고 근처의 어린이 놀이터나 아이들을 데리고 갈 만한 유원지를 찾아다녔다.

아내는 아이들 점심으로 김밥을 싸고, 간식거리와 음료수를 준비해서 배낭에 넣어주면, 나는 이 배낭을 짊어지고 나갔다. 놀이터에 가서 아이들을 풀어 놓아주면, 아이들은 준비해 간 공이랑 고무줄과 공기 등을 가지고 놀기 시작하는데, 우리 딸들은 넷이나 되어서 따로 동무가 필요 없이 저희들끼리만으로도 잘 놀았다. 그런데 조금 있다 보면 가까이 있던 다른 아이들이 기웃거리며 다가와서는 놀이에 끼어들어서 자연스레 함께 어울려 놀기 시작했다.

어느덧 점심때가 되면 깔아놓은 돗자리에 모두 둘러앉아서 아내가 준비해 온 김밥을 함께 먹었다. 잠시 쉰 다음에 아이들은 다시 이웃 아이들과 함께 놀다가 배가 허전해지면 달려와서 과자랑 음료수를 가지고 뛰어나가서 다른 아이들과 함께 나누어 먹으며 놀다가 늦은 오후가 되면 집으로 돌아갈 채비를 했다. 집으로 돌아가는 길에 어느덧 저녁 시간이 가까워지면 집 근처에 있는 식당으로 가서 다 함께 외식을 하기도 했다.

나는 아내와 살면서 거의 매주 이렇게 주말과 휴일을 아내와 아이들과 함께 보냈다. 지나고 보니, 나는 아내와 한평생을 연애하는 마음으로 살아왔다는 생각이 든다. 나 혼자 따로 친구들과 골프를 치러 가거나, 바둑이나 카드를 하느라 아내와 아이들을 외면한 적이 단 한 번도 없다. 나는 이런 것들을 좋아하지도 않을뿐더러 특히나 골프라도 치려면 따로 돈이 많이 들어가기 때문에 내게는 그림의 떡이나 마찬가지였다.

내가 10년 동안이나 총각으로 지내면서 가장 부러웠던 것은 결혼한 동료 직원들이 회사 야유회 때 아내와 아이들을 데리고 오는 것을 볼 때였다.

'나는 언제 장가가서 저런 애들을 낳아서 데려오나?' 하는 서글픈 생각에 한없이 절망하곤 했었는데, 이제 나도 결혼해서 자식들을 갖게 되니 너무너무 마음이 행복했다. 그래서 나는 아내와 아이들과 함께 이렇게 나들이 가는 일이 언제나 기쁘고 즐거웠다.

그때까지만 해도 우리 집에 자가용이 없어 아이들을 데리고 바깥나들이를 하려면 버스를 타야 했고, 아이들 넷을 버스에 태우는 일도 쉽지 않았다. 내가 한 아이를 버스 안으로 들어 올릴 때마다 승객들 가운데 누군가가 아이를 받아 주었고, 둘째, 셋째와 넷째를 다 태울 때까지 "하나, 둘, 셋, 넷… 더 없어요?" 하고 웃으면서 내게 물으면, 주위에 있던 승객들이 모두 "와!" 하고 웃었다.

당시는 우리나라에서도 정부 주도로 산아제한이 널리 실시되고 있어서, 대부분의 가정이 아이들을 둘만 낳는데, 우리 아이들은 넷이나 되니, 모두 우리 부부를 겁도 없이 많이 낳았다는 뜻으로 웃었다고 생각된다.

그런데 우리가 이렇게 딸을 넷이나 낳은 것을 보고, 대부분의 사람들은 으레 아들을 보려고 계속해서 딸을 넷이나 낳았다고 속으로 짐작하는 것 같은데, 사실은 그렇지 않다.

내가 결혼을 앞두고, TBC 부산국에서 제작하고 있던 「가정의학」 프로그램에 출연한 산부인과 의사에게 물은 적이 있다.

"선생님, 제가 곧 결혼을 하려고 하는데, 아이는 몇이나 낳는 것이 좋겠습니까?" 그랬더니 의사가 "넷을 낳으세요." 하고 곧바로 대답하시기에 "아니, 넷은 너무 많지 않습니까? 요즈음 대부분의 부부들을 보니 둘만 낳던데요?" 나의 이 물음에, 의사가 자세히 설명해주셨다.

"내가 넷을 낳으라는 데는 의학적인 이유가 있습니다. 부인이 아이를 가지면, 부인의 몸은 그 아이를 건강하게 키워서 세상으로 내보내기 위해 몸 상태를 가장 좋은 건강상태로 유지하려고 활발하게 활동합니다. 약한 부분을 건강하게 회복시키고, 태아에게는 될 수 있는 대로 많은 양의 영양분을 보내줍니다. 이렇게 해서 아이 넷을 낳으면, 부인의 몸 상태는 나쁜 데가 거의 없을 정도로 좋아집니다. 그래서 우리 산부인과 의사들은 산모에게 아이를 넷 정도는 낳으시라고 권하고 있습니다."

나는 산부인과 의사의 이 이야기를 아내에게 해줬고, 아내는 흔쾌히 받아주어서 딸 넷을 낳게 된 것이다.

차 안에서 아이들 넷을 차례로 받아준 그 승객은 주위에 앉아 있는 사람들에게 "이 아이들에게 자리를 양보해주세요."라고 하자, 자리에 앉아 있던 사람들이 우르르 일어나서 자리를 내줘서 아이들을 앉힐 수 있었다.

그럴 때마다 나는 이들에게 폐를 끼쳐서 미안하다는 생각이 들면서도, 아이들을 안전하게 태우고 갈 수 있어서 한편으로 고맙기도 했다.

그 뒤로 세월이 지나서, 내가 버스나 지하철을 탈 때 자리에 앉아 있다가 내 앞에 아이가 나타나면 나도 모르게 벌떡 일어서서 그 아이를 내 자리에 앉혔다. 나는 옛날에 우리 부부가 알지 못하는 수많은 사람들로부터 받은 선의의 빚을 잊지 못하고 이렇게 갚아나갔다.

이제는 내가 노인이 되어 노인석에 앉아 있지만, 여전히 아이들만 보면 곧장 일어서서 자리를 내주는데, 그 아이의 부모는 내가 노인이라는 것을 알고는 한사코 아이를 내 자리에 앉히려고 하지 않아서 자리를 양보하지 못할 때도 있지만, 나는 언제까지나 이 마음의 빚을 갚아나갈 생각이다.

내가 어느 날 회사에서 퇴근해 집에 와보니, 옷걸이에 새 양복이 걸려 있기에 아내에게 물었다.

"여보, 웬일로 이렇게 비싼 양복을 샀어?"

"여보, 당신에게 있는 양복이라고는 춘추복과 동복 한 벌씩뿐이잖아. 그것들은 이제 10년이 넘어서 낡은 지 오래야. 그래서 내가 이번에 받은 보너스로 당신에게 양복 한 벌 큰맘 먹고 샀어." 하고 웃으며 대답하는 것이었다.

"하지만 여보, 나는 키도 작고 체격도 작아서 아무리 좋은 옷을 입어봐야 태가 나지 않잖아. 그러니 그렇게 비싸지 않은 걸로 바꿔줘요." 하고 말하니, 아내는 정색을 하면서 "여보, 이 나라에서 누구보다도 당신은 이런 좋은 옷을 입을 자격이 있는 사람이에요. 내가 살아 있는 동안 당신에게 결코 아무 옷이나 입히지 않을 거니까 그렇게 아세요." 그렇게 딱 잘라 말하는 것이었다.

나는 아내의 이 말에 그만 가슴이 먹먹해지면서 눈물이 핑하고 맺혔다. 이 말에는 그럴 만한 사연이 있었기 때문이다.

나에게 양복이란 형수가 시집을 때 예단으로 해준 춘추복 한 벌이 전부였다. 그래서 이 옷은 사내외의 공식적인 행사나 결혼식과 장례식 등에 갈 때만 입고 평소에는 작업복 바지에 허름한 점퍼차림으로 지냈다. 그런데 어느 날 국제시장을 지나가다가 구제품 가게에 내걸린 양복에 눈길이 갔다. 가까이 다가가 자세히 보니 상의는 그런대로 입을 만했는데, 바지는 뒷다리 한쪽이 헐어서 살짝 찢어져 있었다. 하지만 짜깁기를 하면 그런대로 입을 만했다. 그래서 값을 물어보니 구제품이라 새 양복에 비해 거저일 정도로 싸기에 그 양복을 샀다. 옷 수선가게에 맡겨서 짜깁기해서 깨끗이 세탁을 하고 나니, 새 옷처럼 보기에 좋아져서 입고 다녔다.

한참 뒤의 어느 날(결혼하기 전), 나는 그날 아내와 다음 방송을 준비하기 위해 만났다가, 점심을 같이하고 식당을 마악 나서는데, 뒤따라 나오던 아내가 내 바지 뒤쪽의 꿰맨 자리를 보고, 보풀이 묻은 줄 잘못 알고 떼어주려고 집었다가, 기운 자리라는 것을 알고는 놀라는 것이었다.

나는 모르는 척하고 그대로 걸어갔는데, 아내는 천천히 뒤따라오면서 싸구려 구제품 양복을 사서 기워 입은 나의 처지를 처음으로 알게 되면서 다소 충격을 받았던 것 같다.

그녀 생각에 나 정도라면 TBC의 피디들 가운데 제일 고참이기 때문에 월급으로 좋은 양복을 얼마든지사 입을 수 있을 거라 생각했는데(후배 피디들은 대체로 회사의 방침에 따라 정장을 입고 근무했다), 나만 혼자 그런 구제품 양복을 입고 다닌다는 것은 가족을 부양하느라 양복을 사 입을 처지가 못 된다는 것을 알게 됐고, 그녀는 이 일을 지금껏 잊지 않고 있었던 것이다.

이 뒤로 아내는 때마다 가장 좋고 값비싼 양복을 사서 내게 입혔다. 그래서 이제 아내는 저세상으로 갔으나, 아내가 사준 양복은 아직도 남아서 지금까지 내가 잘 입고 다닌다. 30년 이상 지나서 처음의 신선함과 광택은 사라졌으나 형태와 색깔은 여전히 그대로여서, 옛말에 '물건을 모르면 값비싼 것을 골라라'라는 말이 괜히 있는 말은 아니라는 생각이 든다.

아, 어찌 내가 이 아내를 존경하고 사랑하지 않을 수 있으랴!

어느 날 저녁, 식사를 끝내고 식탁을 치운 뒤 아내와 나는 함께 커피를 마시고 있는데, 이때 학교에서 늦게 수업을 마치고 돌아온 고3 막내딸이 부리나케 저희 엄마에게 달려와서는 "엄마, 있잖아요. 내 친구 ○○가 그러는데, 엊저녁에 저희 엄마와 아빠가 큰 소리로 다투면서 부부싸움을 했대요. 물건도 막 집어던지면서 한동안 난리를 피었다고 해요." 하고 무슨 큰 발견이나 한 듯이 숨을 헐떡이며 말했다.

그 말을 듣고 있던 아내는 "애야, 부부싸움은 아무 집에서나 있는 일인데 무엇이 신기하다고 이렇게 부산을 떠니?" 하고 나무랐다. 그러자 딸애는 "하지만, 엄마 아빠는 안 싸우잖아!" 하고 답하는 것이었다. 아내는 딸의 이 말에 할 말을 잃고 한동안 멍하니 딸애만 바라보고 있었다.

딸의 이 말에 아내뿐 아니라 나도 속으로 깜짝 놀랐다. 듣고 보니 딸의 말대로 우리 부부는 싸운 적이 없었다! 물론, 때로는 아내와 어떤 일을 의논하다 내가 목소리를 높인 적도 있었지만, 아내는 한 번도 대꾸하지 않아서 말싸움으로 커진 일이 없었고, 때로는 아내가 내 말에 기분이 언짢아져서 한동안 말을 나누지 않고 지내기도 했지만, 다투지는 않았다. 또 어떤 때, 내가 무슨 일로 화를 내면, 아내는 나를 피해서 아이들 방으로 가버려서 한 번도 소리내어 싸운 적이 없었다. 그뒤 며칠 지나서 내 화가 풀린 기미를 보인 다음에야 비로소 아내는 "여보, 그것은 선은 이렇고 후는 이렇게 된 일이야. 그런데 당신은 다짜고짜 화부터 먼저 내니, 내가 어떻게 차근차근 설명할 수 있나? 여보, 이제 당신도 50살이 되었으니, 제발 성질 좀 죽여요." 하는 것이었다.

아내의 이 말에 나는 화들짝 놀랐다.

"내 나이가 어느새 50살이 되었나?" 그러면서 처음으로 아내에게 부끄러움을 느꼈다. 그래서 "여보, 미안해. 앞으로 다시는 화 안 낼게!" 하고 다짐했지만, 하루아침에 성질을 바꿀 수는 없어서 어쩌다 나도 모르게 '버럭' 하고 화를 내는 일은 더러 있었지만, 금방 사과하고 용서를 빌었다. 이렇게 하는 동안 나의 화는 차츰 가라앉아서, 어느 때부터인가 더 이상 화를 내지 않게 되었다.

그래서 아내와 내가 부부싸움을 하지 않고 잘 지낼 수 있었던 것은 어디까

지나 아내가 나의 성질을 알고 참아주었기 때문에 가능했지, 내 성질이 순해서 그런 것은 아니었다. 그리고 보면, 나는 인품이 훌륭한 여자를 아내로 맞은, 매우 운 좋은 남자임에 틀림없다!

내가 지난날 어디서 읽은 글에 "배우자를 잘 만난 상대는 인생의 절반은 성공한 사람이다"라는 구절을 읽은 기억이 난다. 나는 별로 출세도 못 하고, 돈도 못 벌었지만, 배우자는 잘 얻었으니, 그래도 인생의 절반은 성공한 셈이라고 내 맘속으로 자만한다.

나는 어릴 적 부모님 밑에서 자라면서 기쁘고 즐거운 일들을 더러 겪었지만, 한 번도 행복하다는 느낌을 느껴본 적이 없다. 아니 행복이라는 말 자체를 모르고 살아왔던 것이다. 그런데 내가 아내를 만나서 결혼을 하고 아내가 낳은 첫아이를 가슴에 안았을 때 그때 처음으로 '행복하다'는 느낌을 알게 되었다. 이 느낌은 그때까지 느껴본 기쁘다거나 즐겁다는 느낌과는 달랐다. 이 행복한 느낌은 내가 아내를 만나서 결혼을 하고 낳은 아이이고, 이 아이는 우리들의 사랑의 결실이기 때문에 무엇보다도 기뻤던 것이다. 곧 내가 혼자 기쁘거나 좋다는 느낌이 아니라 아내와 더불어 기쁨을 느꼈던 것이다. 그러므로 이 느낌은 이전까지 나 혼자 기쁘고 즐거운 느낌과는 전혀 다른 느낌이라는 것을 알 수 있었다.

또한 나 혼자 슬플 때에는 슬프고 외롭다는 느낌을 느꼈는데, 아내와 함께 느끼는 슬픔은 나 혼자 때와는 달리 슬프기는 해도 외롭다는 느낌은 들지 않았는데, 그것은 아내가 나와 함께 있기 때문이었다. 그래서 나는 행복을 다음과 같이 정의한다.

"기쁠 때나 슬플 때나 가족과 함께하는 삶이 행복이다."

아내와 함께 유럽 배낭여행을 다녀온 적이 있다. 회사(KBS)가 20년 연속해서 근무(TBC에서 일한 기간 합산)한 직원들에게 보상으로 주는 3주 특별휴가를 받았기 때문이다.

여행사 스케줄에 따라 여행사 가이드가 인솔하는 단체여행보다 우리끼리 자유롭게 다닐 수 있는 배낭여행을 택했는데, 이미 내가 예전에 영국에서 연수를 받는 동안, 겨울방학 때 비슷한 코스를 다녀온 적이 있었기 때문에 어느 정도 자신감이 있어서이다. 나는 영국—네덜란드—벨기에—서독—스위스—다시 서독—덴마크—다시 서독—오스트리아—체코슬로바키아—프랑스—이탈리아—스페인—다시 프랑스에서 우리나라로 돌아오는 루트를 짜서, 19박 20일 동안 유럽 11개 나라를 아내와 함께 돌아보며 다녔다.

여행을 떠나기 한 달 앞서, 일찌감치 오고 갈 비행기표를 날짜에 맞춰서 예약하고, 유럽에서 타고 다닐 유레일 기차의 승차권도 여행사에서 미리 샀는데, 이 유레일 기차표는 한 달 동안 유럽 거의 모든 나라 기차의 일등석을 탈 수 있게 해주는데, 표값은 200유로(우리 돈으로 약 30만 원)로 약간 비싸다고 생각했으나, 실제로 현장에 가서 써보니 오히려 매우 싸다는 느낌을 받았는데, 왜냐하면, 도시를 옮겨 다닐 때 야간열차를 타고 침대칸에서 잠잘 수 있어 시간도 아끼는 데다, 덩달아 호텔비도 아낄 수 있어서 일석이조의 효과가 있었다. 우리는 이틀 밤은 야간열차에서 자고 사흘째는 호텔에서 자기로 해서, 12일은 열차에서, 그리고 7일만 호텔에서 잠을 자게 되어 호텔비를 꽤 아낄 수 있었다.

그런데 기차를 탈 때에는 이 차표를 보이면 탈 수가 있어서 문제가 없었는데, 서독에서 지하철을 탈 때에는 이 차표를 쓸 줄을 몰라서 당황했다. 하는 수 없이 지하철 출입구를 막고 있는 막대 밑을 기어서 들어가다가 지하철 역원에게 들켜서 붙들려가게 되었다.

나는 유레일 기차표를 내보이면서 "We got the U-Rail Pass, but don't know how to use it, so we entered under the bar(우리는 유레일 패스를 갖고 있지만, 쓸 줄을

몰라서 막대 밑으로 들어갔다).”고 영어로 말하니, 그 역원은 유레일 기차표를 보고는 빙그레 웃으면서 자기를 따라오라는 손짓을 하고는 앞장서서 걸어가기에 따라갔더니, 사무실로 들어가서 지하철 승차권 2장을 가지고 나와서 나에게 주면서, “앞으로 지하철을 탈 때에는 사무실에서 유레일 기차표를 내보이고, 이렇게 지하철 승차권을 받아서 타라.”고 독일어로 말해서 알아들을 수 없었으나, 다행히도 그 사정을 안다는 듯이 사무실과 기차표를 번갈아 가리키며 말해 주어서, 그 말뜻을 쉽게 알아들을 수 있었다.

그 뒤로는 지하철 타는 것도 아무 문제가 없었다.

덴마크에 갔을 때, 아내는 바닷가의 바위 위에 앉아 있는 인어상 곁에 서서 그 조각을 어루만지며 말했다.

“여보, 당신이 이제까지 낸 아이디어 가운데 이번 여행의 아이디어가 당신 일생일대 최고의 걸작이야. 지구를 거의 반 바퀴나 돌아서 이곳에 내가 이렇게 서 있게 되다니, 믿을 수가 없어요. 너무도 감격스러워! 여보, 고마워요, 그리고 사랑해요.” 하면서 좋아 어쩔 줄을 모르는 것이었다.

그 순간 아내의 모습은 내 머릿속에 박혀서 지금까지도 생생하게 남아 있다.

다녀본 여러 나라 가운데서도 아내는 이탈리아를 특별히 좋아했다. 어느 날, 우리는 로마의 스페인광장에 있는 라파르타 분수를 내려다보면서 광장의 돌계단에 앉아 있었는데, 우연히도 광장 위쪽에 있는 간이 젤라또 가게가 눈에 띄자, 아내는 곧바로 달려가서 젤라또를 하나 사 먹어보고는, 처음으로 먹어보는 이탈리아식 아이스크림 맛에 홀딱 빠져 두 번이나 더 그 가게를 왔다 갔다 하며 잇달아 3개나 사서 먹었는데, 그 아이스크림을 핥고 빨며 맛있게 먹던 모습이 지금도 내 눈에 선하다. 나도 아내를 따라 그 아이스크림을 3개나 먹었다.

아마도 아내는 영화 「로마의 휴일」에서 앤 공주(오드리 헵번)가 스페인광장에서 젤라또를 사 먹는 장면을 본 것을 기억해 냈는지도 모르겠다.

물의 도시 베네치아의 산마르코 광장에서는 많은 사람들이 하는 것을 보고는 자기도 비둘기 모이를 사서 손바닥에 얹어놓고, 배낭을 깔고 앉아서는 비둘기들이 와서 먹이를 먹느라 손바닥을 쫄 때 '간지럽다'고 하면서도 비둘기의 부리가 손바닥을 쪼는 느낌이 좋아서인지 일어설 줄 모르고 앉아 있다가, 내가 재촉하는 바람에 마지못해 일어서던 모습이 지금도 또렷이 기억난다.

다음 날 우리는 밀라노 시내의 번화가를 지나가다가 마침 한 보석가게를 보고, 그 안에 들어가서 반지를 둘러보는데, 눈부시게 반짝이는 푸른색 다이아몬드가 눈에 띄어서, 가까이 가서 살펴보니, 푸른색이 연하게 퍼지면서 반짝이는 모습이 너무 황홀하고 예뻐 보였다. 그래서 주인에게 값을 물어보니 800달러라고 하는데, 물건에 비해 값도 그리 비싸지 않아 보였다.

아내도 그 다이아몬드 반지에 금세 반해서 "여보, 이 반지, 너무 마음에 들어." 하며 좋아했다.

그래서 나는 이 반지를 아내에게 사주자고 마음을 정하고는 주머니 사정을 생각해 보니, 그때 내게 남아 있는 현금은 500달러밖에 되지 않아, 이 돈은 남은 기간 동안 써야 하니, 이 반지를 사려면 800달러를 모두 카드로 결제할 수밖에 없어 주춤하고 말았다.

우리가 여행을 떠나기에 앞서 내가 비자를 발급받을 때, 함께 받은 경고장이 마음에 걸렸던 것이다. 곧 공직자가 해외에서 10만 원어치 이상의 물건을 살 때에는 경위서를 제출해야 한다는 조항 때문이었다.

내가 주춤거리는 것을 본 아내는 "여보, 무슨 일이에요?" 하고 묻기에 사실대로 말했더니, 아내는 "여보, 이번 여행으로 나는 충분히 만족해요. 당신, 더 이상 마음 쓰지 말아요." 하면서 나를 끌고 바깥으로 나왔다.

그 일이 있고 나서 몇 년 뒤, 회사에서 연말 보너스로 1천만 원짜리 수표를 받았다. 나는 퇴근하는 대로 집으로 가서, 아내에게 이 수표를 내밀며 말했다.

"여보, 우리 회사 사장님이 당신에게 1캐럿짜리 다이아몬드 반지를 사주라고 내게 이 돈을 주셨어. 그러니 이 돈으로 그 반지를 사요."

아내는 그 수표를 받아 쥐고는 너무 좋아하며 말했다,

"여보, 고마워요. 이 돈으로 그 반지를 살게요." 그래서 나는 '이제야 비로소 20년 넘은 빚을 갚게 되었구나!' 하고 흐뭇한 마음이 되었다.

다음 날 퇴근하고 집에 오니, 아내는 나에게 왼손을 내밀고, 손가락에 낀 반지를 보여주며 말했다.

"여보, 어제 당신이 준 돈으로 이 반지를 샀어요. 1캐럿짜리 다이아몬드 반지에요."

과연 멋진 반지가 끼워져 있었다. 나는 기뻐하며 말했다.

"여보, 멋져. 당신이 끼니 더 근사해 보이는데."

아내는 뜻밖에 '피식' 하고 웃으며 말했다.

"여보, 당신 참 숙맥이네. 이거 자세히 봐요. 이거 진짜 다이아 맞는지. 우리가 밀라노 시내 보석가게에서 본 그 파란색 다이아, 당신도 봤지요? 얼마나 광채가 화려하게 빛났어요? 이거 보세요. 빛이 나나? 빛나지 않죠. 이거 사실은 가짜예요. 내가 당신 속이려고 일부러 가짜 반지를 단돈 만 원에 산 거예요."

나는 놀라 물었다.

"아니 여보, 그러면 반지는 어쩌려고?"

"여보, 나는 이 나라의 가정주부로서, 내게는 좋은 직장에 다니는 남편과, 사랑스러운 자식들, 그리고 살기에 편한 집이 있어요. 여기에 더 이상 필요한 것은 없어요. 신혼 때 다이아 반지는 '나 지금 결혼했어요' 하고 자랑하는 데 필요했지만, 이제 나에게는 그런 건 필요 없어요. 지금 내가 1캐럿짜리 다이아 반지를 끼고 우리 친구들에게 자랑해 봐요. 그러면 친구들은 겉으로는 멋지다고 하겠지만, 속으로는 '제, 제 정신이야? 하고 욕할 거예요. 그 반지는 부잣집 사

모님에게나 어울리지, 나 같은 직장인 아내에게는 분수에 넘치는 사치품일 뿐
이에요. 그래서 나 오늘, 백화점 안을 한 바퀴 돌아보고 왔는데요, 당신과 나에
게는 겨울에 입는 얇은 코트만 있을 뿐, 두터운 외투는 없잖아요? 그래서 이 돈
으로 우리 외투 한 벌씩 사 입어요. 그리고 아이들에게도 사주고요. 모두 합해
서 계산해 보니, 약 400만 원 정도 들어요. 그리고 나머지는 이제 우리도 노후
준비를 해야 하니까, 저금하기로 해요."

나는 아내의 이 말에 그만 말문이 막혀, 그저 고개만 끄덕였다.

아, 내가 어찌 이 아내를 존경하고 사랑하지 않을 수 있겠는가!

이렇듯 알뜰하던 아내가 40대 후반에 이르러 병들어 앓기 시작하여, 10여
년 동안 병마와 싸우다가 쓰러져, 마지막 50일을 중환자실에서 보내고, 우리 나
이 60살에 마침내 저세상으로 갔다.

'아, 미인박명이라더니...'

중환자실에 들어가기 하루 전날 저녁, 아내는 내 손을 잡고 말했다.

"여보, 나 다시 태어나도, 당신 만나 살 거야. 당신도 그럴 거지?"

"여보, 내게 여자는 당신뿐인 걸 당신도 알잖아? 암, 내 다시 태어나도 당신
만나 살 거야!" 아내는 만족한 듯 빙그레 웃었다.

이것이 아내가 내게 남긴 마지막 말이 되었다.

나는 아내가 저세상으로 간 뒤, 아내의 유품을 정리하느라고 아내가 챙기
던 우리 집의 주요 문서 보관함을 열어보다가, 맨 밑바닥에 내가 연수 때 받은
논문집이 놓여 있는 것을 보고 깜짝 놀랐다. 나는 이 논문집을 아내에게 읽어
보라고 건네준 뒤로 까맣게 잊고 있었는데, 아내는 이것을 우리 집문서 가운데
서도 가장 중요한 문서로 취급하여 이렇게 맨 밑바닥에 넣어둔 것을 보고는 나

는 그만 가슴이 먹먹해져서 한동안 넋을 잃고 앉아 있었다.

그렇다! 아내는 이 논문집에 들어 있는 나의 논문이 자기를 나에게 시집오게 한 결정적인 계기가 되었다고 생각하고, 이것을 소중하게 간직하고 있었다는 생각이 들었다.

그러니 전두환 정권이 단행한 언론통폐합이 나의 아내에게는 얼마나 몹쓸 짓이었는지 짐작하기에 어렵지 않았다. 전두환 군사정부의 이 언론통폐합 조치가 TBC 방송국을 문 닫게 했고, 따라서 내 이사 자리를 물거품으로 만들었기 때문이다.

아내는 내가 지난 6년 동안이나 승진발령을 받지 못하고 있는 사정에 대해서는 별로 실망하지 않고 있었는데, 그 이유는, 늦더라도 언젠가는 내가 이사로 발령을 받으리라는 사실을 믿어 의심치 않았으며, 그래서 때가 되면 나는 이사로 임명될 것이고, 이어서 세월이 지나면 사장이 되고, 회장이 되어서, 중앙매스컴을 경영할 것이라는 기대와 희망에 부풀어 있었는데, 이제 그 꿈이 깨어져버렸기 때문이었다.

그래서 아내는 이 뒤로 텔레비전 뉴스에 전두환의 얼굴이 나타날 때마다 "저자가 내 남편의 출세길을 막은 나쁜 인간이야!" 하며 저세상으로 갈 때까지 계속 그를 욕하며 미워했다.

그래서 나는 전두환이 대통령직을 마치고 백담사로 쫓겨간 이래 계속 고난당하는 것을 보면서, 그것은 그가 정권을 잡기 위해 희생시킨 수많은 사람들의 원한이 한데 모여서 그에게 가한 보복이라는 생각이 들었다.

그러므로 사람은 어떤 일이 있더라도 자기만 잘 살기 위해 남을 희생시켜서는 안 된다는 것을 나는 전두환 전 대통령의 뒤끝을 보면서 분명히 알게 되었다.

14. 혼령을 보는 사람들

우리 가족은 아내가 입원했던 현대아산병원의 장례식장에서 장례를 치르고, 경기도 벽제에 있는 시립승화원으로 가서 시신을 화장하고, 시신의 재를 승화원 아래쪽 길가에 있는 예원추모관에 안치하면서 장례 절차를 모두 끝냈다.

이때 우리 큰딸의 시아버지 되시는 분은 장례식에 참례하고 화장장까지 따라오셔서, 장례 절차가 다 끝난 다음에야 우리들과 함께 돌아왔는데, 그 뒤 한서너 달이 지난 다음의 어느 날, 가족 모임이 있어 함께 모여 식사하는 동안, 우연히 내가 아내를 장례 지낸 다음에 꾼 첫 꿈 얘기를 했더니, 그는 "그러면 사돈은 꿈에 사부인을 만나보셨군요. 그런데 실은 나는 그날 사부인께서 하늘로 올라가시는 것을 직접 보았답니다." 하고 말씀하셨다.

나는 깜짝 놀라서 물었다.

"아니 우리 집사람의 혼령을 직접 보셨다니요? 어떻게 보셨는데요?"

"그날 화장이 진행되고 있을 때 나는 지루해서 잠시 밖으로 바람 쐬러 나왔다가, 무심결에 화장장 건물 위를 쳐다보니 이때 마침 사부인께서 평소에 즐겨 입으시는 옥색 한복차림에 치맛자락을 펄럭이며 화장장 지붕 위로 솟아오르는 장면을 한동안 쳐다보고 있자니, 마침내 구름 속으로 사라지는 것이었습니다." 하시는 것이 아닌가!

나는 너무 놀랍고 신기해서 한동안 입을 다물지 못했다. 그러고 보면 이 사돈께서는 대낮에 귀신을 보는 초능력을 갖고 계심에 틀림없어 보였다.

그래서 나는 다시 물어보았다.

"그것 참 놀랍고 신기한 초능력을 갖고 계시군요. 사돈께서는 언제부터 자신에게 그 초능력이 있다는 것을 알게 되셨나요?"

"오래되었어요. 내가 한 여남은 살 무렵에 돌아가신 할아버지 혼령을 본 것이 처음이었고, 뒤이어서 집안 아저씨, 조카 등의 혼령들을 띄엄띄엄 차례로 보았지요."

이렇게 말하는 사돈의 어투는 자신에게는 이것이 너무나 일상적인 일이어서 별로 대수롭지 않다는 듯이 보였다. 그런데 그의 이런 초능력을 그의 아들인 나의 맏사위 또한 아버지로부터 물려받아서 갖고 있다는 것을 얼마 지나지 않아서 알게 되었다.

그다음 해에 나는 큰딸이 살고 있는 울산으로 내려갔는데, 마침 울산 바로 아래 정관면의 백운공원 묘원에 있는 우리 부모님 산소에 들러보고 싶어서, 큰딸 내외와 함께 그곳으로 갔다.

먼저 우리 부모님 묘 앞에서 간단하게 제사를 올리고, 이어서 위쪽에 있는 나의 형님 묘소에도 들르기 위해 혼자서 먼저 올라갔는데, 주변에 다른 새 묘들이 많이 만들어져 있기에, 잠시 방향이 헷갈려서 두리번거리고 있으려니, 사위가 나를 향해 외쳤다.

"아버님 서 계신 곳에서 바로 위쪽의 묘가 큰 아버님 묘소예요. 지금 인부 세 사람이 묘 위쪽에 서 있는 게 보이시죠?"

나는 놀라서 답했다.

"아니, 아무도 보이지 않는데?"

"아버님 바로 위쪽인데 안 보이세요?" 사위는 이렇게 말하며, 바로 내가 서 있는 곳으로 큰딸과 함께 올라왔다.

가까이 와서는 두리번거리며 자신이 보았다는 인부들을 찾는 듯했다.

"아이고 내가 헛것을 보았네요. 여기 올라와 보니 내가 보았던 인부들이 보이지 않네요. 그런데 내가 아래쪽에서 볼 때 이곳에 분명히 인부처럼 보이는 사람이 세 사람 서 있었어요."

그러면서 이렇게 말했다.

"아버님, 사실은 제가 어렸을 때 강원도 고향의 냇가에서 멱을 감다가 바로 위쪽에 있는 다리의 난간에 기대어서 나를 내려다보고 계신 돌아가신 나의 외삼촌의 영혼을 보았어요. 그리고 이번이 두 번째예요."

나는 지난번에 사돈의 이야기를 먼저 들었기 때문에 이 사위의 말에 더는 놀라지 않았지만, 이런 초능력이 유전되고 있다는 사실을 그때 처음으로 알았다.

그런데 우리나라의 무녀들 대부분이 사람의 영혼을 직접 산 사람처럼 볼 수 있는 초능력을 갖고 있다고 한다. 서정범 교수가 쓴 책 『한국무속인열전』에 소개된 무녀 몇 사람의 경우를 소개한다.

① 서울 서초구 방배동 이복순 씨(49살)

제주도 출신의 어느 아주머니가 자기 어머니의 생사를 알아봐달라고 부탁했다. 그래서 다음 날 아침 7시까지 둥근 상을 마련해주면 봐주겠다고 했다. 다음 날, 그 아주머니는 꽃과 둥근 상을 사가지고 아침 7시에 왔다.

바로 그때 이 아주머니 친정어미의 점괘가 눈에 선하게 보였다. 못자리가 보이고 집터가 보였다. 묘 안에서 죽은 사람이 나오면서 집안 내용을 모두 보여주는 것이었다. 무덤에서 나오는 여인은 죽을 때 입었던 옷을 그대로 입고 있었다.

② 울산 이영자 씨(56살)

그녀는 손님들의 점을 봐주는 무녀이다. 손님이 와서 점을 치게 되면 손님네 혼령들이 보인다. 좋지 않은 혼령일 때는 처음에는 괴물처럼 크게 보이다가 차츰 이야기를 하는 동안 아주 작아진다. 그 영혼은 손님이 놓은 복채 위에 앉아서 쩌렁쩌렁한 목소리로 이야기를 해준다. 점을 칠 때 손님과 인연이 있는 아주 작은 영이 함께 들어오는 것이 눈에 보인다.

영들은 손님의 어깨, 머리, 코, 등에 앉아 있다. 그 영들을 보면 그 집안의 사정을 훤히 알게 된다. 영은 3cm 정도의 작은 크기이고, 나이는 사람에 따라 다르게 나타난다. 다시 사람으로 태어날 영은 아주 어리게 보이고, 그렇지 않은 영은 늙어 보인다.

③ 인천 김황용 씨(57살)

그녀는 9살 때인 어느 날 다섯 살에 죽은 동생이 빨간 치마에 노란 저고리를 입고서 대문 밖 마당에서 그녀를 부르기에, 달려나가 동생을 업고서는 막 울었다.

낮에 방에 누워 있을 때 세 마리의 아름다운 새가 날아와 귀에다 대고 무엇이라고 지저귀면 그날 밤에 잠잘 때 마을의 일들이 모두 떠올랐다. 특히 누구네 집에서 아기를 낳고, 누구네 집에서 누가 앓고, 누가 죽었고, 또 죽을 것이라는 것이 훤히 떠올랐다.

한번은 골목길을 가다가 머리와 온몸이 온통 흰 할머니를 만났다. 그 할머니가 담뱃대를 들고 서서 기다리다가 그녀가 오는 것을 보고 담뱃대로 머리를 때리는 것이었다.

할머니는 호통을 치면서 "네가 열일곱 살 때에 열아홉 살 난 남의 외아들을 죽이지 않았느냐!"며 또 머리를 때리는 것이었다.

"그 외아들이 너 때문에 죽었다."고 하며 "그 외아들의 원을 네가 풀어줘야 한다."는 것이었다.

그러나 그녀는 무녀가 되는 것이 싫어서 거절했다.

"그렇다면 영이라도 달래주라"고 해서 떡살을 담가서 떡을 빚어 굿상을 차려놓았다.

그랬더니 할머니가 와서 북을 덩덩 치는 것이었다. 북치는 것을 보자 발길로 그 북을 차고, 할머니를 쫓아버렸다.

④ 서울 서대문구 아현동 이미숙 씨(28살)

11살 때 삼각산에 혼자 기도하러 갔다가 맞은쪽 바위에서 호랑이가 달려드는 바람에 깜짝 놀라 눈을 떴다. 그런데 무녀들이 산 기도를 하러 가서 호랑이를 안 본 사람은 한 사람도 없다고 한다. 17살 때였다. 일행과 함께 태백산에 기도하러 갔다. 문수봉 기도처로 올라가는데 두 갈래 길이 나왔다.

자기는 왼쪽으로 가야 된다고 생각했는데, 일행은 오른쪽이라고 하면서 그리로 가는 것이었다. 그녀는 자기보다 나이가 몇 살이라도 더 많고 경험이 많은 사람 뒤를 따라가는 것이 좋겠다는 생각이 들어 오른쪽 길로 접어들자, 어떤 남자가 뒤통수를 세게 치면서 "병신같이 왜 그쪽으로 가느냐?"라는 소리가 들리는 것이었다. 뒤돌아보니 아무도 없었다.

그녀가 점을 칠 때는 손님의 얼굴과 마주칠 때 점사가 떠오른다고 한다. 하지만, 간혹 손님의 얼굴을 봐도 점사가 떠오르지 않을 때도 있다고 한다. 이때는 부엌으로 가면 노란 저고리에 빨간 치마를 입고 쪽을 찐 30대 여인이 나타나 "저 손님은 무슨 일 때문에 왔다."고 가르쳐준다고 한다.

손님이 오면 그의 조상이 뒤따라 들어온다. 조상 중에 누가 교통사고로 죽었으며, 피를 흘리며 죽은 조상이 보이고, 다리가 부러졌으면 발을 절룩거리고 들어오는 게 보이는데, 모두 죽은 사람들이 눈에 보이는 것이다.

⑤ 대구 배정민 씨(43살)

8살 때 변두리에서 학교에 가려면 천왕산 고개를 넘어야 했다. 고개를 넘어가는데 빨간 치마를 입은 젊은 여자가 따라오라고 해서 그 여자를 따라갔다. 그런데 그 여자가 고개 너머 있는 못(저수지)으로 가더니, 못 속으로 들어가면서 따라오라고 해서, 그녀를 따라 못 속으로 들어갔다.

그 여자아이가 깊은 물 속으로 들어가는 것을 보고, 그때 함께 있던 친구가 겁이 나서 그녀의 집으로 뛰어가서 그녀의 어머니에게 알렸다. 그녀의 어머니가 못으로 급히 달려가 보니, 딸이 물 위에 둥둥 떠 있었다. 그래서 못에 들어가서 업고 나왔다. 그런데 숨이 끊어져 있었다. 그래도 곧 묻을 수가 없어서 사흘간을 방안에 그대로 두었다. 그랬더니 사흘째 되는 날 하품을 하면서 깨어났다.

또 학교를 가려면 고개 너머 있는 도랑을 건너야 했다. 학교에 갈 때는 혼자 가는 게 아니고 동네 아이들과 함께 다녔다. 도랑둑에 이르면, 동네 할아버지가 나타나서는 "업히라"고 해서, 그 할아버지의 등에 업혀서 도랑을 건넜다. 올 때도 할아버지 등에 업혀서 건넜고, 다른 아이들은 그냥 혼자서 신을 벗고 저벅저벅 건넜다.

집에 와서 도랑을 건네주는 할아버지 얘기를 하면, 그 할아버지는 벌써 몇 년 전에 죽었다는 것이다. 이상하다고 하면서도 2년 반이나 학교에 오갈 때 그 할아버지가 업어서 건네주었다. 지금까지도 그때 그 할아버지에게 업혀서 도랑을 건넌 것은 꿈도 아니고, 또 어떤 영적인 것도 아니고, 실제로 업어서 건네주었다고 생각된다는 것이다.

이제까지의 몇 가지 사례에서 소개한 영혼들은 영혼의 세계에 들어가지 않고 지상에 미련이 남아서 떠돌고 있는 길잃은 영혼들로서, 어떤 사람이나 상황에 관련되었을 때, 이렇게 나타나서 살아 있는 사람들과 계속 관계를 이어가려하고 있는 경우에 해당된다고 하겠다.

그렇다고 해서 아무나 이런 영혼들을 볼 수 있는 것은 아니고, 위의 사례에 나타난 무녀들과 같은 특별한 영적 능력을 지닌 사람들만이 이 떠도는 영혼들을 볼 수 있다고 하겠다.

영매이자 투시가인 리사 윌리엄스는 이렇게 말한다.

"나에게는 여러모로 현실보다 더 생생하게 느껴지는 또 하나의 세계에서는, 나는 영들과 친구가 되고 영들의 방문을 받으며, 그들과 함께 이야기를 나누었다. 그렇다. 나는 저세상으로 간 사람들의 영을 볼 수 있었다. 나는 그들에게 말을 걸었고, 그들도 나에게 말해왔다. 하지만 그것은 살아 있는 사람들과 이야기를 나누는 것과 똑같았다. 내 마음속에서 그들은 정말 살아 있었다."

유령 현상

마이클 탤보트는 『홀로그램 우주』에서 유령 현상을 다음과 같이 설명하고 있다.

·········

지난날은 우주의 공중파 속에 기록된 홀로그램이며, 사람의 마음이 그것을 뽑아내어서 홀로그램으로 바꿀 수 있다는 생각은 적어도 일부의 유령 현상은 설명해줄 수 있다.

대부분의 유령들은 지난날로부터 나타나는 사람이나 어떤 장면의 입체적 영상기록물, 곧 홀로그램에 지나지 않는 것 같다. 유령에 관한 한 가지 이론은 그것이 죽은 사람의 영혼이나 귀신이라는 것인데, 모든 유형이 사람은 아니다. 살아 있는 것이 아닌 물체의 허깨비를 보았다는 사람들의 무수한 보고가 유령이 죽은 사람의 영혼이라는 생각을 반박하고 있다.

런던의 심령과학협회에서 발행한 '살아 있는 것들의 환영(Phantasms of the living)'이라는 제목의 두꺼운 책 두 권 분량의 보고서에는 유령이 나오는 것과, 일상을 뛰어넘는 현상에 관해 이 같은 사례를 많이 다루고 있다.

예컨대, 영국의 한 육군장교와 그 가족들은 멋진 마차가 그들의 집 마당 잔디밭에 와서 멈추는 광경을 보았다. 그 유령 마차는 너무나도 진짜 같아서 장교의 아들은 마차로 다가가서 그 안에 타고 있는 여인의 모습을 보았다. 그가 좀 더 자세히 보려고 하자 그 광경은 사라져 버렸고, 말 발자국이나 바퀴 자국도 남아 있지 않았다.

이런 것을 얼마나 많은 사람들이 경험하고 있을까? 모르는 일이다. 하지만 미국과 영국에서 이루어진 연구에 따르면 인구의 10~17%가 유령을 본 적이 있다고 하며, 이것은 이런 현상이 생각보다 훨씬 더 흔한 일임을 알 수 있다.

끔찍한 폭력이나 기타 매우 격한 감정에 휘말린 사건이 일어났던 곳에 유령이 자주 나타나는 경향이 있다는 사실은 어떤 사건이 다른 사건들보다 홀로그램 기록 속에 더 강한 인상을 남길 수 있다는 생각을 뒷받침해 준다. 그리고 이런 유령이 나타나는 현상의 대부분은 이승에 발이 묶인 불쌍한 영혼들의 그림자라기보다는 홀로그램 속에 기록된 지난날을 우연히 힐끗 들여다보게 되는 예인 경우가 더 많다.

예컨대, 1907년 UCLA의 인류학자이며 종교에 관심이 깊었던 W. Y. 에반스-웬츠(W. Y. Evance-Wentz)는 시인 윌리엄 버틀러 예이츠(William Butler Yeats)의 말에 자극받아 2년 동안 아일랜드, 스코틀랜드, 웨일스, 콘월, 브리튼 지방을 다니면서 요정이나 기타 초자연적인 현상을 보았다는 사람들을 인터뷰했다.

그가 이 조사를 시작한 것은 20세기의 가치관이 옛날의 가치관을 밀어내는 바람에 요정을 만나는 일이 갈수록 희귀해지고 있고, 이런 전통이 완전히 잊혀

버리기에 앞서 이것을 적어서 남겨둘 필요가 있다고 한 예이츠의 말을 들었기 때문이다.

에반스-웬츠는 대개는 믿음이 강하고 당당한 노인들인 목격자들을 인터뷰하면서 이 마을 저 마을을 돌아다니는 동안, 사람들이 골짜기나 달빛 어린 목장에서 만났다는 이 요정들이 모두 크기가 자그마한 존재는 아니라는 사실을 알게 되었다. 어떤 요정들은 몸이 빛나고 반투명하다는 점만 빼면 크기나 생김새가 사람과 비슷했으며, 아주 오래된 시대의 복장을 하고 다니는 이상한 습성이 있었다. 그뿐 아니라, 이 요정들은 흔히 고고학적인 현상들—무덤, 고인돌, 6세기의 무너진 요새 등—에 나타났으며, 옛날 사람들이 하던 일들을 하고 있었다.

에반스-웬츠는 엘리자베스 여왕 시대의 복장을 한 남자처럼 생긴 요정이 사냥을 하고 있는 모습을 보았다는 사람, 요새의 폐허에서 유령처럼 줄지어 왔다 갔다 하는 요정들을 보았다는 사람, 폐허가 된 고대의 교회 자리에 서 있을 때 종을 울리는 요정을 봤다는 사람 등을 인터뷰했다. 요정들이 유별나게 좋아하는 일 가운데 하나는 전쟁이었다.

『켈트 지방의 요정 신앙(*The fairy-faith in Celtic Countries*)』이라는 책에서 에반스-웬츠는 달밤의 목장에서 중세기의 갑옷과 투구로 무장한 사나이들이 싸우고 있거나, 사람이 있을 리 없는 울타리 쪽에 화려한 색깔의 군복을 입은 병사들이 늘어서 있는 광경을 보았다는 10여 명의 목격자들의 증언을 제시한다. 이런 소동은 때로는 무섭도록 고요한 가운데 일어났고, 또 어떤 때는 귀가 울리도록 시끄러웠다. 그리고 때로는, 아마도 가장 흔한 경우는, 소리만 들리고 모습은 보이지 않았다.

이로부터 에반스-웬츠는 목격자들이 요정이라고 말하는 이 장면 가운데서 적어도 일부는 그곳에서 지난날에 일어났던 사건들이 다시 보인, 일종의 잔영이었으리라는 결론을 내렸다.

그는 이런 이론을 제기한다.

"자연은 자신의 기억을 갖고 있다. 지구의 대기권 속에는 심령적인 뭔가가 있어서, 일어났던 모든 사람에 관한 역사나 물리적 현상이 거기에 새겨지거나 사진처럼 찍힌다. 어떤 알 수 없는 조건이 갖춰지면 투시가가 아닌 보통 사람들의 눈에도 이 자연의 마음 속의 기록이 화면에 비치는 그림처럼, 움직이는 영화처럼 보인다."

15. 내가 만난 영혼

생각해 보니, 아내가 저세상으로 가고 난 뒤에 아내의 영혼을 꿈으로 만난 사건들과는 관계없이, 그에 앞서 내가 다른 사람의 영혼을 꿈에 만난 적이 한 번 있었다는 것을 기억해 내었다.

(1) 집안 할아버지의 영혼

내가 아내와 결혼한 다음 해였다. 어느 날 밤 꿈에 집안 할아버지 한 분께서 내가 자고 있는 방문을 조용히 열고 들어오셔서는, 나의 머리맡에 앉으시는 것이었다. 내가 깜짝 놀라서 "아니 할아버지, 웬일이세요? 이 밤 중에..." 하면서 잠자리에서 벌떡 일어났는데, 그 순간 꿈에서 깨어났다. 알고 보니 꿈을 꾼 것이었다.

정신을 차리고 책상 위의 시계를 보니 새벽 4시를 가리키고 있었다. "최근에 만나 뵌 일도 없는데, 웬일로 그 할아버지가 꿈에 나를 찾아오셨나?" 하는 궁금한 마음이 들었으나, 그대로 누워서 다시 잠이 들었다.

그날 아침 8시 무렵, 회사에 갈 준비를 하고 마악 방문을 나서려는데, 갑자기 전화가 걸려 왔다.

"새벽에 아버지가 돌아가셨어." 그 집의 고모님 전화였다.

"몇 시쯤이었지요?" 하고 물으니 "새벽 4시였어." 하고 대답하는 것이 아닌가! 그리고 보니 그 할아버지의 영혼이 하늘나라로 가시는 길에 나를 찾아보고

가신 것이었다. 그런데 그 할아버지와 나는 평소에 별로 가까이 지낸 일도 없고 특별히 가까운 사이도 아니었기에 이상하게 생각되었으나, 아무튼 그 할아버지의 영혼은 나를 만나고 가신 것이 틀림없었다. 나는 잘 모르지만, 혹시 그 할아버지는 나를 따로 특별히 생각하고 계셨는지도 모를 일이었다.

그날 저녁에 나는 퇴근하는 길로 그 할아버지 댁에 들러서 문상하고, 새벽에 할아버지 영혼이 나를 찾아오신 일을 이야기하니 모두들 신기해했다. 그래서 혹시 다른 누구도 할아버지 영혼의 방문을 받았는지 물어봤으나, 아무도 없다고 했다.

나는 마음속으로 "혹시 방문했을 텐데, 그들의 영혼이 깨어 있지 않아 만나지 못했는지도 모르겠다"는 생각이 들었다. 아무튼 영혼의 현상을 제대로 알 수는 없는 노릇이기에...

(2) 직장 상사의 영혼

내가 TBC 부산국에서 KBS 본사 텔레비전 교양제작국으로 옮겨온 지 3년째 되던 해에 우리 국의 국장이 바뀌었다. 전임 국장이 물러나고, 보도국의 보도위원이 승진해서 국장으로 취임했다.

들리는 소문에 따르면, 이 신임 국장은 TBC 기자 시절에 일본 특파원으로 근무하고 있을 때, 한국일보의 일본 특파원이던 현재의 KBS 이원홍 사장과 함께 일본에서 일했던 인연으로 이번에 기자직에서 PD직인 텔레비전 교양제작국장으로 파격적으로 발탁, 임명되었다고 한다.

내가 TBC 부산국에서 근무하고 있을 때 나는 이분을 한 번도 만나 뵌 적은 없지만, 그래도 같은 회사에서 근무했던 분이 우리 국의 국장으로 오는 것이 내심 반가웠다.

발령을 받은 지 며칠 뒤에 이 국장이 우리 사무실에 들렀다. 그런데 나를 보더니, 대뜸 "자네, 부산국에서 근무했다지?" 하고 물었다.

"예, 그렇습니다." 하고 대답하니, 뜬금없이 "자네, 이나리 부시(시골무사)라는 말을 아는가?" 하고 다시 물었다.

물론 알고 있었다. 일본의 전설적인 검객 미야모토 무사시의 소설을 읽었던 터라 그것이 무슨 뜻인지 잘 알고 있었다.

미야모토 무사시가 무사수업을 하기 위해 전국을 돌며 지방의 유명하다는 검객들을 차례로 무너뜨리고 일본 제일의 검객으로 우뚝 설 때까지 미야모토 무사시가 얼마나 뛰어난 무사인지도 모르고 시골무사들이 겁 없이 그에게 덤벼들었다가 모두 다 한칼에 나가떨어진 뒤로, 이들 시골무사들을 경멸하는 뜻으로 부르는 이름이 바로 이나리 부시였던 것이다!

그런데 이 국장이 나를 만나자마자, 점잖은 수인사는 고사하고 느닷없이 이나리 부시를 들먹이며 나를 모욕하는 투로 말을 걸어오기에 대뜸 '이 작자, 생각보다 예의가 없구나.' 하는 생각에 갑자기 실망스러운 마음이 들었다.

그래서 "모르는데요" 하고 딴청을 부렸다.

"이나리 부시란 말이야. 자네 같은 시골무사를 뜻해." 하면서 미야모토 무사시와 이나리 부시에 관해 장황하게 설명하는 것이었다. 나는 이제까지 40여 년을 살아오면서 이렇게 면전에서 모욕당하기는 처음이었다. 속에서 열불이 후끈하고 났지만, 간신히 참고 말했다.

"그래서요?"

얼굴을 마주 보며 정색하고 이렇게 반문하니, 그는 잠시 당황한듯 우물쭈물하더니, 갑자기 그 자리에서 획 돌아서서 사무실을 나가버리는 것이었다.

나는 속으로 '어떻게 저렇게 처음 보는 사람을 함부로 모욕하는 기본예의도 없는 몰상식한 인간을 사장님은 우리 국의 국장으로 임명했을까? 하고 생각하고는, 그자를 내 마음속에서 지워버렸다. 그 순간부터 그는 내게는 더 이상 존재가 없는 인간이 되었다.

그가 적어도 기본예의만이라도 갖추어 나를 대해주었더라면, 나는 그를 위해 그가 당장 맞닥뜨려야 할 우리 국의 몇 가지 문제점들과, 이것들에 그가 대응해야 할 조치들, 또한 우리 국의 주요 구성원들에 관해서 내 나름으로 조언을 해주려고 생각했는데, 이렇게 모욕을 당하고 난 뒤에는 그런 생각이 싹 달아나버렸다.

그때 문득 우리 어머니가 하시던 말씀이 생각났다.

"애야, 세상살이하면서 명심할 것 가운데 한 가지는 똑똑한 놈 건드리지 말고, 멍청한 놈 돕지 마라."

그러고서 며칠이 지난 뒤, 당시 내가 제작하고 있던 프로그램인 「독점, 여성들의 9시」 녹화를 마치고 편집실에서 편집을 하고 있는데, 느닷없이 이자가 나타나더니 내가 편집하고 있는 테이프를 들여다보다가는 별안간 "야, 이거 잘라!" 하고 고함을 쳤다.

내가 깜짝 놀라서 그를 쳐다보며 "왜요?" 하고 물으니 아무 대답을 못 하는 것이었다.

나와 같이 편집하고 있던 편집부의 기술요원도 놀라서 나를 쳐다보며, 어이없다는 듯이 웃었다.

기본적으로, 프로그램 내용을 잘라낼 때에는 방송심의 조항에 걸려야 하는데, 국장이 지적한 것은 심의조항들과는 아무 상관이 없는 일상적인 내용이었다. 그래서 별것 아니라는 뜻으로 돌아서서, 내가 하던 편집을 계속하고 있으려니, 또 느닷없이 "야, 이것 잘라!" 하고 또 고함치기에, 내가 또 "왜요?" 하고 물으니, 마찬가지로 아무 대답도 못 하는 것이었다.

'세상에 이렇게 무지막지한 인간이 있나? 적어도 국장이 돼서 부하직원에게 명령을 내리려면 근거가 있어야 하는데, 이 자는 편집의 기본도 모르면서 함부로 이것 잘라, 저것 잘라, 하고 내뱉다니!'

나는 화가 머리끝까지 났지만, 꾹 참고 하던 편집을 계속해 나갔다. 그러자 또다시 "야, 이것 잘라" 하고 고함치기에, 마찬가지로 "왜요?" 하니, 대뜸 내게 "자네 이 프로그램으로 방송위원회에서 경고처분을 받았지?" 하고 물었다.

"그런데요?" 하고 또 내가 반문하니 "나는 돌다리도 두드리며 건너는 사람이란 말이야!" 하고 악을 쓰듯이 내뱉고는, 쏜살같이 뒤돌아 가버리는 것이었다.

나는 속으로 '참 허접쓰레기 같은 인간이로구먼. 어떻게 저런 인간이 국장이 되었을까? 도무지 이해할 수가 없어' 하고 혼자서 투덜대며, 하던 편집을 마저 마쳤다.

사실 그는 내가 마치 큰 잘못이나 저질러서 경고를 받은 것처럼 말하는데, 실상은 크게 달랐다.

나는 어느 주일에 이 프로그램의 방송분을 '아들 낳는 비결'이라는 주제로 녹화하고 있었다. 아마도 이때가 제5공화국이 막 들어서서 "아들딸 구별 말고 하나 낳아 잘 기르자"라는 구호를 내걸고 산아제한 캠페인을 벌이고 있었던 것으로 기억하는데, 그 효과가 잘 나타나지 않아 정부 부처는 어려움을 겪고 있었던 것 같다. 나는 우리 사회에 널리 퍼져 있는 남아선호사상이 산아제한 정책의 커다란 걸림돌이라고 생각하고, 이 사상이 어느 정도 뿌리 깊은지 알아보기 위해 이 주제를 방송하기로 결정했던 것이다.

녹화가 진행됨에 따라 녹화에 참여한 주부들이 자신들의 경험담을 중심으로 아들을 낳기 위해 어떤 노력을 얼마나 했는지에 관해 이야기보따리를 풀기 시작했다. 한 주부가 먼저 이야기를 시작하자, 다른 주부들도 너도나도 덩달아 이야기를 이어가는 통에 분위기가 무르익어 온갖 종류의 이야기가 다 나왔다.

아들 낳는 데 좋다는 민간 속설에서부터 외설에 가까운 부부관계의 이야기까지 나와 아슬아슬했으나, 직설적이 아니라 은유적으로 표현되었기 때문에 심의에는 걸리지 않을 것으로 판단하고 그대로 두었으며, 따라서 프로그램은 매우 재미있게 진행되었다.

여기에 연사로 참가한 의과대학교 교수와 산부인과 개업의는 자신들이 임산부들을 치료하면서 경험한 사실들을 예로 들어 설명하면서, 여러 가지 속설들은 의학적으로 증명되지 않은 그야말로 속설에 지나지 않으니, 더 이상 믿지 말라고 충고했으며, 다른 연사는 이제 아들이 부모를 먹여 살리던 시대는 이미 지나 더 이상 꼭 아들을 낳아야 할 이유가 없어졌으니, 아들딸 구별 말고 하나만 낳아 잘 키우자고 호소함으로써, 프로그램을 끝냈다.

그런데 다음 날 일간신문들은 일제히 이 프로그램에 대한 논평을 싣고 비난으로 일관했다.

"아들딸 구별 말고 하나 낳아 잘 기르자"는 주제로 방송을 시작했으나, 내용은 아들 낳는 비결로 채움으로써 오히려 아들 낳기를 권장하는 프로그램으로 되고 말았다는 논평이었다.

프로그램 제작자인 나로서는 너무 억울했다. 분명히 프로그램은 주제에 따라 진행되었고 그렇게 결론을 냈는데, 어째서 그런 전혀 터무니없는 논평을 하는지 알 수가 없었다. 한 신문도 아니고 여러 신문들이 마치 약속이나 한 듯이 똑같은 논평을 냈다.

그런데 내가 보기에, 사실 문제는 이 프로그램이 너무 재미있어 많은 사람들이 보았고, 또 본 사람들은 저마다 한마디씩 했기 때문에 모든 신문들이 관심을 보이고, 이와 같은 논평을 낸 것 같았다.

아마도 텔레비전 방송 프로그램의 인기가 이렇게 높으니 잘못하면 자기네들 광고를 뺏어갈지 모른다는 위기감이 들었는지도 모르겠는데, 왜냐하면 이

때 신문과 방송이 광고를 두고 치열하게 경쟁을 벌이고 있었기 때문이다. 그래서 의도적으로 내 프로그램의 명성을 깎아내리려 한다는 느낌을 받았다.

여기에 더하여, 2주 뒤에 방송심의위원회는 방송국에 "아들 낳는 비결을 공개적으로 거론함으로써 남아선호사상을 부추겼으므로, 그 벌로 이 프로그램에 경고처분을 내린다."는 통고를 해왔다.

참고로, 프로그램이 경고처분을 받으면, 담당피디는 6개월 동안 급료의 10%가 깎이고, 다음 해 승진에서 제외되는데, 이것은 제작자에게는 매우 심한 타격이 되는 벌이다.

다행히도 그때 KBS의 이원홍 사장은 간부회의에서 "나도 이 프로그램을 봤는데, 별문제가 없다고 생각한다. 바깥사람들은 오히려 부분을 마치 전체인 것처럼 부풀려서 비난한다는 인상을 받았다. 심의실은 제작자의 사기를 꺾지 않게 이 문제를 처리하기 바란다."고 지시한 덕분에, 나는 회사로부터 한 단계 낮은 '주의' 처분을 받게 되어, 다음 해에 승진할 수 있었다.

그런데 KBS에서 방송위원회의 '경고' 처분을 '주의'로 낮추어 받은 경우는 내가 아는 한에서 나밖에 없는 특별한 처분이었던 셈이다.

그다음 날 우리 부장님이 나를 부르시더니, 아무 설명 없이 "정 차장이 지금 맡고 있는 「독점 여성들의 9시」를 김○○ 차장에게 넘기세요." 하는 것이었다.

그때야 비로소 나는 이제껏 그의 이해하지 못할 행동들을 단번에 이해할 수 있게 되었다.

곧 그가 우리 국의 국장으로 발령을 받자마자, 그와 친한 내 프로그램의 MC인 ○○○이 그를 만나서 내 프로그램에 관해 서로 이야기를 나눈 것이 분명했다. 내가 이 프로그램을 처음으로 맡았을 때의 MC는 우리나라 방송사상 최초의 프리랜서 MC로서 당시 MC들 가운데서 가장 높은 인기를 누리고 있던 황인용으로, 그는 나와 함께 TBC에 같은 해에 입사한 동기생이었으며, 또한 그는 나와 함께 이 프로그램을 우리 국의 프로그램들 가운데 가장 시청률이 높은 인기 프로그램으로 만들었는데, 이 황인용 MC가 개인 사정으로 물러나고, 그 뒤를 이은 지금의 MC는 예상 외로 진행을 잘못해서 프로그램의 인기가 날로 떨어져 시청률을 반토막으로 떨어뜨렸다.

그래서 내가 진행상의 몇 가지 문제점에 관해서 지적하고 고치기를 요구했으나, 그는 내 말을 제대로 듣지도 않고 자기 방식을 계속해서 고집하기에 마음속으로 이자를 바꿀 것을 생각하고 있었는데, 그가 눈치를 채고 미리 선수를 쳐서 TBC 때부터 자기와 친한 이 신임 국장에게 나를 비난하고 바꿔줄 것을 부탁했던 모양이었다(뒤에 알게 된 사실인데, 그는 훗날 국회의원에 출마했으며, 그에 앞서 그가 KBS에서 아나운서로 근무할 때 피디로 함께 일하던 당시의 우리 국장님에게 부탁해서 지금 내 프로그램의 MC 자리를 얻었던 것 같다. 그는 이 프로그램의 사회자로서, 모든 사회문제에 관해서 잘 알고 있으며 또 그 해답 또한 잘 알고 있다는 식으로 자기 실력을 지나치게 과시해서 점차 출연자와 시청자들의 외면을 받게 되었다. 그래서 나는 이 사실을 몇 번이나 지적하고 그에게 고치기를 부탁했으나, 출마를 위한 사전 선거운동을 목적으로 MC 자리를 얻은 그에게는 나의 충고가 전혀 귀에 들리지 않았던 것 같다).

이 국장은 나를 바꾸려는 속셈으로 이것저것 트집을 잡아서 내게서 프로그램을 빼앗았던 것이다. 나는 내가 만들어서 가장 높은 인기를 누리던 이 프로그램에 대해서 특별한 애정을 갖고 있었지만, 아무런 내색 않고 프로그램을 넘겨주었다.

그러고서 한 달쯤 지난 어느 날, 우리 부장님이 나를 부르시더니 "정 차장, 축하해요. 조금 전에 제주방송국 방송부장으로 승진발령이 났어요."라고 말해주고는, 그길로 바로 나를 국장실로 데리고 가서, 국장에게 나의 승진을 보고하는 것이었다.

이 보고를 받은 그는 의외라는 듯이 깜짝 놀라면서 "아니, 왜?" 하면서 부장을 바라보았다.

그 뜻은 "내가 프로그램을 뺏어버려서 저자가 승진할 이유가 없을 텐데 어떻게 승진하게 되었나?" 하고 묻는 투였다.

그러자 부장님이 "무슨 말씀이세요? 그동안 정 차장이 얼마나 프로그램을 잘 만들었는데요." 하고 말하는 소리를 들으며, "저는 이만 물러가겠습니다." 하고, 나는 그의 방을 나와 버렸다.

내가 제주방송국으로 부임하고 나서 한 달쯤 지나서 연말 정규인사 발령이 났는데, 보니 그는 텔레비전 교양제작국장 직에서 해임되고, 도로 옛날의 보도국 보도위원으로 밀려났다. 겨우 5개월도 버티지 못하고 쫓겨난 것이었다.

뒤에 소문을 들으니, 나 말고도 여러 피디들과 부딪치고 말썽을 일으켜서 사장님도 더 이상 봐줄 수가 없다고 판단하고 그를 물리신 것 같았다.

그러고서 세월이 한참 지나, 그도, 나도 KBS에서 정년퇴직해서 한가하게 세월을 보내고 있을 때였다. 나는 평소대로 점심을 먹고 나서는 가까이 있는 야산으로 올라가는 도중에 느닷없이 그의 생각이 떠오르는 것이었다.

그래서 속으로 '아니, 갑자기 왜 그 사람 생각이 나는 걸까? 나하고 아무 관계도 없는 사람인데.' 하고는 생각을 지워버렸다.

그런데 그다음 날도, 그다음 날도…이렇게 계속해서 약 2주일 동안 띄엄띄엄 그의 생각이 나다가는 어느 날 사라지고부터는 더 이상 나지 않았다.

그로부터 한 달 뒤, 사우회보에 그의 부고가 나 있었다. 그 날짜는 내게 그 사람의 생각이 나던 시기와 맞아 있었다. 아마 그 사람도 인간이기에 내게서 프로그램을 뺏은 것이 자신의 양심에도 어긋나는 짓이어서 혼자서 괴로워하

다가, 이승을 떠나는 마지막 길에서나마 내 영혼을 만나 미안하다는 말을 하려
고 했는지도 모르겠다는 생각이 들었다. 아무튼 우연치 않은 일이었다.

16. 고사의 힘

1984년 10월, 나는 제주방송국 방송부장으로 승진발령을 받아 제주도에 가서 근무하기 시작했다. 다음 해에 특별 생방송으로 전국의 이름난 산들을 이어서 소개하는 프로그램이 준비되고 있었는데, 제주도의 한라산도 당연히 여기에 끼이게 되어서, 나는 담당피디를 지정하여 프로그램을 준비시켰다.

어느 날 담당피디는 한라산에 관해 설명해 줄 연사를 한 사람 정해서, 그를 우리 사무실로 불러 방송할 내용에 관해 의논하고 있었는데, 잠시 뒤 의논이 끝나자, 그 사람이 내게로 와서는 느닷없이 말했다.

"부장님, 한 가지 부탁드릴 일이 있는데요."

나는 "무슨 일인데요?"하고 물으니

"방송하러 가기에 앞서 고사를 지내주면 좋겠습니다."

"아니, 왜 고사를 지내야 합니까?" 하고 깜짝 놀라 다시 물었다.

"다름아니라, 지난 2~3년 사이에 크고 작은 사고들이 한라산에서 자주 일어났습니다. 지난해에는 제주산악회장이 한라산에서 사고를 당했고, 올해 초에는 총무가 사고를 당했습니다. 그래서 산악회원들이 고사를 지내려고 했으나, 공교롭게도 회장과 총무가 둘 다 천주교 신자라 고사 지내는 것을 완강히 반대해서 고사를 지내지 못하고 있습니다. 때문에 산악회원들은 앞으로도 사고가 끊이지 않을 것이라고 걱정이 태산입니다. 마침 KBS가 이번에 한라산에서 방송한다고 했더니, 모두 우리 대신 KBS가 고사를 지내주면 좋겠다고 내게 전해달라고 해서 말씀드립니다."라고 하면서 자기도 산악회 임원이라고 했다.

듣고 보니 사정을 알 것 같았다. 그래서 나는 "내일 아침 간부회의에서 정식으로 고사 지내는 것을 건의하겠습니다." 하고 그에게 말해주었다.

다음 날 아침, 간부회의에서 나는 제주산악회의 사정을 설명하고, 우리가 주최하여 고사를 지낼 것을 건의했다. 나의 설명이 끝나자마자, 국장님은 대뜸 이렇게 말하는 것이 아닌가!

"여보, 대학교육을 받고, 게다가 외국 가서 공부까지 하고 온 사람이 고사를 지내자니, 무슨 뜬금없는 소리요. 고사는 미신이니 우리가 주최하여 지낸다는 생각은 아예 거두시오."

뒤에 알고 보니 이분은 기독교방송국에서 오신 독실한 기독교 신자였다.

그래서 나는 우리 부서의 직원들에게 아침 간부회의에서 있었던 일을 대충 설명하고, "방송국 주최의 고사는 지낼 수 없게 되었으니, 우리 부서만으로 고사를 지내는 것이 어떻겠느냐?"고 물었더니, 모두들 그렇게 하자고 입을 모았다.

그러면서 몇 사람은 고사를 꼭 지내야 하는 이유를 나에게 설명해 주었다.

그들의 말에 따르면, 2년 전에 본사 드라마 제작팀이 제주에 내려와서 촬영하다가 조명기술요원이 배에서 미끄러져서 바다에 빠져 죽었으며, 지난해에도 함덕해수욕장에서 공개방송을 하다가 카메라 축대가 관중들에게 밀려 넘어지면서 가까이 있던 사람들을 덮쳐서 몇 사람들이 다치는 큰 사고가 있었다는 것이다. 그러니 이참에 고사를 지내서 이 불안을 잠재워야 한다는 것이었다.

제주에서 생활하면서 차츰 알게 되었지만, 제주는 원래 섬이라 옛날부터 크고 작은 해난사고가 자주 일어났고, 이를 액땜하기 위해 고사를 지내는 것이 거의 관습이 된 것 같았다.

나는 담당피디에게 "내일 아침 한라산으로 올라가기에 앞서 고사 지낼 준비를 하라"고 지시했다.

다음 날 아침, 담당피디가 와서 고사 지낼 준비가 다 되었다고 하기에, 그를 따라 방송국 앞마당으로 나가니, 마당 한가운데 내일 중계팀이 타고 갈 중계차가 세워져 있고, 그 앞에는 소반에 돼지머리를 얹은 고사상이 단촐하게 차려져 있었다.

내가 나서니 우리 부서 직원들이 모두 따라 나왔고, 이 광경을 본 기술부 직원들도 오늘 한라산으로 갈 중계요원들을 앞세우고, 모두 나왔다.

보도부 기자들도 이 광경을 보았는지, 모두 나와서는 "우리도 중계차를 쓰니, 고사에 참여하겠다."고 했다.

게다가 어디서 나타났는지 업무부 직원들도 빠짐없이 모두 나와 자리를 채우고 있었다. 그러고 보니 국장님만 빼고 거의 온 직원들이 모두 다 나온 셈이었다.

나는 모두를 향해 말했다.

"여러분, 고사에 참여해 주셔서 고맙습니다. 그러면 지금부터 고사를 시작하겠습니다."

그러고는 돼지머리 앞에 꿇어앉아 하늘을 향해 아뢰었다.

"하느님, 오늘 저희 KBS 중계팀은 내일 아침 생방송을 위해 한라산으로 올라갑니다. 하느님께서는 저희가 오늘 출발해서 내일 방송을 마치고 내려올 때까지 저희와 함께하셔서 저희를 안전하게 지켜주시고, 방송도 무사히 잘 마칠 수 있도록 도와주소서."

나는 일어서서 큰절을 올리고, 주머니에서 지갑을 꺼내어 만원 지폐 한 장을 돼지 입에 물렸다. 나는 부르는 신을 고사에서 흔히 쓰는 '산신령님'이나 '산신 할아버지'라는 호칭 대신, '하느님'이라고 불렀는데, 그 호칭들은 모두 결국 다름아닌, 우주를 만드시고, 다스리시는 하느님을 가리키기 때문이었다.

뒤이어 우리 부서 직원들이 줄지어 큰절을 올리고 나와 같이 지폐를 물려주었다. 이어서 기술부와 보도부, 업무부 순서로 진행되었으며, 제주산악회 임원도 마지막으로 참여했다.

이렇게 하여 30여 분 만에 고사가 순조롭게 끝났다.

담당피디가 모인 지폐를 거두어 들고, "갑시다!" 하고는 앞장서서 우리 방송국 직원들이 평소에 단골로 잘 다니는 가까운 곳의 식당을 향해 걸어가자, 모두 그를 따라 그 식당으로 들어갔다. 이 식당이 이곳에서는 비교적 큰 편인데도 방송국 직원들이 모두 들어가기에는 턱없이 비좁아 들어가지 못한 사람들 가운데 몇은 식당 밖에 있는 의자에 앉았으나, 대부분의 사람들은 서 있어야 했다. 불편했지만 사정이 어쩔 수 없었다.

미리 연락을 해두었던지, 곧바로 술과 안주를 차려 내와서, 모두 함께 먹고, 마시며 덕담을 나누었다.

"지난 이태 동안 사고가 잦아서 마음이 우울했는데, 오늘 고사를 지내고 나니 쌓였던 체증이 곧바로 내려가는 것 같아!"

"오늘 우리가 이렇게 고사를 지냈으니, 내일 방송은 무사히 잘 끝날 거야."

"암, 그렇고말고. 아무 탈 없이 무사히 잘 끝나기를. 건배!"

"건배!"

큰 소리로 모두 우렁차게 외치고는 함께 건배하며 무사 안녕을 빌었다. 바로 이 한잔의 술이 모두의 마음을 하나로 모아 하늘을 움직여서 내일 있을지도 모를 재앙을 미리 막아줄 것이라는 생각이 들었다.

그렇다! 고사란 바로 이렇게 사람들의 마음을 하나로 묶어주는 신비로운 의식에 다름 아니었다. 이를 미신이라니! 천부당만부당한 오해이다!

고사를 마치고 나자, 중계팀은 중계차를 타고 한라산을 향해 출발했다. 다음 날 방송에 연사로 참여할 제주산악회 임원도 우리와 함께 출발했다. 차가 올라가는 영실 1,100m 고지까지 차를 타고 가서는 중계차 기술팀은 중계차에 남고, 백록담에서 중계방송할 팀은 걸어서 백록담으로 올라갔다. 중계할 곳에

도착해서 다음 날 방송할 곳과 장비를 설치할 자리를 정하고는 백록담 아래쪽에 있는 산장으로 내려가서 그날 밤을 묵었다.

다음 날 새벽 통이 틀 무렵, 중계팀은 모두 일어나서 중계할 곳으로 올라가서 장비들을 설치하기 시작했다. 방송이 시작되는 아침 10시 30분 전에 모든 준비가 끝나서 본사의 지시가 내려오기만을 기다리고 있었다. 그런데 방송할 백록담 바로 뒤쪽 하늘에 잔뜩 구름이 끼어서 백록담을 완전히 가리고 있었다. 모두 답답해하며 구름이 빨리 걷히기를 바랐으나, 방송 시작 5분 전까지도 걷힐 기미는 전혀 보이지 않았다.

드디어 본사에서 방송이 시작되고, 곧이어 제주를 불렀다.

카메라에 잡힌 아나운서가 인사말부터 시작했다.

"전국의 시청자 여러분, 안녕하십니까? 이곳은 제주도 한라산 정상 백록담 앞입니다. 그런데 오늘 이곳은 유감스럽게도 구름이 잔뜩 끼어서 아름다운 백록담의 모습을 보여줄 수 없게 되어 대단히 죄송합니다."

바로 그때 놀라운 광경이 펼쳐지기 시작했다. 백록담을 가리고 있던 구름이 마치 커튼이 걷히듯 천천히 한쪽 옆으로 걷히면서, 백록담이 모습을 드러내기 시작했다. 순간, 나는 벌떡 일어서서 외쳤다.

"김 아나, 뒤돌아봐!!"

이 소리에 놀라서 뒤돌아보던 아나운서가 감격에 찬 목소리로 외쳤다.

"여러분, 하느님이 연출하시는 이 놀라운 광경을 보십시오!"

그 사이, 구름이 완전히 걷히면서 밝은 햇살 속에 아름다운 백록담의 자태가 뚜렷하게 드러났다. 말 그대로 기적 같은 장면이 연출되었던 것이다!

그렇다, 바로 이것이 고사의 힘이었다.

그날 한라산에서 방송제작요원은 물론이고, 등산객이 넘어지거나 떨어져서 다친 사고 또한 한 건도 없었다!

(1) 방송사고 예방

이것으로 끝난 것이 아니었다. 그해의 마지막 달인 12월에 송년특집 프로그램이 방송될 예정이었고, 제주국은 한라산 1,100고지 영실에서 참여하기로 되었다. 중계팀은 아침 일찍 한라산 1,100고지에 도착해서 중계방송 준비를 했다.

그런데 방송 예정 시간 5분여를 남기고, 기술과장이 나를 향해 우는 소리를 했다.

"부장님, 아무리 살펴봐도 잘못된 데가 없는데, 소리가 터지지 않아요!"

'세상에, 이 시각에 자기가 이 분야에서 제일 전문가인데도 문외한인 나에게 그걸 묻다니!' 나는 속으로 혀를 끌끌 차면서, 전에 바로 이 기술과장이 나에게 가르쳐주었던 말 그대로 그에게 말해주었다.

"그럴 땐 무조건 주먹으로 기계를 세게 내리쳐요!"

이 말을 듣자, 그는 빙그레 웃으며 "아참! 그렇지." 하고는 주먹으로 오디오 콘솔을 내려치니, 갑자기 밖에서 연습하던 여자 아나운서의 목소리가 들렸다.

"여러분 안녕하십니까? 여기는 제주도 한라산 1,100고지 영실입니다. 저희 중계팀은 …" 하는데 이 순간, 이 소리가 바로 방송에서도 나오고 있었다. 그런 줄 모르고 말을 멈춘 아나운서를 향해, 나는 소리쳤다.

"정 아나, 계속해. 방송 시작되었어!"

이 말에 놀란 아나운서는 카메라를 똑바로 바라보며 말을 이어갔다.

이렇게 해서 방송사고 위기를 무사히 넘기고 방송을 끝내자, 중계팀 모두가 한 입으로 말했다.

"부장님의 고사 덕분이에요!"

(2) 해난사고 예방

다음 해 5월에 우도에서 어린이 프로그램과 주부 프로그램의 녹음이 있어, 라디오 제작팀은 우도로 가게 되었다. 마침 업무부도 이 행사를 계기로 시청료 징수를 독려하기 위해 우리들과 함께 가기로 해서, 일행은 20여 명이 되었다.

아침에 나는 이들을 인솔하여 배를 타고 우도로 들어갔다. 행사를 모두 마치고 오후에 다시 배를 타고 나오는데, 이때 바다에 안개가 피어오르기 시작하더니 삽시간에 앞을 분간할 수 없을 정도로 자욱하게 깔렸다. 배의 선장은 무적(안개 경보)을 울리며 천천히 배를 운항하고 있었다.

그러자 사람들의 얼굴에 불안한 표정이 나타나기 시작했다.

이때 누군가가 "전에도 이 바다에 이렇게 안개가 심해서 사고 난 적이 있어. 바로 여기에서!" 하고 말하니, 모두가 갑자기 긴장했다.

그러자 누군가가 금방 이렇게 반박했다.

"무슨 그런 말을, 여기에 고사를 지낸 부장님이 계시는데 무슨 걱정이야!" 해서 돌아보니, 바로 백록담에서 프로그램을 진행했던 그 아나운서로, 그는 오늘 주부 프로그램을 진행하기 위해 같이 왔던 것이다. 주변에 서 있던 일행들은 이 말을 듣고 "그래, 부장님이 계시는데 무슨 걱정이야!" 하면서, 모두의 얼굴은 긴장된 표정에서 웃는 얼굴로 바뀌었다.

30여 분 지나, 배는 본섬인 제주도에 무사히 닿았다.

(3) 눈길사고 예방

그다음 해 1월 초 어느 날 아침에 일출봉에서 신년맞이 특집방송에 참여하고 회사로 돌아오는 길이었는데, 도중에 눈이 내리기 시작했다. 전날 내린 눈이 쌓인 길에 또다시 눈이 내리니, 길이 매우 미끄러워져서 차가 비틀거렸다.

기사가 차에서 내리더니, 우리들도 모두 내리게 하고는 차 바퀴에 체인을 단단히 채우고 다시 출발했다. 가다가 내리막길에 양쪽이 깎아지른 절벽에 이르자, 다시 우리들을 모두 내려서 걷게 하고는 자기 혼자 차를 조심스럽게 몰아서 그 내리막길을 지나서 차를 세우고, 다시 우리들을 태우고는 출발했다.

나는 속으로 "이 기사는 매우 침착하고 조심성이 많은, 믿을 수 있는 기사로구나!" 하고 내심 감탄하면서, 그의 차를 편안한 마음으로 타고 있었다. 그러나 내리는 눈 때문에 길이 미끄러워서 차가 자꾸 옆으로 미끄러지는 것이었다. 그러자 그 기사가 우리들에게 이렇게 말했다.

"지금 길이 매우 미끄러워서 이대로 회사까지 갈 수 없습니다. 다시 시내로 들어가서 버스정류장에 내려드릴 테니, 거기서 버스를 타고 회사로 돌아가십시오. 저 혼자 이 차를 몰고 회사로 가겠습니다."

그때 누군가가 말했다.

"여기서부터는 위험한 곳이 없으니 걱정할 것 없어요. 차가 약간 비틀거리더라도 굴러떨어질 곳은 없으니, 천천히 조심하면서 운전하면 회사까지 갈 수 있을 겁니다."

또 누군가가 거들었다.

"여기 국장님이 계신데 뭘 걱정하나, 국장님 믿고 그대로 가자. 시내로 되돌아가면, 시간이 너무 많이 걸려요." 그러자 여러 사람들이 한꺼번에 거들었다.

"그 말이 맞아요. 국장님 믿고 그대로 갑시다." (이때 지역국의 직제가 바뀌어 방송부장이 편성제작국장으로 격상되었다)

마지못한 듯, 기사는 나를 한 번 쳐다보더니 빙긋이 웃으면서 "참, 국장님도 계셨군요!" 하고는 차를 출발시켜 무사히 회사에 도착했다.

(4) 인파사고 예방

그해 8월 함덕해수욕장에서 도민 위안 행사가 열렸다. 우리 부서는 이 행사를 녹화, 방송하기로 해서, 나는 제작팀을 이끌고 함덕해수욕장으로 갔다.

3년 전에 바로 이곳에서, 이 행사를 녹화하다가 여러 사람들이 다치는 사고가 난 일이 있으므로, 행사주최 측에서는 이번에는 사고를 미리 예방하기 위해 경찰에 요청해서 인파를 철저히 통제하도록 하고, 우리는 관중석에 세우는 카메라를 보호하기 위해 카메라 보조요원을 따로 한 사람 고용해서 만약의 사고에 대비했다.

행사가 시작되고 인기가수들이 단상에 나타나자, 관중은 흥분하기 시작하여 지난 사고 때와 마찬가지로 뒷사람들이 앞사람들을 밀치고 앞으로 나오려다가 관중석의 카메라를 쓰러뜨렸으나, 다행히 카메라맨과 보조요원이 카메라를 붙잡아 넘어지지 않게 해서, 다행히도 사람들이 다치는 사고는 일어나지 않았다.

녹화가 끝나고 나서, 녹화팀은 모두 한마디씩 했다.

"오늘은 사고가 나지 않아서 천만다행이에요. 다 고사 덕분이에요."

(5) 밤길사고 예방

그다음 해 12월 말이 되었다. 제주방송국 어린이합창단은 해마다 연말 저녁에 서귀포극장에서 합창단 발표회를 열었다. 이날도 밤늦게 행사를 끝내고, 모두 회사로 돌아오는 버스에 탔다.

시간은 어느덧 밤 10시를 넘기고 있었다. 어린이들과 그들을 따라온 어머니들도 한 사람 두 사람 눈을 붙이고 잠들기 시작했다.

운전기사는 버스에 시동을 걸어놓고, 떠날 준비를 했다. 이때 마침 차창 밖으로 눈발이 날렸다. 본격적으로 눈이 내릴 모양인지 눈발이 점점 굵어지고 있었다. 거리에는 다니는 차가 거의 끊어진 것 같았다.

나는 출발하기에 앞서 기사에게 당부했다.

"김 기사, 모두 잠들었으니, 차를 천천히 몰아요. 그리고 눈이 내리니 길 앞을 잘 보면서 주의해서 가요."

"알겠습니다. 저도 미리 길을 살펴보고 있습니다. 그렇지만 저는 걱정하지 않습니다. 왜냐구요? 국장님이 제 옆에 계시잖아요." 하면서 나를 쳐다보고 웃었다. 그 순간, 나도 긴장이 풀리면서 그를 쳐다보고 함께 웃어주었다. 그는 차를 출발시켜서 회사까지 일행을 무사히 데려다주었다.

이렇게 나는 제주방송국에서 근무하는 동안, 경험을 통해서 이곳 제주사람들이 정말로 고사의 힘을 믿고 있다는 것을 알았다. 그리고 나는 제주산악회 이사의 권유에 따라 고사를 지낸 덕분에 내가 제주국에서 근무하는 동안 한 번도 사고를 당한 적이 없는데, 이것은 순전히 고사 덕분이라고 생각된다.

성경에 보면 다음의 구절이 있다.

"다시 내가 너희에게 말하노니, 만일 너희 중의 두 사람이 무엇이든지 구할 것을 두고 땅에서 합심하면, 하늘에 계신 내 아버지께서 그들에게 이루어주실 것이라. 두세 사람이 내 이름으로 함께 모이는 곳에는 나도 그들 가운데 있느니라" (마태복음 제18장 19절~20절)

그런데 내가 고사를 지낼 때 '산신령님'을 부르는 대신, '하느님'을 불렀는데, 이때 이 소리가 하느님께 닿아서, 하느님께서는 우리들의 바람을 들으시고, 그대로 이루어주셨다고 생각된다.

그러므로 고사의 힘은 바로 하느님의 힘이셨던 것이다!

위의 사건들이 내가 제주방송국에서 근무한 약 5년 동안 사고로 일어날 수 있었던 몇 가지 주요 사례들이었다. 그러나 다행히도 고사를 지낸 덕분에 이 사건들은 사고로 커지지 않았고, 이로써 나는 제주방송국의 안전을 지키는 수호천사의 역할을 충실히 잘 해낸 데다, 같은 기간 동안 한라산에서도 이렇다 할 재난사고가 나지 않아 한라산의 안전도 함께 잘 지켜낸 셈이 되었다.

(6) 산 제나로의 기적

여기서 마이클 탤보트의 책 『홀로그램 우주』에 나온 산 제나로의 기적을 들여다보자.

....

해마다 5월과 9월이 되면, 나폴리의 가장 중요한 성당인 두오모 산 제나로 성당에는 많은 사람들이 기적을 보기 위해 몰려드는데, 그 기적이란, 서기 305년 로마 황제 디오클레티안에 의해 목이 잘린 산 제나로, 곧 성 제뉴어리어스(St. Januarius)의 피로 알려진 갈색 응고물이 담겨 있는 작은 유리병에 관련된 것이다.

전설에 따르면, 이 성자가 순교한 뒤 그의 시중을 들던 여인이 그의 피를 조금 받아놓았는데, 이것이 13세기 끝에 와서 성당 안의 은으로 만든 함 속에 넣을 때까지 다시 피로 바뀌지 않았다는 사실밖에는 그 뒤 정확하게 어떤 일이 일어났는지 아무도 모른다.

그런데 1년에 두 번씩 군중이 유리병을 바라보며 함성을 지를 때, 그 갈색 응고물이 거품을 품은 밝은 붉은색의 물로 바뀐다는 것이다. 이것이 바로 그 기적이다.

　물론, 이 물이 진짜 피라는 것은 의심의 여지가 없다. 1902년 나폴리대학교의 과학자들이 이 물에 빛을 비추어 스펙트럼을 분석한 결과, 그것은 피라는 것이 밝혀졌다. 불행하게도, 피가 담긴 이 은으로 만든 함이 너무 낡고 깨지기 쉬운 상태여서 교회 측은 다른 실험을 하기 위해 그것을 여는 것을 허락하지 않았기 때문에 이 현상을 철저하게 조사하지는 못했다. 그러나 이같이 바뀌는 현상이 일상적인 사건과는 다른 차원의 것임을 말해주는데 더 많은 증거가 있다.

　대중의 눈앞에서 벌어진 이 기적에 관한 첫 기록은 1389년으로 거슬러 올라간다. 역사에서 간혹 유리병을 공개했을 때, 굳어진 피가 물 상태로 바뀌지 않는 경우가 있었다. 드문 일이기는 했지만, 이것은 나폴리 시민들에게는 매우 불길한 징조로 받아들여졌다.

　좀 더 오랜 옛날에는 기적이 일어나지 않으면 베수비오 화산이 폭발하고, 나폴레옹이 나폴리를 침공해 왔다. 1976년과 1978년에도 같은 현상이 일어나, 각각 이탈리아 역사에서 가장 극심한 지진과 자치선거에서 공산당의 집권을 예언했다.

　산 제나로의 피가 물로 바뀌는 것은 기적일까? 그런 것처럼 보인다. 적어도 그것이 알려진 과학의 법칙으로 설명할 수 없어 보인다는 점에서는 말이다. 이 바뀌는 현상은 산 제나로 그 자신에 의해 일어나는 것일까?

　더 그럴듯한 원인은 기적을 보는 사람들의 강렬한 헌신과 믿음인 것 같다. 이렇게 말하는 것은 위대한 종교의 성자와 기적술사들이 행한 기적의 거의 모두를 심령술가들이 재현해냈기 때문이다. 그러므로 기적은 우리 모두의 마음 깊은 곳에 숨어있는 힘에 의해 일어나는 것임을 암시한다.

………

(7) 고사의 유래

그러면 여기서『환단고기』완역본에 나타난 고사의 유래에 대해 살펴보자.

고사의 유래는 기원전, 우리 한민족이 처음으로 세운 나라인 환국시대로까지 거슬러 올라간다. 환국시대 이래 수천 년 동안 한민족은 천제를 올림으로써 하늘에 계신 상제님께 믿음과 공경을 표현해왔다.

천제는 고조선 22세 색불루 단군 때의 제문에서 알 수 있듯이, 상제님께 폐백을 바쳐 나라의 부강과 백성의 번영을 기원하며 상제님의 은혜에 감사하는 국가행사였다. 천제를 올린 뒤에는 모든 백성이 어울려 음주와 놀이를 즐기는 제전의 장을 열었다.

고조선의 역대 단군들은 해마다 봄과 가을에 천제를 지냈다. 음력 3월 16일 대영절(삼신 상제님을 크게 맞이하는 날)에는 강화도 마니산에서 천제를 받들어 지냈고, 10월에는 백두산에서 천제를 지냈다. 하늘에 제사를 지내어 근본에 보답하는 의식이 단군에 의해 시작되었다고 밝힌『규원사화』에 따르면, 부여는 영고, 예맥은 무천, 고구려는 동맹이라 불리는 제천행사를 거행하였다.

천제는 삼국시대 이후로도 꾸준히 거행되었다. 고구려의 광개토열제, 을지문덕 장군 등도 마니산과 백두산에서 천제를 올렸고, 고려시대 행촌 이암도 충목왕의 명을 받아 마니산 참성단에서 천제를 올렸다.

상고시대 우리 조상들은 아무 데서나 천제를 올린 것이 아니라, '소도'라는 곳에서 올렸다. 초대 단군왕검이 천자로 추대되기 전 천제를 올린 곳인 '단목터'는 고조선의 첫 소도라 볼 수 있다. 고조선의 11세 도해 단군은 전국의 12 명산 가운데 아름다운 곳을 골라 '국선 소도'를 설치했다.

소도의 풍습 가운데 오늘날까지 전해지는 것은 바로 '솟대'이다. 소도임을 알리기 위해 그 앞에 세운 기둥이 솟대인데, 이 솟대는 또한 '신을 모신 기둥'이었다. 배달국의 초대 환웅천황이 신성한 나무를 신단수로 삼아 그 앞에서 천제를 올린 것이 고조선 시대에 솟대로 변한 것이다. 1970년대에 새마을운동을 하기 전까지 각 동네 어귀에서 쉽게 볼 수 있었던 서낭당 나무도 솟대와 같이 신단수를 대신한 것으로 그 마을의 수호목 구실을 했다.

고려 때 국가 최고의 의례인 팔관회도 불교행사가 아니라 사실은 제천행사였다. 원래 팔관회는 신라 때부터 시작된 것으로, 호국안민을 위해 왕이 직접 주재하던 제천행사였다.

『고려사절요』를 보면, 고려 의종이 "용왕과 천신이 환열하고, 백성과 만물이 안녕하도록 했던 신라의 선풍을 따라 팔관회를 시행함으로써 사람과 하늘이 기뻐하도록 하라"는 명을 내렸다는 기록이 있다.

연등회 또한 환국에서 배달, 부여, 고구려, 신라를 거쳐 고려로 이어져 온 제천행사이다. 이러한 제천문화는 조선 태종 때 중신 변계량이 올린 상소문에 나타나듯이 조선 초기까지 1천 년 동안 끊이지 않았으며, 세조 때까지 국가적 규모로 원구대제를 봉행했다.

하지만, 이때 천자국으로 행세하던 명나라가 "천제는 천자가 올리는 것"이라며, 조선의 천제를 일체 금한 뒤로는 제천행사가 기우제 또는 초제(하늘의 별을 향해 올리는 제사)로 격하되어 거행되었다.

이렇게 수백 년 동안 조선에서 사라졌던 천제문화는 1897년에 독자적인 연호 '광무'를 선언하고, 천자의 보위에 오른 고종황제에 의해 되살아났다. 고종은 지금의 조선호텔 자리에 원구단을 다시 만들어 세우고, 상제님께 천제를 올림으로써 만천하에 황제가 되었음을 알리고, 새로운 국호, 대한제국을 선포하였다.

그러나 우리나라를 강탈한 일제가 우리의 역사와 문화를 말살하는 정책을 세우고, 이것을 실행하는 과정에서 이 천제행사도 금지했으나, 다행히도 이때 우리나라의 무속인들이 이것을 그들의 직업으로 받아들여서 굿의 형태로 유지해왔으며, 이 굿이 민간의 습속에 스며들어 고사의 형태로 남아, 지금까지도 이어지고 있는 것이다.

17. 영혼의 세계로 영영 간 아내의 영혼

지난번에 꿈을 꾼 지 일 년쯤 지나서 어느 날 다시 꿈을 꾸게 되었는데, 꿈에 나와 아내는 함께 어디론가 가고 있었다. 그런데 가다 보니 길이 두 갈래로 갈라지는 길목에 이르렀는데, 아내는 나더러 왼쪽 길로 가자고 했으나, 나는 별안간 뒷걸음질하면서 큰 소리로 외쳤다.

"싫어, 나는 그 길로 가지 않을 테야."

그러면서도 나는 속으로 나 자신이 의아스러웠는데, 왜냐하면 평생 살아오면서 나는 아내가 하자는 일을 거절한 적이 거의 없었기 때문이다. 그런데 웬일인지 이번에는 내가 나 자신에게 놀랄 정도로 아내의 제안을 한마디로 거절했는데, 그렇지만 나는 내가 왜 아내의 이 아무것도 아닌 청을 한마디로 거절했는지는 알다가도 모를 일이었다.

그러나, 아내는 알았다는 듯이 머리를 끄덕이며 말했다.

"여보, 하지만 나는 이 길로 가야 해." 아내는 슬픈 표정으로 나를 바라보며, 그쪽 길로 돌아가는 것이었다.

그러자 아내의 뒤쪽에서부터 폭우가 쏟아지기 시작하는데, 나는 아내가 그 빗속을 걸어가서 사라지는 장면을 멀거니 서서 쳐다보다가 꿈은 끝났다.

그러고 나서 한 석 달쯤 뒤에 나는 큰딸 내외와 점심을 같이 하게 되었는데 그때 내 꿈 이야기를 하니, 큰딸이 대뜸 물었다.

"아빠, 그 꿈 언제 꾸셨는데요?"

"응, 한 석 달 전쯤이야."

"아빠, 나도 두 달 전에 엄마 꿈을 꿨어요." 하면서 자기가 꾼 꿈 이야기를 하는 것이었다.

꿈에 엄마가 자리에 누워 있는데, 엄마 몸 밑에 깔린 요 자리가 축축하게 젖어 있는 것을 보고 놀라서, 엄마를 얼른 옆의 마른 곳에다 누이고, 젖은 엄마의 요 자리를 걷어치우고 옆의 마른자리에 새로 마른 요를 깔고 엄마의 옷을 벗겨서 마른 수건으로 닦은 다음 마른 옷을 입혀서 마른자리에 뉘었더니, 그제야 엄마가 편안한 표정으로 누워서 자는 모습을 보다가 꿈이 끝났다는 것이었다.

그러면서 말했다.

"아빠, 아빠 꿈과 내 꿈이 서로 맞아떨어지잖아요. 아빠 꿈에서, 엄마가 비를 맞았기 때문에, 내 꿈에서 엄마의 몸과 요 자리가 젖어 있었던 거예요." 하면서 신기해했다.

그리고 보니 우리 두 부녀의 꿈은 따로 떨어진 두 개의 꿈이 아니라, 하나의 이어지는 꿈 사건으로 봐야 할 것 같았다. 결과적으로 나의 영혼과 아내의 영혼, 아내의 영혼과 큰딸의 영혼이 서로서로 교통하고 있었던 셈이었다.

그런데 이 현상을 어떻게 설명할 수 있을까? 큰딸은 비를 맞아서 젖은 엄마의 자리를 마른자리로 옮겨주었다고 하는데, 그렇다면 아내는 우리가 모르는 먼 곳으로 가지는 않았는지 모른다. 아내는 내게 자신의 길로 간다고 하고 떠나갔는데, 아마도 아내는 내가 전에 저세상으로 가서 만났던 바로 그 집으로 갔으리라고 생각된다. 그러므로 내가 죽으면 당연히 나의 영혼도 그 집으로 가서 아내와 함께 살아가야 할 것이다.

그런데 이 꿈을 꾼 뒤로 이미 5년이란 시간이 지나갔는데도 아내는 아직도 꿈에 나타나지 않고 있다. 이제 저세상으로 간 뒤로는 영영 나타나지 않을지도 모르겠다는 생각이 든다.

지상에서의 인연 정리

영매이자 투시가인 리사 윌리엄스는 지상에서의 삶을 끝낸 영혼은 사후세계에서 새로운 삶을 시작하기에 앞서 다시 지상으로 보내져서, 지상에서의 인연을 정리하도록 한 다음에야 사후세계의 삶을 시작할 수 있다고 한다.

……

당신 사후세계의 다시 태어나는 여정이 바야흐로 시작될 참이다. 하지만 그에 앞서 당신의 영혼이 경험하게 될 온전한 치유의 과정에 대비하기 위해, 당신은 지상계로 돌아가 그곳에 남겨두고 온 사람들을 방문할 기회를 갖게 된다.

이 방문의 목적이 지상의 인연을 더 강화시키는 쪽으로 사람들과 다시 이어지는 것이 아니라, 오히려 지상에서의 인연을 '내려놓는 것'이 중요하고도 종종 어렵게 느껴지는 임무를 수행하기 위해서 인도하는 영들이 당신을 데리고 돌아가는 것이다. 이 임무를 수행하고 나서야 사후세계에서 온전히 다시 태어날 수 있다.

우리를 사랑하고 인도해준, 그리고 앞으로도 우리를 인도해줄 이들의 환영과 포옹을 받으면서 새로운 집으로 부드럽게 발을 들여놓고 나면, 우리는 지상의 삶 가운데 가깝게 얽혀 있던 사람들과 상황들로부터 자신을 떼어놓는 과정을 시작하게 된다.

우리는 그저 보고 싶은 사람을 생각하기만 하면 된다. 그러면 팀을 이룬 영들이 우리가 만나야 할 사람들을 한 사람 한 사람 찾아볼 수 있도록 도와줄 것이다. 이것은 우리가 수행해야 할 중요한 과제인데, 왜냐하면 이는 지상의 인연을 끊는 더 큰 길의 한 부분이며, 이 길을 거쳐야만 사후세계에서 치유과정이 정식으로 시작될 수 있기 때문이다.

지상의 인연을 끊는 것은 모든 영혼이 거쳐야 할 기본과정이다. 우리는 '모두가' 이 길을 거쳐야 한다. 세상을 떠날 때 우리는 여전히 지상에서 가졌던 몸의 모습을 바탕으로 사고하면서 스스로를 남자 또는 여자로 여기고, 살아 있는 동안 불렀던 이름을 그대로 지니고, 가까웠던 사람들에 대한 감정을 계속 품고 있다.

바로 이 모든 것과 그 밖의 것들이 우리로 하여금 지상의 삶에 집착하고 거기에 붙들려 있게 만든다. 이것이 우리를 사후세계에서 앞으로 나아가지 못하게, 다시 태어나는 여정을 출발하지 못하도록 붙들어 맨다.

나의 주된 인도하는 영인 벤은 이 길을 이렇게 설명한다.

"우리는 그대를 지상계로 데리고 가서 그대를 슬퍼하고 있는 가족과 친구를 방문하게 한다. 그대의 도우미 팀의 다른 구성원들도 함께 가서 그대가 사랑하는 이들에게 여전히 그들과 함께하고 있다는 증표를 보이는데 필요한 에너지를 보내준다. 그대는 사랑하는 이들에게 사후세계가 그대를 환영하여 맞아들였고, 잘 있다는 메시지를 전함으로써 그들을 안심시켜 준다.

그들은 그대를 그리워하지만 그대는 그들을 그리워하는 감정을 경험하지 않는다. 그대는 그들을 사랑하고 그들이 잘 있기를 바라지만, 결코 그들이 그대를 그리워하는 것만큼 그들을 그리워하지 않는다. 이것은 그대가 필요로 할 때면, 또는 그들이 그대에게 도움을 청할 때면 언제든지 그들의 세계로 돌아갈 수 있기 때문이다.

그들이 경험하는 일들을 보고, 그들이 느끼는 감정들을 이해하는 것은 그대 자신이 자라기 위해서 꼭 필요하다. 그대는 오직 정직하고 열린 마음으로 그들과 온전히 함께함으로써만 지상의 인연을 마무리하고 내려놓을 수 있으며, 그렇게 한 뒤에야 앞으로 나아갈 수 있다."

......

이와 같은 상황으로 미루어 보아서 아내는 사후세계에서 다시 지상으로 돌아와, 나와의 인연을 정리한 다음에 다시 사후세계로 돌아갔다는 생각이 든다.

18. 아내가 운명하기 전날 밤의 꿈

아내가 운명하기 바로 전날 밤에도 나는 아내의 꿈을 꾸었다.

(1) 아내의 영혼이 보낸 SOS

꿈에서 아내는 아득히 먼 지평선에서 가물가물하게 보였다. 자세히 보니 나를 향해서 걸어오는데, 기진맥진했는지 똑바로 걷지 못하고 비틀거리며 간신히 걸음을 떼어놓고 있는 것처럼 보였다. 그러다가는 지평선 아래로 내려가 버려서 보이지 않았다가, 잠시 뒤에 다시 모습을 드러내곤 하기를 거듭했다.

그러다가 모습이 가물가물해지면서 더 이상 보이지 않고 꿈은 끝났다.

나는 곧바로 잠에서 깨었는데, 왠지 모를 두려움이 나를 사로잡기 시작했다. "아내가 위독한가? 어째서 이런 불길한 꿈을 꾼 거지?" 하며 혼자서 속으로 걱정하다가 다시 잠이 들었는데, 이번에는 또 다른 꿈을 꾸었다.

(2) 영혼을 길어 올린 두레박

눈앞에는 바다인지 호수인지 알 수 없는 물이 가득 찬 공간이 내 눈앞에 펼쳐져 있는데, 수면 위는 거울처럼 맑고 잔잔했다. 그런데 잠시 뒤에 하늘에서 커다란 두레박이 천천히 내려오는 것이었다. 그러더니 그 두레박은 물속으로 곤두박질쳐서 들어갔다가 물을 한가득 퍼 올려서는 천천히 하늘로 올라갔다.

그러고는 꿈이 끝났다.

나는 이 꿈을 꾸고 나서는 이것은 필경 좋은 징조려니 하는 생각이 들었다. 아마도 하늘나라에서 내 아내를 구해 주신다는 좋은 징조임에 틀림없다고 스스로 단정하고는 약간 안심이 되는 기분으로 다시 잠들었다.

그런데 아침 7시 무렵에 아내가 입원하고 있는 병원의 중환자실에서 전화가 오더니 빨리 병원으로 나오라는 것이었다. 순간 가슴이 덜컥 내려앉으면서 왠지 모를 불안감에 온몸이 떨려왔다. 나는 간신히 마음과 몸을 추스르고, 일산집을 나서서 아내가 입원하고 있는 서울아산병원으로 갔다.

오전 10시, 중환자실 면회시간이 되자 면회할 사람들의 이름을 부르기 시작하고, 잠시 뒤에 내 이름이 불려서 중환자실 안으로 들어가니, 간호사 한 사람이 "빨리 가족들을 부르세요" 하는 게 아닌가!

이유를 모르는 내 불안의 정체가 이렇게 드러났다.

(3) 목숨의 마지막 한 방울까지 쏟아부은 어미의 사랑

나는 급히 우리 딸들을 병원으로 불렀다. 딸들에게 연락하고 나서 아내에게로 가니 간호사 한 사람이 아내의 혈압을 지켜보고 있는데, 놀랍게도 아내의 혈압은 50에서 아래위로 움직이고 있었다. 그런데 혈압은 거기에서 멈추지 않고 계속해서 조금씩 아래로 떨어지고 있었다.

간호사는 잠시도 눈을 떼지 않고 지켜보고 있었다.

한 시간쯤 지나서 우리의 세 딸들이 도착했을 무렵, 아내의 혈압은 20에서 오르락내리락하고 있었다.

딸들은 들어오는 대로 "엄마!" 하고 부르며 엄마에게로 엎어져 울기 시작했다. 그러자 아내의 혈압은 다시 10으로 떨어져 내렸다.

그러자 세 딸들이 울부짖었다.

"엄마, 언니가 아직 안 왔어!" 하고 외치자, 놀랍게도 혈압은 다시 천천히 위로 올라가기 시작했다.

순간, 우리들은 모두 놀라면서도 회복되는가 싶은 기대감으로 희망을 갖기 시작했다.

잠시 뒤에 큰딸이 들어왔다. 그러자 동생들이 "엄마, 언니가 왔어!" 하고 외치자, 순간적으로 혈압은 30으로 뛰어올랐다.

우리들은 모두 놀라면서도 좋아했다. 그러나 잠시 뒤에 큰딸이 엄마에게 엎어지며 "엄마!, 엄마!" 하고 외치며 엄마를 부둥켜안고 울부짖자, 아내의 몸이 잠시 꿈틀하는 듯싶더니 혈압이 천천히 떨어지기 시작하는 것이었다. 조금도 멈추지 않고 20, 10으로 계속 떨어져서는 마침내 0까지 내려왔다.

그때까지도 혈압계에서 눈을 떼지 않고 있던 간호사가 마침내 마지막 선언을 했다.

"운명하셨습니다."

그때 시각은 낮 12시 정각이었다.

아내는 큰딸이 아직 안 왔다는 소리에 마지막 사력을 다해 살아 있다가, 큰딸이 왔다는 소리를 듣고 엄마로서의 마지막 의무를 다했다는 것을 알고는, 마침내 기진해서 그대로 운명하고 말았던 것이다. 나는 마지막 순간에도, 살아서 큰딸을 보기 위해 필사의 노력을 다한 아내를 생각하면 지금도 눈물이 난다.

엄마의 사랑은 이렇게도 무서운 힘을 발휘한다는 것을 우리 가족들은 모두 똑똑히 보았다.

아내는 위대하고도 숭고한 엄마의 사랑을 이렇게 자식들에게 보이고는 마침내 하늘나라로 갔다.

이제 다시 전날 밤의 꿈을 돌이켜보면, 아내가 기진맥진해서 겨우 걸어가는 모습으로 내 꿈에 나타난 것은 아내의 영혼이 기력이 다해가는 자신의 위급한 상황을 텔레파시로 나에게 알리는 신호였으며, 이 신호를 나의 영혼은 그대로 받아서, 알아들었던 것 같다.

그리고 두 번째 꿈으로, 하늘에서 두레박이 내려와서 물을 퍼가지고 하늘로 올라간 것은 하늘이 아내를 살려주겠다는 뜻이 아니었다.

이제 다시 생각해 보니, 성경에서 물은 성령, 곧 영혼을 뜻하며, 두레박으로 물을 긷는다는 것은 이 세상의 수많은 영혼 가운데서 한 영혼을 하늘나라로 데려간다는 신호였으며, 곧 아내의 영혼을 하늘나라로 데려가겠다는 뜻이었던 것이다.

이렇게 내 영혼은 아내에게 일어날 일들을 내 의식에게 미리 알려주었으나, 내 의식은 이를 제대로 알아듣지 못했던 것이었다. 그러므로 나는 이제부터라도 한 걸음씩 영혼의 말을 알아듣는 훈련을 해야겠다고 다짐한다.

(4) 꿈의 예지력

연구에 따르면, 모든 미리 아는 것의 60~68%가 꿈속에서 일어난다고 한다. 우리는 의식의 층으로부터 미래를 내다보는 힘을 쫓아내 버렸을지 모르나, 그것은 우리의 깊은 무의식층 속에서 여전히 매우 활동적으로 기능하고 있는 것이다.

원시 부족 문화권에서는 이러한 사실을 잘 알고 있다. 그리고 무속 전통에서는 보편적으로 앞날을 미리 알아보는 데 있어서 꿈의 중요성을 강조한다. 파라오의 꿈속에 나타난 일곱 마리의 살진 송아지와 일곱 마리의 여윈 송아지에 관한 성경 속의 이야기에서 보듯이, 우리의 가장 오래된 문헌들조차도 꿈의 미리 아는 힘을 찬양하고 있다.

이런 전통이 있어 왔다는 것은 미리 아는 것이 꿈속에서 나타나는 경향을 보이는 것이 단지 미리 아는 힘에 대한 현대인들의 의심하는 태도에만 원인이 있는 것은 아님을 말해준다.

감춰진 질서에 가까이 있는 무의식의 성질도 여기에 한몫한다. 우리의 꿈 꾸고있는 자아는 깨어 있는 자아보다 무의식 속에 더 깊이 들어가 있으므로― 그래서 지난날과 지금과 앞날이 하나가 되는 원시 대양에 더 가까이 있으므로 ―꿈꾸고 있는 자아 쪽이 앞날에 관한 정보에 다가가기가 더 쉬울지도 모른다.

(5) 죽을 때를 결정하는 영혼

리사 윌리엄스의 책을 다시 한 번 들여다 보자.

……

보통 세상을 떠나기 24시간 앞서부터 당신은 흰빛이 반짝거리는 것을 보기 시작할 것이다. 바뀌는 길 가운데 이때가 당신을 데려가기 위해 오기로 되어 있는 모든 영들이 함께 그대를 찾아오는 때이다. 이것이 우리 영들이 베일을 건너서 당신과 소통하는 방식이다. 곧 우리는 한 무리를 이룸으로써 우리가 모을 수 있는 모든 에너지를 갖고 당신과 소통한다.

이렇게 큰 에너지는 많은 근원을 통해서 와야 한다. 당신은 우리가 가까이 있는 것을 느끼거나 실제로 볼 것이며, 우리가 방 안에 있다고 말할 것이다. 어떤 경우에는 죽음을 맞은 사람이 우리의 에너지를 써서 생전에 자기가 알던 사람의 이미지를 쏘아내기도 한다.

그러면 우리는 모두 힘을 모아서 이 이미지가 죽어가는 이에게 보이도록 돕는다. 이는 많은 에너지를 필요로 한다. 그래도 우리는 바뀌는 길에서 이런 도움을 필요로 하는 사람들을 위해 오랜 시간을 준비해 왔다.

건너갈 시간이 다가오면 병들어서 죽음을 대면하고 있는, 그리고 자신이 죽어가고 있음을 알고 있는 사람들은 죽을 시간을 결정한다. 만약 어떤 사람이 저항하면서 죽음을 거부하면 몸이 완전히 쇠해질 때까지 기다려야만 하며, 그 뒤에야 영혼을 몸밖으로 들어내어서 우리 쪽으로 데려올 수가 있다.

대부분의 영혼은 쉽게 달랠 수 있고, 매우 곧바로 소통할 수 있지만, 몇몇은 다른 영혼들보다 다루기 어려울 때가 있다. 쉬운 영혼들은 자신의 시간을 고르고 기꺼이 건너온다. 그들은 우리가 가까이 다가가면 우리를 보기로 결정하며, 우리는 그들이 의식과 무의식을 왔다 갔다 하는 동안 그들과 이야기를 나눈다. 그들은 우리에게 준비가 되었는지 어떤지를 얘기해주며, 그들이 준비가 되었을 때, 우리는 영혼을 몸밖으로 들어내는 일을 돕고 몸과 영혼을 잇는 줄을 자른다.

떠날 시간을 결정할 때 보통 그때는 자식 등 다른 사람들로부터 허락을 받았거나, 당신이 사랑하는 사람들이 모두 당신을 찾아봤기 때문에 그 시간을 고른다. 아니면 당신은 아직도 자아가 강해서 아무도 속상하게 만들지 않으려고 친구나 가족들이 없는 시간을 고를 수도 있다.

이 모든 선택은 그 사람의 성격에 따라 좌우된다. 베일에서 지나오는 순간까지 당신은 여전히 선택권을 갖고 있는 한 사람이어서, 언제 떠나고 싶은지, 그리고 누구를 기다려서 보고 싶은 사람을 다 보지 못하고 갈 수도 있다. 이것은 불행한 일이긴 하지만, 그래도 영혼은 그대로 남아서 마지막으로 보고 싶은 사람을 다 보고 갈 수도 있다.

……

19. 영혼이란 무엇인가?

영혼은 몸과 합쳐져서 사람의 존재를 구성한다. 다음 내용은 리사 윌리엄스의 책 『죽음 이후의 또 다른 삶』에 나온 내용을 바탕으로 정리해 본 것이다.

(1) 생명의 본질

사람이라는 존재의 가장 핵심적인 본질은 의식이나 자아(ego)가 아니라 영혼이며, 이 영혼이 사람에게 생명을 주고, 사람의 삶과 죽음의 모든 것들을 지배한다.

영혼은 사람의 인격, 두려움, 사랑과 열정을 모두 다 품는다. 영혼은 사람의 파괴될 수 없는 부분이며, 아무도 영혼에 해를 입힐 수 없다. 다른 사람들이 어떤 한 사람의 영혼을 아무리 부숴버리려고 해도 아무런 해를 입지 않을 정도로 영혼은 힘세고 튼튼하다.

영혼을 연구하는 과학자들에 따르면, 영혼은 죽지 않고 영원히 살아간다고 한다.

기독교의 신앙고백인 사도신경에 보면, "전지전능하신 천주 성부 천지의 창조주를 저는 믿나이다…육신의 부활을 믿으며, 영원한 삶을 믿나이다."라고 하여 영혼이 영원히 산다는 것을 인정하고 있으며, 불교에서는 영혼의 윤회설을 믿으며, 영혼이 윤회를 거듭하면서 삶에서 입은 때를 모두 씻고 깨끗하게 되면, 극락세계인 열반으로 올라가서 영원한 삶을 산다고 한다.

영혼의 힘은 몸의 현상이 아니다. 영혼은 온몸으로 맥박치며 퍼져나가는 순수한 에너지이다. 사람의 영혼은 앞으로 지상에서 겪을 모든 일들과 지금의 삶과 지난날의 삶에서 이미 경험한 모든 일들의 열쇠를 쥐고 있다. 영혼은 커다란 힘을 지니고 있으므로, 사람은 언제나 그 힘과 그 힘이 뜻하는 것을 존중해야 한다.

사람의 영혼 속에 그 사람의 인격이 들어 있다고 생각하며, 또 영혼이 그 인격을 통해서 몸이 사람의 본질을 구체적으로 나타내게 한다고 믿는다. 예를 들어, 만약 어떤 사람의 영혼이 활기차고, 행복하다면, 그 사람은 자신을 힘차게 나타낼 것이다. 이것은 그 사람의 영혼이 행복 에너지를 뇌에 쏘아 보내고, 뇌는 근육에 신호를 보내어 손과 얼굴을 활기차게 움직이게 하기 때문이다. 곧, 영혼이 '사람의 정체성'의 핵심임을 보여준다.

마찬가지로, 어떤 사람이 슬퍼서 영혼이 아파하고 있다면, 그 사람의 몸은 이에 반응하여 고통스러운 감정을 나타낸다. 영혼이 사람의 모든 것을 통제하므로, 긍정적으로 생각하고, 좋은 생각과 감정을 드러내는 것은 매우 중요하다. 영혼이 사람의 생각들을 믿는다면, 사람이 내보내는 생각들은 모두 실현된다. 이것이 바로 영혼이 가진 힘이다!

영혼은 은빛코드로 몸과 이어져 있는데, 이것은 사람이 살아 있는 동안 영혼을 몸과 이어주는 연결고리이며, 갈비뼈 아래쪽으로 약 3cm도 안 되는 곳에 있다. 이 코드는 우리가 사후세계로 건너갈 시간이 올 때까지 끊어지지 않는다. 이것은 우리 모두가 갖고 있는 생명 에너지이다. 이 생명 에너지는 근원으로부터 나와서 우리를 지구에 있도록 꼭 붙들어 매어주는 역할을 한다. 그러나 사후세계로 건너갈 준비가 되었을 때는 이것도 바뀌기 시작한다. 이때는 영혼으로부터 또는 영혼과 이어진 차크라로부터 몸에 보내지는 에너지가 줄어들기 때문에 사람의 몸은 점차로 약해진다.

바깥으로 나타나는 에너지체인 오라(aura)도 바뀌기 시작한다. 오라 또한 주요 차크라들과 깊은 관계를 맺고 있으므로, 차크라들도 영향을 받게 되고, 이것은 은빛코드를 더욱 약하게 한다. 영혼이 몸을 떠나서 위로 올라가기 시작하면, 약해진 은빛코드는 끊어져 버린다.

영혼이 지구에서 살고 있는 동안에 일어날 일들과 지구를 떠나는 방식은 몇 가지 요소들에 의해 결정된다. 어떤 사람들은 태어나기에 앞서 세워진 계획에 따라 예정된 때에 세상을 떠난다. 마치 고양이에게 아홉 개의 목숨이 있듯이, 어떤 사람은 다른 사람들보다 더 많은 '그때'를 갖고 있어서, 그때를 마음대로 고를 수 있다.

이 때문에 우리는 삶의 의지로 어느 정도는 죽음의 때를 바꿀 수 있다. 예를 들어, 불치의 병과 싸우면서 힘센 신념으로 병을 이겨내고야 마는 많은 사람들이 있는데, 이는 영혼이 그들의 생각을 믿고, 몸으로 하여금 낫도록 신호를 보냈기 때문인 것이다.

(2) 영혼의 삶

영혼을 몸과 이어주고 있던 은빛코드가 끊어져서 영혼이 몸을 벗어나면, 지금까지 살고 있던 지구를 떠나 사후세계인 영혼들의 세계로 올라가는데, 이를 죽음이라고 한다.

우리들 대부분의 사람은 사람이 죽으면 그것으로 끝이라고 생각하는데, 사람의 삶과 죽음을 연구하는 수많은 과학자들은 그렇지 않다고 한다. 곧, 영혼은 사람들이 흔히 '저세상' 또는 '저승'이라고 부르는 영혼들의 세계로 가서, 그곳에서 또 다른 삶을 계속 살아가게 된다고 한다.

은빛코드가 끊어지고 나면, 대부분의 영혼들은 베일을 지나가서 흰빛을 바라보며 나아간다. 이것은 영혼이 내리는 선택이다. 이 방향을 고르지 않은 영혼들은 뒤에 남아서 '소용돌이'라고 부르는, 지상도 아니고 사후세계도 아닌 곳에 갇히게 된다.

죽은 사람의 몸을 떠나는 영혼은 20~30°의 각도로 몸을 빠져나와서 약 90cm 정도 떨어진 곳으로 옮겨간다. 여기서부터 영혼은 영혼을 인도하는 영혼들의 보호를 받으면서 베일을 지나서 흰빛 속으로 나아간다. 흰빛에 이르기에 앞서, 영혼은 굴(터널)처럼 생긴 구조물을 지나가게 되는데, 이 굴은 어둡고 침침한 곳이 아니라, 에너지의 물결이 흐르고 있는 것처럼 빛난다.

영혼은 저 세계의 빛을 볼 수 있게 된 것이며, 마치 자석에 이끌리듯 그 빛나는 쪽으로 끌려 들어가, 굴을 지나면서 앞쪽에 있는 눈부신 흰빛을 향해 점차 더 가까이 다가간다.

그동안 영혼은 저편에서 자기를 기다리고 있는 사랑하는 이들을 볼 수 있다. 그들은 손을 뻗으면 닿을 것처럼 가깝게 보이지만, 굴을 지난 다음에야 비로소 그들과 대면할 수 있다. 그들은 마치 영혼이 예전에 방문한 적이 있는 곳으로 돌아오는 듯이 편안하고 환영받는 느낌이 들게 해준다. 흰빛 속으로 들어가는 순간, 영혼은 평화와 사랑의 느낌으로 가득 차게 될 것이다.

죽음의 순간에 어떤 충격이나 고통스러운 기억이 있었다면, 그것은 이 흰빛을 지나면서 모두 씻긴다. 사후세계에 이르면, 더욱 깊고 완전한 과정을 경험하게 되지만, 흰빛을 지나가는 것은 치유의 첫 단계로서 앞으로 일어날 일들을 위해 준비를 갖추게 해준다.

하지만 영혼이 몸을 떠나는 순간, 영혼은 본능적으로 무엇을 해야 할까를 안다. 이 지식은 영혼의 잠재의식 속에 숨겨져 있다가 세상을 떠날 때 다시 기억된다. 그래서 의식이 완전히 깨어나면, 모든 두려움이 사라진다. 더구나 영혼이 베일을 지나 흰빛으로 들어가는 데에는 지구의 시간으로 약 5초밖에 걸리지 않는다.

꼭 알아야 할 중요한 사실은 우리 모두가 사후세계로부터 왔다는 것이다. 그래서 사후세계로 다시 들어가는 것은 매우 친숙하게 느껴진다. 모든 영혼이 사후세계에서 평화의 여정을 경험하게 되지만, 영혼들 가운데는 지상과의 인연으로부터 자유로워진 뒤에도 흰빛을 향해 나아가지 않는 영혼들도 있다. 대부분의 경우, 그 영혼들이 미처 끝내지 못한 일들을 아직 지상과 가까이 이어져 있는 동안에 마무리 짓고 싶어서 남아 있기로 했기 때문이다.

영혼은 더 이상 은빛코드로 몸과 이어져 있지 않은 상태에서도 여전히 개인적인 인격과 경험을 지니고 있다. 영혼은 언제나 자신의 자유의지에 따라 세상을 떠난다. 강제로 또는 조종당해서 저승으로 건너가는 일은 없다. 반드시 영혼이 건너가기를 바라야만 한다.

처음 몸을 떠날 때 영혼은 자유를 새로이 발견한 듯한 느낌을 느낀다. 영혼은 그가 좋아하지 않았을 수도 있는 몸으로부터 벗어나고, 고통과 고난으로부터 해방되고, 삶의 여정에서 떠안아야 했던 여러 가지 문제들로부터 풀려났다.

하지만, 모든 영혼들이 지구를 떠나 흰빛 속으로 들어갈 준비가 되어있는 것은 아니다. 어떤 영혼은 비탄에 빠져 있는 사랑하는 이들을 돕기 위해서, 또는 남아 있는 사람들이 이 상황과 관련된 여러 가지 사실들을 알 수 있도록 도와주기 위해서 남아 있어야 한다고 믿기도 한다.

이유야 어떻든 간에, 뒤에 남은 영혼들은 유령이 나왔다 사라지는 현상의 원인이 된다.

사후세계에 처음 도착하면, 〈만남의 방〉에서 시간을 보내게 된다. 이 만남의 방은 일종의 경계지대로서, 더 나아가기에 앞서 잠시 머무는 곳이다. 영혼은 이곳에서 영혼의 인연들을 모두 만나는데, 마치 오랫동안 보지 못했던 가족과 친구들을 다시 만나는 것처럼 큰 기쁨을 느끼게 될 것이다. 이들의 임무는 죽은 다음의 여정을 두려워할 필요가 없다는 것을 보여주는 일이다.

이 영들은 주된 인도하는 영과 함께할 것이다. 지상에서의 삶에서 주된 인도하는 영을 알고 있었든지 몰랐든지 간에, 영혼은 주된 인도하는 영을 잘 알아볼 수 있을 것이다. 이들은 함께 팀을 이루어서 영혼이 가야할 곳으로 데리고 갈 것이다. 이 팀에 속한 많은 영들은 영혼을 도울 임무를 받는다.

이들 가운데 어떤 영들은 주된 인도하는 영을 도와 영혼이 세상을 떠나면서 지상에 남겨두고 온 사람들과 상황에 대해 마음을 정리할 수 있도록 도와줄 것이다. 영혼들마다 적응능력이 다르기 때문에 주된 인도하는 영은 이들과 함께 일하면서 모두가 가장 알맞은 도움을 받을 수 있도록 감독한다. 이 중요하고도 어렵게 느껴지는 임무를 수행하기 위해서 인도하는 영들이 영혼을 데리고 돌아가는 것이다. 이 임무를 마치고 나서야 사후세계에서 온전히 다시 태어날 수 있다.

이곳에서 영혼은 이번 삶에서 만났지만, 저세상으로 건너간 사람들, 곧 부모님, 조부모님, 그리고 다른 친척들과 만나게 된다. 그 밖에도 영혼의 짝(soul mate)들과 영혼의 가족들도 만나게 되는데, 영혼의 짝이란 마치 당신의 또 다른 반쪽인 것처럼 당신을 완벽하게 보완해 주는 영을 말한다. 이 영혼의 짝이 주 인도하는 영혼이 되는 경우도 있다.

영혼의 가족이란 이번 삶에서 함께하기로 되어있는 영혼들인데, 왜냐하면 이들과 함께 팀을 이루면 사람들의 삶에 영향을 끼쳐 도움을 줄 수 있기 때문이다. 저승에서 영혼의 가족을 만난다면 당신은 곧바로 자신이 이들을 알고 있다는 느낌을 받을 것이다.

사후세계에 도착한 영혼들의 경우, 〈기다림의 방〉에 들어가는 것이 곧, 그들의 치유과정의 시작을 알리는 입문식이다. 이곳에서 영혼들은 살아있는 동안 성취한 것들과 하지 못한 것들의 목록을 만들며, 이 목록을 태어나기에 앞서 스스로 동의해서 만들었던 삶의 서약서와 비교해 본다.

기다림의 방을 떠난 사후세계의 영혼들은 〈통찰의 방〉이라는 곳에 머물면서 방금 떠나온 삶의 요소들을 정리하고 나누는 시간을 갖는다. 이곳에서 영혼은 자신의 삶을 깊이 되살피고, 지상에서 저지른 잘못들을 되돌릴 기회를 가질 것이다.

사후세계에서 삶을 되살펴보기를 끝낸 영혼들은 계속 배우고 자랄 수 있도록 더 깊은 일을 하기 위해 다른 〈치유의 방〉들로 나아갈 준비가 된 셈이다. 영계에서 앞으로 나아가 치유의 여정을 마치려면 먼저 마음속에 무겁게 지고 있는 것들을 모두 내려놓아야 한다.

어떤 이들은 치유의 방에서 오랫동안 지내면서 모든 질병과 학대의 경험으로부터 치유를 받는다. 스스로 학대하면서 만들어낸 상처의 흉터들을 치유해야 할 수도 있다. 치유의 방에서 모든 영혼들은 회복하기에 충분한 시간을 갖는다. 영혼은 자신의 죽음을 받아들이게 되며 또한 통찰의 방에서 삶 속에서 일어났던 일들을 보면서 경험했던 고통들도 받아들이고 풀게 된다.

치유의 여정이 거의 끝나갈 무렵, 영혼들은 〈보호자의 방〉에 도달하게 된다. 사후세계에서, 보호자는 장로들과 매우 진화된 영혼들의 지위에 해당된다. 이들의 임무는 영혼들이 스스로가 낸 성과를 돌아보고, 사후세계에서 앞으로 나아갈 방향을 정하고, 계획할 수 있도록 돕는 일이다.

(3) 환생

　지상으로 돌아가기로 결정하고 나면, 당신은 이제 곧 들어서게 될 길을 잘 안내해줄 최고의 인도하는 영들의 팀을 고르게 된다. 그들은 지상에서 모험과 배움을 한 번 더 경험하는 것이 당신이 영혼으로서 자라가는 길의 한 부분임을 알고 있다. 인도하는 영들은 상사와 비슷한 역할을 하면서 사람의 관점으로는 보기 어려운 관점에서 당신의 결정을 지도해줄 것이다.

　한편, 다른 몇 사람 영혼의 인연들은 지상에서 당신을 곧 만나게 될 것임을 알고 있다. 당신은 지난 삶을 되살피고, 당신을 풍요롭게 해주는 사후세계의 여러 곳들을 다니면서 다음에 살고 싶은 삶을 구상할 때 쓸 정보들을 모아뒀다.

　환생의 공식적인 길을 시작하기 위해서 당신의 장로와 새로이 배정된 주된 인도하는 영은 당신을 〈상영의 방〉으로 인도한다. 이곳에서 당신은 자신이 가야 할 길의 중요한 것들에 관해 알게 된다. 상영의 방에서 당신은 주된 인도하는 영과 인도하는 영들 팀의 도움을 받아서 삶의 서약서를 쓴다. 영혼은 곧 시작하게 될 삶에서 이루어야 할 목표와 공부거리로 가득한 목록을 받을 것이다. 이 사항들은 당신의 동의 아래 인도하는 영과 장로에 의해 골라진 것들이며, 당신 영혼의 진화단계에 맞춰져 있다.

　당신은 또한 그 밖에 이루고 싶은 목표들을 늘어놓은 '희망사항 목록'을 만드는데, 이 목록에는 당신이 겪어보지 못한 경험들이나 사건들도 들어 있다. 첫 번째 삶의 서약서 목록은 반드시 이루어야 하는 것들이지만, 희망사항 목록은 개인적인 희망과 바람이다. 삶의 서약서에는 깨우치고자 하는 교훈들과 만나게 될 사람들이 적혀 있다.

　우리는 삶 속에서 이 일들이 풀려나가는 것을 '운명'이라고 부르기를 좋아하지만, 사실 이것은 모두가 우리 스스로 계획한 일들이다. 〈상영의 방〉에서 당신은 앞으로 일어나게 될 결혼, 이혼, 졸업… 등등, 특히 삶을 뒤집는 사건들을 미리 보게 될 것이다. 이 때문에 사람의 모습을 입고 있는 우리에게는 그 순간들이 희미하고도 신기한 기억처럼 다가오는 것이다. 우리는 이것을 '데자뷔(앞서 본 느낌)'라 부른다. 이것들은 당신의 잠재의식 속으로 들어가기 때문에, 뒤에 이 같은 사실들이 실제로 일어났을 때 당신의 잠재의식이 "아, 나 이거 어떻게 풀려나갈지 알아!"라고 반응한다. 보호자의 방과 상영의 방 너머에도 크고 넓은 사후세계가 펼쳐져 있다. 거기에는 천사들과 신의 자리도 있는데, 이곳은 〈근원〉이라고 부른다.

당신은 자신의 새로운 몸이 잉태되기에 앞서, 어머니와 아버지를 고른다. 그래서 〈상영의 방〉에서 예비부모와 그들의 삶을 미리 살펴볼 수 있다. 지상의 삶으로 돌아갈 때, 당신은 세상에 태어날 준비가 다 될 때까지는 실제로 새로운 몸으로 들어가지 않는다. 당신은 수태되기 몇 주 앞서 순산의 순간까지 일어나는 일들을 다 볼 수 있다.

마침내 당신은 새로운 몸으로 들어가서 태어날 시간을 맞는다. 새로운 몸으로 들어가는 문이 열리면, 당신은 문을 미끄러지듯이 지나서 바로 자유낙하가 시작되는 것을 경험한다. 하지만, 곧바로 생명줄이 당신을 붙들어준다. 이것이 바로 은빛코드이다.

돌아오는 여정은 아주 빠르게 일어난다. 당신은 은빛코드를 통해 에너지로 깊게 이어진다. 이 은빛코드는 당신을 지상의 존재와 이어주는 생명줄이다. 이제 당신은 점점 더 사람이 된 것처럼 느끼기 시작할 것이다. 그러다가 몸속으로 들어갈 때가 되면―주로 몸이 잠들어 있을 때―당신은 눈부신 흰빛 속으로 빨려들어간 뒤, 긴 굴 속을 팽개쳐지듯이 지나고 나서, 억지로 몸속으로 집어넣어지는 것을 경험하게 된다. 이제 당신은 다시 사람이 된 것이다.

다시 태어나는 길은 힘들다. 몸과 영혼이 함께 고통을 겪기 때문이다. 이 길은 당신이 굴(터널)을 보는 것으로 시작되며, 이 굴에 들어서는 순간, 당신은 자유로운 느낌을 잃어버리고 옥죄이는 듯한 느낌을 받게 된다. 그러다가 마침내 당신은 빛을 보게 된다.

바로 사람이 사는 세상의 빛이다!

불교에서는 사람의 영혼은 죽지 않고 영원히 살며, 환생한다고 믿는다. 불교의 환생설에 따르면, 착하게 살던 사람이 죽으면 사람으로 태어나고, 악하게 살다가 죽은 사람은 짐승으로 태어난다고 한다. 그리고 사람 가운데서도 부처님처럼 뛰어나게 훌륭한 사람이 죽으면 윤회의 수레바퀴를 타지 않고 바로 니르바나(열반)으로 가서 영원히 행복하게 산다고 한다.

그런데 영혼 연구가들은 모든 사람의 영혼들은 환생하며, 착하게 산 사람이건 악하게 산 사람이건 관계없이 사람은 사람으로 태어나고, 짐승은 짐승으로 태어난다고 한다. 다만 오래 살면서 수없이 많이 환생하면서 진화되어 원로가 된 영혼은 더 이상 환생하지 않는다고 한다.

티베트 불교는 불교의 최고지도자가 죽은 다음에 그 후임자를 뽑을 때, 일정 나이의 어린이들 가운데서 전임지도자가 환생했다고 믿는 어린이를 다음 불교의 최고지도자로 모신다고 한다. 그런데 영혼 연구가들에 따르면, 영혼이 환생하는 데 걸리는 기간은 대체로 100년은 지나야 한다는데, 그렇다면 불교 지도자가 죽은 다음에 바로 그의 환생을 찾는다는 것은 이치에 맞지 않아 보인다. 그러나 티베트 불교는 이 전통을 오랜 옛날부터 따르고 있으니 지금 와서 그 가부를 따지는 것은 부질없는 일이겠다. 그것도 연고가 전혀 없는 외부 사람인 내가 따질 일은 결코 되지 못한다!

한편, 기독교는 환생을 믿지 않는다. 기독교에서는 착하게 산 사람의 영혼은 천국에서 영원히 행복하게 살고, 죄를 지은 사람의 영혼은 지옥의 꺼지지 않는 불 속에서 영원히 고통받으며 산다고 믿는다. 그러므로 기독교도 사람의 영혼은 죽지 않고 영원히 산다고 믿는다.

나는 언젠가 불교방송에서 한 스님이 "우리 불교에서는 사람의 영혼은 영생한다고 믿는데, 기독교 사람들은 예수를 믿어야 영생을 얻을 수 있다고 한다는데, 그것 참, 해괴한 말이야!" 하는 소리를 들은 기억이 있다.

그런데 그 스님의 말대로라면, 기독교의 영생은 조건부가 된다. 그러나 기독교의 영생은 조건부가 아닌데, 왜냐하면 기독교의 신앙고백인 사도신경에는 다음과 같은 구절이 있기 때문이다.

"...죄의 용서와, 육신의 부활과 영원한 삶을 믿나이다."

그러므로 기독교도 조건 없이 영혼의 영원한 삶을 믿는다고 본다. 다만 그 스님의 말대로 예수를 믿어야 영생을 얻는다는 말은 기독교의 영생은 예수를 통해 주어진다고 이해하면 될 것 같다.

참고도서

김승호 저,『주역 인문학』, 다산북스, 2015

서정범 저,『한국무속인열전』(제4~5권), 우석, 2002

안경전 지,『환단고기』, 상생출판, 2012

최준식 저,『무교』, 모시는 사람들, 2016

리사 윌리엄스 저, 자야리라 옮김,『죽음 이후의 또 다른 삶』, 정신세계사, 2020

마이클 탤보트 저, 이균형 옮김,『홀로그램 우주』, 정신세계사, 2020

마이클 뉴턴 저, 김지원 옮김,『영혼들의 운명』, 나무생각, 2020

이븐 알렉산더 저, 고미라 옮김,『나는 천국을 보았다』, 김영사, 2013

프란체쏘 저, 김성진 옮김,『영혼들의 땅』, 정신세계사, 2016

저자 약력

서울대학교 문리과대학 사회학과 졸업
부산대학교 행정대학원 행정학과 졸업
에딘버러대학교 영어연구원(Edinburg University English Language Institute) 연수
동양방송(TBC) 프로듀서
한국방송공사(KBS) 교양제작국 차장
제주방송국 방송부장
춘천방송총국 편성제작국장
편성운영본부 편성실 주간
'93대전 EXPO KBS 방송단장
KBS연수원 교수
동아방송대학 겸임교수
공주영상대학 외래교수
극동대학교 방송영상학부 영상제작학과 개설
주임교수, 학부장 역임

저서:
『캠코더로 배우는 영상제작의 첫걸음』(한울 아카데미, 2007)
『우리나라의 방송』(신성출판사, 2010)
『방송 프로그램 편성』(내하출판사, 2013) *한국언론진흥재단 저술지원
『방송 프로그램』(내하출판사, 2014)
『방송 프로그램 연출』(내하출판사, 2015)
『방송 프로그램 기획』(내하출판사, 2016)
『우리나라의 방송』(개정판, 내하출판사, 2017)
『캠코더로 배우는 영상제작의 첫걸음』(개정판, 내하 출판사, 2018)
『방송 프로그램 편집』(내하출판사, 2019)

논문:
「제작시스템의 효율적 재편방안 연구」(1994)

제작 프로그램:

<u>TBC-R(서울 본사)</u>
「거울 속의 휴게실」「10분 영어」

<u>TBC-TV(부산국)</u>
「시사 다큐멘터리」「여성백과」「가정의학」「TBC 응접실」「중학생 퀴즈」
「새마을 현장」「그림에 노래 싣고」「회전무대」「TBC 가요대전」
*특집
 - 납량특집「TBC 해변가요제」녹화중계
 - 연말특집「TBC 가요축제」녹화중계
 - 부산시립교향악단 정기연주회 녹화중계
 - 극단 연말 정기공연 녹화중계
 - 진주 개천예술제 녹화중계
 - 특집 다큐멘터리「독짓는 늙은이」

<u>KBS-1TV</u>
「베스트셀러와의 대화」「TV 체조」
*특집
- 인구특집「잘 기른 하나 딸, 열 아들 부럽잖다」
-「88 서울올림픽 준비상황 점검」

<u>KBS-2TV</u>
「독점! 여성들의 9시」「8시에 만납시다」

애프터 라이프
아내의 영혼을 만나다

인쇄일 | 2026년 4월 10일
지은이 | 정형기
디자인 | 김미리
펴낸이 | 김문영
펴낸곳 | 이숲
등록 | 2008년 3월 28일 제 2020-000067호
주소 | 경기도 파주시 산남로107번길 86-17
전화 | 031-947-5580
팩스 | 02-6442-5581
페이스북 | www.facebook.com/EsoopPublishing
인스타그램 | @esoop_publishing
Email | esoope@naver.com
ISBN | 979-11-91131-99-4 03110
ⓒ 정형기, 이숲, 2026, printed in Korea.